L'EXPÉDITION DE CRIMÉE

LA MARINE

DU MÊME AUTEUR :

L'EXPÉDITION DE CRIMÉE.

L'ARMÉE FRANÇAISE

A GALLIPOLI, VARNA ET SÉBASTOPOL.

CHRONIQUES MILITAIRES DE LA GUERRE D'ORIENT.

2 volumes.

Ch Lahure, imprimeur du Sénat et de la Cour de Cassation,
rue de Vaugirard, 9, près de l'Odéon.

317 A⁴ 4

AMIRAL BRUAT.

L'EXPÉDITION
DE
CRIMÉE

LA MARINE FRANÇAISE
DANS
LA MER NOIRE ET LA BALTIQUE

CHRONIQUES MARITIMES DE LA GUERRE D'ORIENT

PAR LE BARON
DE BAZANCOURT
Chargé de Mission en Crimée pour écrire l'Histoire de la guerre

TOME SECOND

PARIS

LIBRAIRIE D'AMYOT, ÉDITEUR

8, RUE DE LA PAIX

LIVRE PREMIER

LIVRE PREMIER.

CHAPITRE PREMIER.

I. — Celui qui prenait le commandement en chef de la flotte avait depuis longtemps l'estime, la confiance et l'affection de la marine. — L'industrieuse et énergique initiative qu'il avait déployée, quelques années auparavant, à la Martinique et à Taïti, étaient les sûrs garants des services que son infatigable activité devait rendre dans le poste important auquel venait de l'appeler la confiance du Souverain (1).

(1) L'AMIRAL BRUAT.

Le nom de l'amiral Bruat est un de ceux que la marine conservera avec orgueil dans ses annales.

Né à Brest en 1796, il s'embarquait en 1815, en qualité d'aspirant, sur le brick *le Hussard*, et après un voyage à Copenhague, se rendait au Brésil.

Nommé enseigne en 1817, il continue son service à la mer jusqu'en 1821, époque à laquelle il est attaché à l'état-major de *la Diligente*, et part pour l'océan Pacifique, où, pendant près de cinq années, par une navigation des plus actives il apprend tous les détails d'une carrière, dont il se montrait déjà enthousiaste.

Lieutenant de vaisseau en 1827, il assistait au combat de Navarin et à la prise du château de Morée. Dans ces deux occasions, il se signala par son intrépidité, et obtint pour prix de ses services la croix de chevalier de la Légion-d'Honneur.

En janvier 1830, nommé au commandement du brick *le Silène*, il

La saison d'hiver, pendant laquelle l'armée allait être exposée à toutes les rigueurs des pluies torrentielles et des ouragans de neiges, créait à l'escadre de grands

---

fut envoyé sur les côtes de la régence d'Alger, et se fit remarquer durant cette croisière par son activité et son audace qui le classèrent dès-lors, parmi les officiers les plus distingués de la marine française. Mais, dans la nuit du 15 mai, le Silène, suivant le brick l'Aventure, commandé par le capitaine d'Assigny, fit naufrage sur un point de la côte habité par une des tribus les plus féroces de la régence. Une partie des deux équipages fut massacrée. Une centaine d'hommes seulement, parmi lesquels se trouvaient les deux commandants, furent livrés au dey d'Alger, qui les conserva comme de précieux otages. L'expédition de l'Algérie et la prise d'Alger vinrent, après une dure et périlleuse captivité, rendre la liberté aux prisonniers, qui furent remis, le 6 juillet 1830, au général en chef de l'armée française.

Le capitaine Bruat ne devait pas rester longtemps inactif, et en janvier 1831, il recevait l'ordre de se rendre dans les mers du Levant pour surveiller les mouvements de l'escadre russe et faire accepter sa médiation pacifique aux Hydriotes insurgés ; dans cette difficile mission, il sut montrer une rare fermeté et une grande pénétration.

Promu au grade de capitaine de frégate, en novembre 1831, il partait en 1832 pour visiter les îles de l'Archipel et les côtes d'Égypte et de Syrie. Dans cette campagne, il remplit encore plusieurs missions de confiance et déploya toutes les qualités d'un hardi marin, d'un observateur intelligent et d'un habile diplomate.

De 1836 à 1841, il parcourt de nouveau les mers du Levant et sillonne la Méditerranée dans tous les sens.

Le 14 décembre 1842, le commandant Bruat était nommé gouverneur des îles Marquises, et commissaire du roi près la reine des îles de la Société.

Promu au grade de contre-amiral le 4 septembre 1846, il ne rentrait en France qu'à la fin de 1847, après avoir affermi par sa modération autant que par son courage le protectorat français dans les îles de la Société. Les combats de Mahahena, de Papenoo et de Haapapé, dans lesquels il se distingua personnellement, ne mirent pas seulement en relief son intrépidité, mais lui permirent aussi de déployer sur ce terrain nouveau les ressources d'un esprit qui se mettait sans effort au niveau de toutes les situations, et à la hauteur de toutes les circonstances.

La révolution de 1848 vint soumettre à une épreuve plus difficile

devoirs à remplir, et l'exposait à des dangers sans cesse renaissants.

« Les difficultés qui nous attendent sont très-grandes,

encore les hautes qualités de cet officier général, qui s'était déjà créé. Nommé préfet maritime de Toulon, le contre-amiral Bruat y arriva le 17 juillet avec de pleins pouvoirs et fit bientôt sentir à une population profondément remuée par les passions révolutionnaires l'action d'une autorité aussi énergique que conciliante.

L'essai que le gouvernement venait de faire du courage et de la vigueur du contre-amiral Bruat, décida son départ pour les Antilles, poste des plus importants, à une époque où l'émancipation des noirs coïncidant avec les agitations politiques de la métropole menaçait les colonies des troubles les plus graves.

Appelé à cumuler les fonctions de gouverneur général des Antilles et de commandant de la station navale du Mexique, le contre-amiral Bruat partit par la Martinique en octobre 1848. Sa réputation de fermeté l'avait précédé et rendit sa tâche facile. Après un séjour de trois années dans la colonie, il revenait en France, où bientôt le grade de vice-amiral, juste récompense de tant de glorieux services, lui fut conféré.

La santé du vice-amiral Bruat avait été profondément altérée par ses longues campagnes, et surtout par son dernier séjour sous les Tropiques. Il se remettait à peine de ses fatigues, qu'il était nommé au commandement de l'escadre de l'Océan. La déclaration de la guerre contre la Russie sembla lui rendre toutes les forces de sa jeunesse. Appelé à Toulon, il se dirigea avec un corps de troupes sur Gallipoli, où il attendit impatiemment pendant deux mois une destination plus active. Enfin les événements répondirent à son ardeur; un mouvement en avant fut décidé, et l'escadre de l'Océan reçut l'ordre d'entrer dans la mer Noire, pour s'y ranger avec son commandant en chef, sous les ordres de l'amiral Hamelin.

Nous avons décrit, dans la première partie du présent ouvrage, la part importante que prit dans cette guerre mémorable le vice-amiral Bruat, nous avons dit combien son concours fut actif et dévoué.

Nous allons voir maintenant le nouveau commandant en chef de la flotte continuer l'œuvre si glorieusement commencée par l'amiral Hamelin. — Plus heureux que son prédécesseur, il lui était réservé d'assister à la chute de Sébastopol, dernier triomphe qui devait couronner si dignement une vie tout entière vouée au service de son pays.

je ne puis me le dissimuler (écrivait l'amiral Bruat au ministre de la marine, en date du 5 janvier); mais, pour les surmonter, je compte sur les excellents rapports que j'ai toujours entretenus avec le général en chef et sur ma ferme volonté, non-seulement de bien servir moi-même l'Empereur, mais aussi de le faire bien servir par tous ceux qui doivent me seconder. »

II. — Le lendemain il écrivait : « L'hiver est commencé, depuis que les vents ont passé au nord; le thermomètre est descendu au-dessous de zéro, la neige couvre la terre.—La grande préoccupation du moment doit être d'assurer le ravitaillement de l'armée. La saison qui vient est celle des vents du nord; tant que ces vents régneront, les arrivages des bâtiments à voiles seront très-incertains. Il y a déjà longtemps que j'ai signalé ce danger à M. le général Canrobert; dans les conseils qui ont précédé l'expédition de Crimée, je l'avais même annoncé pour l'époque où nous nous trouvons. Nous devons donc porter tous nos soins à réparer le plus promptement possible les navires à vapeur qui rentrent en France, et les renvoyer ici pour remplir la tâche à laquelle seuls ils peuvent convenir. — La position des armées alliées est infiniment meilleure que celle de l'armée russe; mais il faut envisager sans illusion les grands efforts que, pendant 3 ou 4 mois, cette position va nous commander. »

On le voit, l'amiral Bruat ne se faisait aucune illusion; sa volonté ferme et résolue regardait en face les grandes difficultés de la situation ; mais ces difficultés ne l'effrayaient point ; il savait par cette noble intuition du cœur, que les armées et les marines alliées avaient en elles cette force de dévouement avec laquelle on triomphe de tout ; il savait surtout qu'il est dans la vie des circonstances graves et solennelles, pendant lesquelles le doute ou l'abattement ne doit jamais entrer dans les pensées.

Aussi le plus grand mouvement ne cesse de régner dans la baie de Kamiesh, devenue un véritable port.

Les arrivages de troupes, de munitions, de vivres sont innombrables et s'accomplissent avec le plus grand ordre : sans cesse nos vapeurs de guerre chauffent pour surveiller, conduire, diriger les transports, pour évacuer les malades et les blessés, pour surveiller la côte, et signaler le moindre indice nouveau qui décèlerait les projets de l'ennemi. — Cette même activité, on la retrouve dans la Méditerranée, dans l'archipel, dans le Bosphore, sur toute la route qui mène en Crimée et sur tout le littoral que longent nos lignes d'attaque. Ce ne sont que vapeurs de tout rang, appareillant et mouillant sans cesse.

La mer Noire perd, dans cette mémorable campagne, son renom sinistre et s'étonne de se voir impunément sillonnée par d'infatigables escadres.

III. — Certes, ce serait une curieuse étude de retracer ce va-et-vient continuel qui ne se lasse point un seul jour, et qui semble, par son énergique persévérance, dompter les tempêtes et les difficultés de navigation.— Mais il nous faut, dans ce récit, suivre le courant des événements et ne relater les faits que dans leur ensemble général.

C'est au milieu des menaces d'un terrible hiver, sous les nuages amoncelés à l'horizon et recelant la tempête, lorsque la neige couvre encore une partie du sol détrempé par des torrents de pluie, qu'arrive à la flotte le discours prononcé par l'Empereur, lors de l'ouverture du Corps législatif.

« Je suis heureux, disait le souverain de la France, de payer un tribut d'éloges à l'armée et à la flotte, qui, par leur dévouement et leur discipline, ont dignement répondu à mon attente.

« L'armée d'Orient a, jusqu'à ce jour, tout souffert, tout surmonté : l'épidémie, l'incendie, la tempête, les privations. — Une place sans cesse ravitaillée, défendue par une formidable artillerie de terre et de mer, deux armées ennemies supérieures en nombre, rien n'a pu affaiblir son courage ni arrêter son élan. — Chacun a noblement fait son devoir, depuis le maréchal qui a semblé forcer la mort à attendre qu'il eût vaincu, jusqu'au soldat ou au matelot, dont le dernier cri en expirant est un vœu pour l'Élu du pays.

« Déclarons-le donc ensemble, l'armée et la flotte ont bien mérité de la patrie. »

Ces belles paroles, si noblement senties, avaient été accueillies en France avec enthousiasme, elles le furent aussi en Crimée, comme un écho du pays qui traversait les mers, comme un souvenir reconnaissant qui venait doubler le courage et faire palpiter tous les cœurs.

Le discours de l'Empereur mis à l'ordre du jour de l'escadre, et affiché aux grands mâts de chaque navire de guerre fut lu aux équipages assemblés. — Les bâtiments de commerce français et étrangers mouillés en rade de Kamiesh confondaient leurs acclamations avec celles de nos bâtiments de guerre.

Tous spontanément se sont pavoisés au cri de : Vive l'Empereur! Et les flots, assouplis par une brise favorable, balancent mollement ces milliers de pavillons flottants, étagés dans les mâtures.

Dans le même mois, le parlement d'Angleterre, mu par un sentiment élevé de confraternité, et appréciant quelle union d'intérêts communs, de vœux, de dévouement avait toujours lié les deux flottes depuis les premiers jours de leur réunion, décernait à la marine française l'honneur de remercîments publics votés à l'unanimité.

Le 22 janvier (1), l'amiral commandant en chef por-

---

(1)   22 janvier 1855. *Sous Sébastopol.*

« Officiers et marins,

L'armée, par la voix de ses chefs, a déjà plus d'une fois rendu justice à votre courage et à votre dévouement. Le parlement d'Angleterre vous décerne aujourd'hui l'honneur insigne et rare de remercîments publics, votés à l'unanimité par la chambre des communes et par la chambre des lords.

« Ces remercîments, M. l'amiral Lyons m'a chargé de vous les transmettre, ainsi qu'à M. l'amiral Hamelin ; je les ai acceptés pour vous et pour le digne chef qui vous commandait au début de notre

tait, par un ordre du jour, cette décision si honorable à la connaissance de l'escadre française.

IV. — L'atmosphère, chargée de présages menaçants, a tout à coup changé : le temps est devenu magnifique sans transition aucune.

« Il semble (écrivait à cette époque l'amiral Bruat au ministre), que les épreuves qui nous ont été imposées pendant quelques jours n'aient eu lieu que pour nous donner un avertissement salutaire, et nous inspirer des précautions qui, sans cette circonstance, eussent été peut-être sacrifiées à d'autres préoccupations. »

La corvette à vapeur *le Berthollet*, commandée par le capitaine de Bastard, est partie pour notifier le blocus des ports russes de la mer Noire; naviguant de conserve avec la frégate anglaise *le Léopard*, elle s'est dirigée vers Kaffa. — Ces bâtiments ont mouillé devant

---

grande expédition, comme une précieuse récompense de vos services, comme le gage d'une alliance plus intime encore, et comme l'heureux augure de nouveaux succès.

« 15 décembre 1854.

« Il a été résolu, à l'unanimité, par les lords spirituels et temporels réunis dans le parlement, que les remercîments de cette chambre seraient adressés à l'amiral Hamelin et à la flotte française, pour leur cordiale coopération, avec la flotte de S. M. la reine, dans le transport et le débarquement des forces alliées en Crimée, comme dans les opérations du siége de Sébastopol.

Il a été également décidé que le vice-amiral Dundas serait invité à transmettre la présente résolution à l'amiral Hamelin et à la flotte française. (Traduction.)

« Cet ordre sera affiché et lu dans les batteries. »

BRUAT.

ce port, le 18 ; deux embarcations, l'une française, l'autre anglaise, et portant toutes deux pavillon parlementaire, ont aussitôt été détachées vers le port. — Aucun canot russe ne venant à leur rencontre, elles durent aller jusqu'à terre.

Devant le débarcadère se trouvait un officier russe, qui reçut les plis dont les parlementaires étaient porteurs. Ceux-ci, pendant le court espace de temps qu'ils restèrent, purent remarquer que l'on travaillait activement à augmenter les défenses de ce port.

Le 19, *le Berthollet* et *le Léopard* se rendirent à Kertch pour remplir le même message. — Là aussi on accroissait les défenses extérieures en élevant des ouvrages d'un relief assez considérable. A l'approche des bâtiments, les canonniers des forts et des batteries étaient à leur poste de combat.

De Kertch, les deux vapeurs alliés se rendirent à Soudjack. Aussitôt que les bâtiments eurent jeté l'ancre, un canot russe poussa au large et vint au-devant des embarcations parlementaires.

V. — A la même époque, *le Mogador*, capitaine de Wailly, se rendait à Odessa avec une mission semblable, et le 18 juillet, ralliait devant ce port les bâtiments anglais, *Gladiator* et *Stromboli*.

Le lendemain 19, dans la matinée, deux embarcations appartenant chacune à un des vapeurs alliés, se dirigèrent vers le port impérial. — Une chaloupe, armée d'une caronade et montée par 12 hommes, s'avançait au-devant d'eux ; l'officier qui la commandait reçut la notification du blocus. Mais, si rapide que fût cette petite excursion, le lieutenant de vaisseau Naguet de Saint-Vulfran, du *Mogador* put compter avec son collègue anglais 25 navires environ dans le port de la Quarantaine, tous autrichiens ou grecs, et 2 norvégiens. Deux vapeurs coulés bas surnageaient encore dans les eaux du port impérial. — De tous côtés régnaient un grand mouvement, une vigilance extrême et beaucoup d'activité.

Les résultats de cette double expédition prouvaient que sur ces différents points, auxquels les Russes attachaient une réelle importance, ils multipliaient les travaux défensifs, et s'attendaient sans nul doute à quelque tentative sérieuse.

VI. — Dès cette époque, la pensée de l'amiral Bruat était tournée vers la mer d'Azoff. — Occuper le détroit de Kertch et de Yéni-Kalé, c'était couper les communications à l'armée russe, et lui interdire une de ses principales branches de ravitaillement.

Déjà longtemps avant, l'amiral Hamelin, par un pressentiment de l'avenir, avait insisté auprès du ministre de la marine, sur les avantages d'avoir, le plus tôt possible, une flottille de canonnières et de chaloupes-canonnières, capables de pénétrer à la fois dans toutes les eaux intérieures de l'ennemi, la mer d'Azoff, le Danube, le Dniéper.

Ce n'avait été et ce ne pouvait être, dans la pensée de l'ex-commandant en chef, que la prévision d'événements futurs, dans le cas où l'expédition de Crimée, que l'on espérait devoir être un coup de main hardi et aventureux, agrandirait ses vues et prolongerait au delà de la presqu'île de Chersonèse l'étendue de ses opérations. — Mais les événements avaient parlé plus haut que des croyances fondées un peu sur l'inconnu. — Le siége devant Sébastopol demandait des travaux et des moyens d'attaque beaucoup plus considérables qu'on ne l'avait supposé : les pluies abondantes et les neiges glaciales de l'hiver interrompaient souvent les opérations du génie et de l'artillerie ; il était donc important, aussitôt que les glaces seraient dissipées et que l'état des eaux permettrait la navigation, de porter ce coup fatal aux ressources et aux communications de l'armée ennemie.

Chaque fois qu'un bâtiment revenait de ces parages, l'amiral se faisait rendre un compte exact des moindres observations. C'était sa préoccupation perpétuelle.

VII. — Le capitaine du *Fulton* apporte un rapport intéressant ; il a pu, en passant sur une canonnière anglaise, *le Snake*, s'approcher assez près de la rade de Kertch pour y reconnaître l'existence d'une batterie de 18 pièces de 24, et y constater la présence de 4 petits navires à vapeur, de plusieurs bâtiments neutres et d'un certain nombre de caboteurs. — L'entrée du détroit, selon les appréciations de ce capitaine, ne lui a point paru barrée par des navires coulés, ainsi qu'on l'avait dit; toutefois, il n'a pu acquérir à ce sujet une certitude complète.

Ces observations sont à peu près confirmées par le capitaine d'un bâtiment hollandais, secouru par *le Snake*. Ce bâtiment avait rompu ses chaînes sur la rade de Kertch, et avait été entraîné dans le détroit par les vents, les glaces et le courant. — Selon toute probabilité, les glaces ont interrompu la navigation dans la mer d'Azoff.

« Bien que les ouvrages élevés par les Russes à l'entrée du détroit de Kertch ne soient pas encore très-considérables (écrit l'amiral Bruat), ce n'en est pas moins une position importante contre laquelle les navires alliés ne peuvent agir que de concert. Je me suis entendu à cet égard avec l'amiral Lyons; nous allons donner l'ordre à nos croiseurs d'étudier le terrain, mais de ne faire aucune démonstration qui puisse porter les Russes à augmenter leurs moyens de défense. — Je préfère leur laisser croire que nous avons reconnu l'impossibilité d'attaquer les fortifications qu'ils ont déjà construites (1). »

Toutefois l'amiral, en poursuivant ce but que caresse depuis si longtemps sa pensée, n'oublie pas les impérieux devoirs que les événements de la guerre imposent à la flotte.

VIII. — Le port de Kamiesh présente l'activité d'une

---

(1) Dépêche au ministre de la marine en date du 6 février 1855.

grande place de commerce. — Selon les demandes réitérées du général en chef, l'artillerie des batteries de siége sera approvisionnée à 500 coups par chaque pièce.

A terre, en effet, le développement des tranchées a acquis une proportion gigantesque. — Une attaque sérieuse contre le bastion Malakoff a été résolue en conseil. — C'est là, selon l'opinion du général Niel, récemment arrivé en Crimée, le point vulnérable de la place. — Les armées alliées vont y réunir leurs efforts et y armer de puissantes batteries. — Les travailleurs sont à l'œuvre sans relâche, malgré les pluies et les neiges qui inondent les tranchées : chacun d'eux sent le prix de chaque pas en avant, et n'abandonne la pioche ou la pelle que quand les forces manquent à ses bras glacés.

IX. — Au milieu des incertitudes qui règnent sur le point d'attaque, il est difficile de pressentir quel est le rôle réservé à l'escadre dans la suite des opérations du siége. — Si les principaux efforts se produisent sur la droite du côté de la tour Malakoff, la flotte ne pourra tenter qu'une diversion, dont l'importance serait loin d'être en rapport avec les risques à courir; il n'en est pas de même, si ces efforts se développent contre le bastion de la Quarantaine ; une action combinée de terre et de mer peut amener d'utiles résultats.

L'escadre de la mer Noire comprend en ce moment 21 bâtiments ; presque tous ont leur *complet réglementaire* en personnel marin. — L'amiral commandant en chef a compris qu'il fallait laisser au petit nombre de vaisseaux en ce moment sur la côte de Crimée toute leur valeur militaire, car les bâtiments employés aujourd'hui au service de garde, de transport, de surveillance, doivent pouvoir, au premier signal, redevenir exclusivement machines de guerre prêtes à combattre.

Aussi, pour compléter dans ce sens une homogénéité nécessaire, l'amiral a-t-il, à partir du 1er janvier, réuni tout le personnel marin des batteries de siége, en un corps spécial administré par le vaisseau-amiral *le Montébello*. — Les autres bâtiments de l'escadre n'ont plus d'hommes détachés à terre et peuvent ainsi concentrer leurs soins sur le personnel destiné à servir et à combattre à bord. — Sur ceux-là, les exercices forcément interrompus sont remis à l'ordre du jour; car le moment approche peut-être, où l'escadre de la Méditerranée pourra reprendre son rôle de guerre et faire tonner ses canons impatients (1).

(1) La dépêche suivante de l'amiral Bruat au ministre de la marine, en date du 24 février, nous a paru très-intéressante ; elle montre mieux que tous les récits l'infatigable activité qui faisait du port de Kamiesh une grande artère de vitalité.

« Votre Excellence me permettra de lui citer un exemple tout récent de l'emploi que nous faisons de notre temps dans le port de Kamiesh. Il nous est arrivé dans l'espace de deux ou trois jours, amenés par les vents du sud :

Le Tage, *l'Inflexible*, *le Breslaw*, *le Louis XIV*, *la Néréide*, *la Didon*, *la Psyché*, *le Chandernagor*, *la Girafe*, *l'Orénoque*, *le Christophe-Colomb*, *le Panama*, *le Cacique*, *le Sané*, *le Labrador*, *la Mégère*.

« Avant ce temps, c'est-à-dire du 13 au 23 février, 49 navires de commerce à voiles et 3 à vapeur entraient dans le port de Kamiesh. Il en sortait 57 à voiles et 8 à vapeur.

« 5400 tonneaux d'approvisionnements étaient débarqués par nos

X. — « Jusqu'ici (écrit le commandant en chef de la flotte), l'escadre a été exclusivement occupée à pourvoir aux nombreux besoins de l'armée. C'était une nécessité de premier ordre, devant laquelle toute autre considération devait s'effacer ; il s'agissait d'assurer la subsistance de nos troupes, de leur apporter des renforts, de transporter les malades dans les hôpitaux du Bosphore, de fournir aux batteries de siége 90 canons avec les projectiles et les munitions dont le chiffre demandé augmentait sans cesse ; il fallait en outre décharger des navires de guerre et de commerce qui se succédaient dans le port sans interruption, élever des batteries de côte, construire un aqueduc pour amener de l'eau potable jusqu'à la plage, établir des estacades pour défendre la baie de Kamiesh et la baie de Streletzka contre toute surprise incendiaire. — Bientôt, je l'espère, l'escadre de la Méditerranée aura une autre mission à remplir, et pourra soutenir nos braves troupes d'une manière plus efficace encore et plus flatteuse pour son patriotisme. »

équipages de 18 navires à vapeur affectés par le département de la guerre.
 « Votre Excellence comprendra combien l'arrivée presque instantanée de tant de bâtiments avec l'apparence d'un coup de vent imminent a dû me préoccuper. Je suis parvenu à faire entrer dans le port de Kamiesh, dont il y a trois mois on ne soupçonnait pas l'importance, outre les 4 vaisseaux qui s'y trouvaient déjà, 8 nouveaux bâtiments. Nous nous sommes ainsi trouvés réunis, dans cet étroit espace, 7 vaisseaux, 4 frégates, 2 corvettes de charge, 2 à vapeur et près de 200 navires de commerce, parmi lesquels figurent de très-grands transports à vapeur.
 « Votre Excellence comprendra quelle activité ont dû déployer nos équipages pour amarrer, décharger et expédier tant de navires à la fois. »

XI. — Malgré lui, on le voit, l'amiral laissait souvent percer, dans sa correspondance avec le ministre, l'amertume qu'il ressentait de l'inaction forcée de la flotte, et nourrissait l'espérance d'une campagne prochaine, où les canons de ses vaisseaux et de ses vapeurs pourraient retentir à leur tour contre les bastions ennemis.

Ainsi que les chefs de l'armée et de la flotte, le gouvernement français comprenait la nécessité d'une campagne dans la mer Noire, aussitôt que la saison le permettrait, et le ministre de la marine invita l'amiral Bruat à développer lui-même le plan qu'il croyait le plus utilement praticable dans l'intérêt de l'expédition commencée en Crimée, et dont le premier résultat devait être la prise de Sébastopol. — L'amiral en posa les principales bases, ne se dissimulant pas que les événements nouveaux qui ne pouvaient manquer de se produire, devaient modifier des projets longtemps adoptés à l'avance (1).

---

(1) La confiance que me témoigne Votre Excellence en m'invitant à formuler moi-même le plan de la campagne qui va s'ouvrir dans la mer Noire et à définir les moyens qui devront être mis à ma disposition, m'a vivement touché.

« J'admets comme base de l'escadre de la Méditerranée et, pour ainsi dire, comme corps de bataille, les 4 vaisseaux mixtes : *le Montebello*, *le Fleurus*, *le Napoléon* et *le Jean-Bart*. Pour toute action dirigée contre les forts, c'est sur l'artillerie de ces 4 vaisseaux qu'il faut compter. Je demande qu'on leur adjoigne les 3 premières batteries flottantes qui sortiront de nos arsenaux, 6 canonnières de 110 chevaux, 4 de 90 et 18 navires à vapeur munis d'appareils en bon état, avec le plus grand nombre possible de chaloupes-canonnières. Quant à l'emploi de ces forces navales, il est impossible de ne pas le faire dépendre des progrès du siège de Sébastopol et des opérations entreprises par l'armée. Je placerai cependant en première ligne dans mes prévisions la nécessité de pénétrer dans la mer d'Azof, dès que la fonte

En attendant que la suite des faits permît de mettre ces projets à exécution, la marine impériale trouvait

des glaces en permettra l'accès aux bâtiments d'un faible tirant d'eau. Mais l'envoi d'une flotille dans cette mer intérieure exige que nous soyons maîtres de Kertch, au moins momentanément, et que nous commandions le littoral du détroit, de telle façon que l'ennemi n'ait plus la faculté de couler des navires dans la passe et d'obstruer la route que nos bâtiments devraient suivre pour se ravitailler. Ce serait méconnaître assurément les avantages de notre situation que de renoncer aux diversions qu'un corps d'armée jeté subitement sur le flanc de l'ennemi ou sur la route suivie par des convois, pourrait effectuer dans l'espace de 24 ou 36 heures. Il y a près d'un an déjà, quand j'étais à Gallipoli, j'indiquai ce plan d'opérations à Votre Excellence.

Je lui disais alors : qu'une division complète, exercée à s'embarquer rapidement sur une partie de la flotte avec son artillerie de campagne et cinq jours de vivres dans les sacs des soldats, pourrait menacer de la façon la plus inquiétante pour les Russes tout le littoral de la mer Noire. Je voudrais donc qu'il y eût toujours, s'appuyant à l'aile gauche de l'armée, une partie de l'escadre prête à recevoir à son bord et à transporter sur un point quelconque du territoire ennemi cette colonne mobile, qui pourrait jouer un grand rôle dans les opérations futures de la campagne.

Si ce plan était agréé par les deux généraux en chef, M. l'amiral Lyons et moi nous trouverions aisément, en réunissant nos ressources, le moyen de le mettre à exécution. Mais je ne me dissimule pas que de pareils projets ne peuvent être adoptés longtemps à l'avance. Il est difficile que les circonstances ne viennent pas les modifier, et cette considération suffit pour m'interdire de plus amples développements.

« Je me borne donc à fixer d'une manière générale la composition de l'escadre réunie sur les côtes de Crimée. Cette escadre, complètement dégagée du service des remorquages et des transports, devrait, pour être en mesure de pourvoir à toutes les éventualités, présenter les chiffres suivants :

4 vaisseaux mixtes ;

2 vaisseaux à voiles, sans y comprendre *l'Alger*, servant de stationnaire ;

3 batteries flottantes ;

6 canonnières de 110 chevaux ;

4 canonnières de 90 chevaux ;

4 chaloupes-canonnières ;

18 navires à vapeur (frégates, corvettes et avisos).

l'occasion de rendre de nouveaux services devant Eupatoria.

XII. — Dans la nuit du 16 au 17, les Russes, profitant de l'obscurité, avaient fait autour de la place une espèce de parallèle en terre rapportée, dans le but d'abriter leurs pièces et leurs tirailleurs. Ces travaux furent exécutés avec la promptitude qui distingue à un si haut degré nos ennemis, et au point du jour, 100 pièces de canon environ tonnaient à la fois contre la ville.

Le commandant Osmond a pris aussitôt ses dispositions de combat avec le détachement du 3ᵉ régiment d'infanterie de marine et les navires sur rade qui peuvent prêter à la défense un utile concours. Le lieutenant de vaisseau de Las-Cases commande une des batteries avancées ; deux autres, celle nº 5 et la batterie Villeneuve (1), sont armées par des pièces de marine provenant du *Henri IV*, dirigées par des officiers de vaisseau et servies par nos marins. — La petite garnison française est pleine d'ardeur ; elle se multiplie avec son brave chef et électrise les troupes qui l'entourent par son entrain et son audace.

De son côté, le vapeur français *le Véloce*, du point où il est mouillé, suit le déploiement des forces ennemies, et comprend qu'elles vont concentrer leur attaque sur

---

(1) Pour honorer la mémoire du jeune de Villeneuve, du *Henri IV*, que la marine venait de perdre, une des batteries construites et armées par la marine pour la défense d'Eupatoria avait pris son nom par ordre du jour.

la partie orientale de la ville. Sur l'ordre de son commandant, Dufour de Mont-Louis, ce bâtiment s'avance vers la plage, gardant à peine six pouces d'eau sous sa quille. — A cette distance, ses boulets atteignent les colonnes russes qu'ils prennent en flanc et y jettent le désordre.

Les vaisseaux de guerre anglais *Curaçao*, *Furious*, *Valorous* et *Viper* s'embossent aussi à bonne portée, et font pleuvoir des volées de fer qui labourent la plaine, où les bataillons ennemis cherchent à se développer (1).

XIII. — Le généralissime turc Omer-Pacha écrivait le jour même, en date du 7 février, au capitaine du *Véloce* :

« Pendant l'attaque que les Russes ont tentée ce matin sur la ville d'Eupatoria avec des forces considérables, le bateau à vapeur sous votre commandement, *le Véloce*, a pris une glorieuse part à l'action de cette journée. Vos sages dispositions exécutées avec promptitude, ainsi que la justesse du tir de votre artillerie, ont beaucoup contribué à rendre infructueux les efforts de l'ennemi, et à assurer le succès de la défense (2).

---

(1) Voir les détails de cette journée, *Expédition de Crimée*, vol. II, p. 180 et suivantes.

(2) *Rapport du généralissime Omer-Pacha.*

« Je crois de mon devoir de faire une mention honorable d'un détachement français qui est ici, et des vaisseaux de guerre *Curaçao*, *Furious*, *Valorous*, *Viper*, ainsi que de l'énergique coopération du vapeur français *le Véloce*, qui tous ont puissamment contribué à déjouer les efforts de l'ennemi. »

« En vous transmettant mes vifs remercîments, je vous prie d'être auprès de vos braves marins l'interprète de mes sentiments d'estime et de reconnaissance.

Le général Canrobert de son côté signalait ces faits à l'ordre de l'armée ;

« J'ai la satisfaction d'ajouter, disait-il, que la petite garnison française formée, sous le commandement du chef d'état-major Osmond, d'un détachement du 3e régiment de marine, et d'un de canonniers de la flotte, aux ordres du lieutenant de vaisseau de Las-Cases, a vigoureusement soutenu l'honneur de nos armes en concourant à la défense d'Eupatoria qu'elle avait préparée par des travaux considérables. »

XIV.— Pendant que nous enregistrions ce nouveau succès des armées alliées, la France (pour nous servir de l'expression de l'archevêque de Paris) poussait un cri de douleur en apprenant le naufrage de la frégate *la Sémillante.* « Ces enfants de la France (écrivait alors cet auguste prélat), sont morts glorieusement engloutis par la tempête ; ils sont morts à leur poste en faisant leur devoir. Ce n'est pas seulement sur le chemin de la gloire, mais dans la gloire même qu'ils ont péri ; la vaste mer a été leur champ de bataille ; ils sont tombés, non devant les hommes, mais devant les forces surhumaines de l'ouragan et des éléments conjurés ! »

Oui la France poussait un long cri de douleur, car cette frégate portait 301 hommes d'équipage et 393 hommes de troupes. Nous devons à ces marins et à ces soldats une page dans ce livre qui retrace les douleurs comme les gloires de la France.

A la première nouvelle de ce fatal événement on conserva l'espérance que quelques hommes, peut-être, avaient échappé au désastre; mais les jours s'écoulèrent, et l'espoir que l'on avait conçu dut s'évanouir.

Le capitaine Jugan, qui commandait cette frégate, était un des officiers les plus justement estimés de la marine; Ses chefs l'avaient toujours signalé au ministre dans les divers commandements qu'il avait exercés.

XV. — Assaillie par l'épouvantable tempête qui éclata tout à coup dans la nuit du 15 février, *la Sémillante* a péri sur les roches des bouches de Bonifacio. — Un voile de deuil, que nul ne peut soulever, a entouré cette scène de mort et de suprême agonie; aucun renseignement certain n'a pu être recueilli, si ce n'est sur la furie sans exemple de cet ouragan qui, dans les parages de Bonifacio, a occasionné les plus grands ravages : les toitures des maisons ont été enlevées, des arbres séculaires arrachés du sol; les bouches de Bonifacio ne présentaient plus qu'un immense brisant, au milieu duquel il était impossible de rien distinguer. Lancée sur les rochers par une tempête qu'aucun courage, aucun effort humain ne pouvait conjurer, la malheureuse frégate a été broyée et s'est perdue corps et biens.

« Le spectacle que présente la partie sud de Lavezzi est navrant (écrit le commandant de *l'Averne*, le lieutenant de vaisseau Bourbeau, qui s'est rendu sur les lieux); il donne une idée terrible de la furie de l'ouragan qui a pu briser en morceaux aussi menus un bâtiment de cette force, porter à des hauteurs considérables quelques tronçons de ses mâts, et prendre des quartiers de navires pour les éparpiller à plusieurs encablures de distance les uns des autres, en les faisant passer par-dessus des pointes de rochers élevés de plusieurs mètres au-dessus du niveau de la mer.

« Dans plusieurs petites criques de cette île sont dispersés des débris. C'est quelque chose d'affreusement douloureux! 170 cadavres ont déjà reçu la sépulture, quarante autres, battus par les flots, attendent qu'on puisse les recueillir, suivant les vents régnants. Les corps inanimés apparaissent par groupes au-dessus des flots et dans un état affreux. Le corps du capitaine Jugan a été retrouvé. » Chaque tombe des malheureuses victimes que la mer rejette au rivage est surmontée d'une croix. En tête des deux emplacements où viennent s'accomplir les sépultures, les marins ont élevé deux grandes croix de 13 mètres de hauteur, faites avec des débris de bouts-dehors de la frégate. »

XVI. — Maintenant que nous avons donné à ce douloureux épisode un dernier souvenir, reprenons notre récit.

Les travaux du siége continuent avec activité (1),

---

(1) Depuis l'arrivée du corps d'armée sur le plateau de Chersonèse, il a été débarqué, par l'escadre, 179 bouches à feu ; le nombre des marins attachés aux batteries était, à la date du 27 février, de 1795 hommes.

bientôt nos nouvelles batteries seront armées au complet. Ces armements sont considérables.

A tout instant arrivent des renforts de troupes, et dans cette saison où la navigation de la mer Noire était regardée comme impraticable, le grand courant des départs et des arrivages ne subit pas d'interruption.

« Nos vaisseaux et nos frégates (écrivait l'amiral) ont accompli avec des équipages excessivement réduits des traversées rapides, et ce qui fait le plus grand honneur à l'habileté de leurs capitaines, ils les ont accomplies sans accidents. Nous devons nous féliciter qu'un mouvement si continu de navires entre le Bosphore et la côte de Crimée n'ait point donné lieu à quelques-uns de ces sinistres qu'il y a moins d'un an, on eût cru inévitables. »

Mais ce siége qui marche à travers des terrains rebelles, et malgré les pluies et la neige, n'amène pas d'épisodes importants ; son existence ne se révèle que par le bruit de lointaines canonnades qui disent à la flotte que la ville assiégée veille nuit et jour à sa défense. Ce ne sont que combats partiels, enlèvements d'embuscades, sorties vigoureusement repoussées, dont nous avons retracé le récit dans notre précédent travail :

Bientôt le rude hiver va faire place à des jours plus doux, à des ciels plus calmes; aussi l'amiral Bruat, esprit persistant, tenace, poursuit sa pensée d'expédition maritime.

XVII.—Il était facile de deviner, en suivant le cours des

événements, que la campagne de Crimée devait être pour les Russes la grande et sérieuse affaire de la guerre. Leurs efforts si multipliés, si soudainement renouvelés avec une persistance infatigable appelaient évidemment de notre côté un redoublement d'activité et d'énergie.

« Nous avons, pour combattre en Crimée, un puissant moyen d'action (écrivait l'amiral), c'est la mobilité qu'une flotte à vapeur peut donner à nos attaques. — D'Anapa jusqu'à Perekop nous pouvons inquiéter les routes qui plongent presque toutes sur le bord de la mer. »

Déjà le commandant en chef de la flotte a eu de nombreuses conversations avec le général Canrobert au sujet de cette expédition qu'il projete, et le général attend les plus grands effets de cette utile et importante opération.

Le *Fulton*, que commande le lieutenant de vaisseau Le Bris, officier actif et entreprenant, revient d'une nouvelle croisière devant Kertch; il annonce que les Russes font de grands préparatifs pour défendre l'entrée du détroit qui conduit dans la mer d'Azoff, et construisent de nouvelles batteries destinées à croiser leurs feux dans la rade de Kertch.

Le général en chef, d'un autre côté, a appris par les déserteurs que l'armée ennemie serait hors d'état de nourrir sa cavalerie et les chevaux de son artillerie, si elle ne recevait des fourrages par la mer d'Azoff. Il est donc d'un intérêt puissant d'intercepter ses communications avec les provinces qui paraissent lui fournir des approvisionnements. — Le moment ne semble-t-il pas venu de presser l'exécution de cette campagne depuis si longtemps méditée ?

XVIII. — Le 9 mars, l'amiral Bruat, entièrement d'accord avec son collègue, l'amiral Lyons, se rend au quartier général pour conférer avec le général en chef sur les mesures à prendre pour atteindre ce résultat.

Il est décidé qu'une conférence aura lieu le 12, chez lord Raglan, pour prendre, de concert avec l'amiral Lyons, une décision à ce sujet.

« S'il ne s'agissait que de forcer l'entrée du détroit de Kertch, écrivait au ministre de la marine l'amiral Bruat (10 mars), une campagne entièrement maritime serait suffisante; mais il faudrait être assuré que le passage ne se fermera pas derrière ces bâtiments, quand ils auront pénétré dans la mer d'Azoff, et je pense que les batteries qui commandent le détroit devront être enlevées et détruites, afin que nos croiseurs ne soient point inquiétés quand ils voudront revenir sur leurs pas. »

Anapa et Soudjak-Kalé n'avaient, dans la pensée de l'amiral, qu'une importance relative et secondaire. — Certes, l'abandon de ces deux points par les Russes était un pas de plus sur ce littoral de la Circassie, que les troupes russes évacuaient peu à peu, en détruisant eux-mêmes les points défensifs qu'ils avaient élevés; mais le but important, le but réel, celui dont les conséquences étaient incalculables, c'était la destruction des batteries qui hérissaient le détroit de

Kertch et s'opposaient à l'entrée de nos bâtiments de flotille dans la mer d'Azoff.

« Cette destruction, avait dit l'amiral aux généraux en chef, ne peut être définitivement accomplie que par une expédition pour laquelle le concours d'une division de l'armée me serait indispensable. »

Si l'amiral Bruat était impatient de voir les vaisseaux sous son commandement commencer un rôle actif et militaire, la considération qui se rattachait au cœur même des opérations de la guerre et à l'avenir de ces opérations, était le mobile le plus puissant de ses sollicitations pressantes.

Malheureusement, les événements imprévus, les nécessités naissant des besoins de chaque jour et des éventualités à prévoir, devaient éloigner encore l'exécution de ce projet.

XIX. — A l'époque où se passaient les faits que nous retraçons, bien des conjectures diverses cherchaient à se faire jour sur l'issue d'un siége qui avait déjà déjoué tant de prévisions, et dont les obstacles s'accroissaient de plus en plus sous l'impitoyable labeur de la défense.

Les uns croyaient trop, d'autres ne croyaient pas assez. On niait ou on exagérait les difficultés de la position des armées devant Sébastopol. L'amiral Bruat ne partageait ni ces doutes excessifs ni ces excès de confiance ; tous deux tendaient à brusquer un dénoûment qui eût peut-être compromis l'avenir.

« Rien ne nous oblige à des actes de témérité (écrivait-il au ministre de la marine, en date du 31 mars 1855). Notre position devant Sébastopol n'a jamais été meilleure; les troupes sont excellentes, aguerries par un long hiver et par six mois de combats; les approvisionnements de tous genres sont rassemblés dans la presqu'île; les moyens de transport s'accumulent chaque jour; l'état sanitaire des alliés paraît satisfaisant, et, dans de pareilles conditions, il y a tout à espérer et bien peu de chose à craindre. Je suis convaincu que, si nous commandions la mer d'Azoff, et si les troupes ottomanes pouvaient intercepter, ou tout au moins gêner les communications de Pérécop avec Simféropol, l'armée russe verrait ses approvisionnements compromis et ne tarderait point à se trouver dans une position très-critique. En tout cas, les plus rudes épreuves me semblent passées pour nous; la saison qui commence nous assure huit mois d'opérations actives, et l'issue de cette grande expédition ne peut plus être douteuse. »

A la même date, le général Canrobert, impatient d'entendre enfin les canons de nos batteries tonner contre la place, écrivait : « J'ai l'espoir que vers la semaine prochaine nous pourrons ouvrir le feu avec nos alliés contre la place. »

Quels seront les résultats de l'ouverture du feu? Doivent-ils amener un assaut définitif, ou faciliter seulement nos nouveaux cheminements? — L'avenir et les événements souvent imprévus de la guerre pouvaient seuls trancher cette grave question.

CHAPITRE II.

XX. — Les généraux en chef se sont réunis en conseil ; les amiraux Bruat et Lyons sont convoqués. Le feu commencera sur toute la ligne des attaques, le 9 avril.

Dans les circonstances actuelles, quel concours peut-on espérer de la part des escadres alliées? — Les explorations de toute nature faites depuis le commencement du siége ont démontré l'impossibilité de forcer la triple ligne d'obstacles établie par les Russes à l'entrée du port de Sébastopol : les vaisseaux ne peuvent donc tenter une attaque sérieuse et réellement efficace.

Cette impossibilité fut admise dans le conseil sans discussion aucune (1).

« On a pensé cependant, écrivait l'amiral au ministre, qu'il serait très-utile d'empêcher l'ennemi de dégarnir ses batteries et de retirer même une portion du matériel qui les arme. Il a donc été décidé que les vaisseaux mouilleraient aussi près que possible des forts, hors de portée du canon, pour tenir l'ennemi en haleine et profiter, s'il y avait lieu, des circonstances. — Les frégates à vapeur resteraient en seconde ligne. — L'amiral Lyons et moi, nous sommes disposés à employer ces frégates

(1) Dépêche de l'amiral Bruat au ministre de la marine, 3 avril 1855.

avec prudence ; pour inquiéter les Russes pendant la nuit, et les obliger à ne point quitter leurs pièces. »

Tel fut, dans son ensemble, le résultat de cette conférence.

« Je me suis trouvé, ajoute l'amiral français, en conformité constante d'opinion avec l'amiral Lyons, et je suis heureux d'avoir rencontré un pareil collègue. »

XXI. — Pendant ce temps, l'activité la plus incessante règne dans le port de Kamiesh ; des bâtiments de commerce arrivent en grand nombre.— « Des remorqueurs, dit le journal du vaisseau-amiral, entrent dans le port et sortent toute la journée ; la rade est couverte de bâtiments chargés pour la guerre. »

Pendant que les généraux et les amiraux prennent leurs dispositions pour le jour tant attendu de l'ouverture du feu, une division navale, sous les ordres du contre-amiral Charner, part pour Eupatoria (2 avril). Cette division a pour mission de ramener une partie des troupes ottomanes qui doivent prendre part à nos opérations en Crimée. —Le 7, elle est de retour, et, dans la matinée, l'on voit la petite flotille gagnant le port de Kamiesh ; le vaisseau à hélice *le Napoléon*, portant le pavillon du contre-amiral, tient la tête, suivi du *Jean-Bart*, du *Duguesclin*, du *Saint-Louis* et de la frégate *l'Andromaque*. — En moins d'une heure le débarquement des troupes est opéré.

Déjà le 5, des frégates anglaises étaient également arrivées d'Eupatoria chargées de troupes turques.

XXII. — Les compagnies de débarquement vont chaque jour s'exercer à terre. Ces compagnies peuvent, au besoin, être d'un grand secours, si elles se perfectionnent au tir de la carabine à tige et aux manœuvres de l'infanterie.— Aussi l'amiral s'occupe activement de reconstruire cette force mobile de l'escadre, sans laquelle beaucoup d'opérations deviendraient impossibles.

De son côté, la ville assiégée continue d'offrir le curieux spectacle d'une place qui se ravitaille ouvertement à portée de vue des armées assaillantes. — De longues lignes de chevaux et de voitures de toutes sortes se déroulent lentement sur le flanc des collines; on distingue à l'aide de la longue-vue, les officiers à cheval qui pressent la marche de ces convois vers Sébastopol.

Le Cafarelli, placé en vigie, signale leur arrivée en ville; deux très-importants entrent dans l'intérieur du fort Constantin.

Les jours s'écoulent, nous sommes au 9 avril.

XXIII.— Avant de retracer les faits nouveaux qui vont se produire, il n'est pas sans importance de dire dans quelle proportion la marine apportait son concours aux opérations du siége.

Ses batteries s'élevaient au nombre de 13, toutes armées par elle, à mesure que le tracé des parallèles plus avancées de nos attaques nécessitait sur les points rapprochés de la place la présence des pièces plus mobiles du parc régulier de siége.— En effet, dans des opérations

comme celles qui s'exécutaient avec les moyens combinés des deux artilleries, la marine devait dans les batteries éloignées, remplacer les pièces de l'artillerie de terre plus légères et d'un calibre inférieur; ce rôle lui était naturellement tracé par la difficulté de mouvoir ses gros canons, de les monter près des lignes ennemies, et surtout par la supériorité de son tir à longue portée.
— Les mêmes faits se reproduisaient chez l'ennemi, qui accumulait de tous côtés des canons de marine et les faisait servir par ses matelots.

Les batteries du corps de débarquement, tant à l'attaque de gauche qu'à l'attaque de droite, dite *Malakoff*, étaient ainsi distribuées :

Les batteries 1, 2, 4, 16, 17 et 19 formaient l'attaque du bastion Central, et étaient, pendant le jour, alternativement commandées par les capitaines de frégate Ohier et Tricault.

Les batteries 16, 10, 11 et 11 bis formaient l'attaque du bastion du Mat.

Les capitaines de frégate Pothuau et Pichon les commandaient alternativement.

Pendant la nuit, ces deux attaques étaient placées sous le commandement du capitaine de frégate de Marivault, chargé spécialement des réparations, des approvisionnements et du tir de nuit. — Pour ce service important et minutieux dans ses détails, le lieutenant de vaisseau Laurent avait été adjoint à cet officier supérieur.

On voit facilement, par ce seul aperçu, quelle importance avaient prise dans les attaques de terre, l'artillerie fournie par les vaisseaux de l'escadre et le corps de débarquement des marins (1).

XXIV. — Le jour s'est levé après une nuit pluvieuse, accompagné d'un vent violent. Le dégorgement des embrasures avait présenté des difficultés inattendues : pendant les dix heures que dura l'obscurité, les matelots ne cessèrent de travailler sous une pluie battante avec tant d'ardeur et de volonté d'être prêts, que beaucoup retiraient des embrasures avec leurs chapeaux une boue devenue trop liquide, pour qu'on pût l'enlever à la pelle et en charger les gabions.

Dès le point du jour, le contre-amiral Rigault s'est

---

(1) Il n'est peut-être pas sans intérêt de connaître la liste exacte des officiers, aspirants et volontaires détachés à terre à cette époque (8 avril).

N° 1, 7 canons de 30, 9 obusiers de 80 ; lieutenant de vaisseau, de Ranzégat.

N° 2, 8 canons de 30, 2 obusiers de 80 ; lieutenant de vaisseau, Amet.

N° 4, 5 canons de 30 ; lieutenant de vaisseau, de Terson.

N° 7, 7 canons de 30.

N° 10, 7 canons de 30 ; lieutenant de vaisseau, Rallier.

N° 11, 5 obusiers de 80, 2 canons de 30 ; lieutenant de vaisseau, Bon de Lignim.

N° 11 bis, 6 canons de 30 ; lieutenant, de vaisseau, Ribourt.

N° 16, 6 canons de 30 ; lieutenant de vaisseau, Pigeard.

N° 17, 6 canons de 30 ; lieutenant de vaisseau, Bodot.

N° 19, 4 canons de 30 ; lieutenant de vaisseau, Duplessis.

N° 26 bis, 9 canons de 30, 1 obusier de 80 ; lieutenant de vaisseau, Boch.

A l'attaque (dite Malakoff), 2 batteries tirant sur la place et contenant 16 pièces, sous le commandement du capitaine de frégate Bianchi, et des lieutenants de vaisseau de Contenson et de Villemereuil.

Contingent fourni par la marine, le 9 avril 1855, 93 bouches à feu.

rendu aux batteries, afin d'inspecter les travaux de la nuit, et donner en personne ses dernières instructions.

Le feu s'ouvre bientôt sur la ligne des deux attaques.

Certes, les Russes ne pouvaient s'attendre à voir nos batteries, si longtemps réduites au silence, tonner toutes à la fois contre la ville dans des conditions aussi défavorables.

Partout les terres sont molles et détrempées, et les raffales d'un vent du sud-ouest courent par les tranchées avec des sifflements aigus. Le jour est triste, voilé; l'eau tombe en abondance et aveugle les artilleurs qui peuvent à peine pointer leurs pièces; mais déjà, de toutes parts, la terre frémit jusque dans ses entrailles au bruit de foudroyantes détonations.—Bientôt nos marins, avec une précision de tir remarquable, se sont débarrassés par des coups d'embrasure qui se succèdent rapidement, des pièces qui les incommodent le plus (1).

---

(1) Les habitudes spéciales contractées par le personnel de la marine dans le tir à la mer, où l'on attache un grand prix à la rapidité, contribuèrent autant que le puissant calibre des pièces, aux heureux résultats qu'obtinrent souvent les batteries de la marine. Les munitions sont préparées à l'avance et non confectionnées sur place. L'organisation des armements de pièce à bord, par série de 12 hommes, comprenant un chef et un chargeur, qui sont des hommes d'élite, permettait de faire de chaque série deux armements pour une pièce de siége. Les mêmes hommes restaient aux mêmes postes et toujours au même canon; par suite, ils connaissaient parfaitement la distance du point à battre.

De plus, il faut ajouter que l'excellente institution des frégates-écoles, dont la direction avait été confiée récemment encore au capitaine de vaisseau Jurien de la Gravière, aujourd'hui chef d'état-major de la flotte, avait fourni de très-bons sous-officiers, et des canonniers brévetés, d'une instruction tout à fait supérieure.

Cette journée coûta au corps de débarquement une trentaine d'hommes environ hors de combat. Le lieutenant de vaisseau de Terson et l'enseigne de Montille étaient tous deux blessés. — La batterie 4 surtout avait beaucoup souffert : deux de ses pièces étaient hors de service. Celles des batteries dont le tir ne pouvait inquiéter nos cheminements nouveaux, continuèrent le feu pendant toute la nuit, après avoir, au tomber du jour, rectifié le pointage.

XXV. — Les amiraux Bruat et Lyons s'étaient préparés à aller, dès le matin, occuper sur rade les points désignés à l'avance ; mais le temps et la violence du vent les obligèrent à différer ce mouvement. Le vaisseau *le Napoléon*, muni d'une très-forte machine, fut seul envoyé en avant-garde. — Dans la journée la tourmente augmenta d'intensité. « Le baromètre (écrit l'amiral en date du 10 avril) confirmait tellement le fâcheux aspect de l'horizon, que je me suis applaudi de n'avoir en rade qu'un seul vaisseau muni d'une assez forte machine. »

Le lendemain le vent tourna vers le nord et parut se calmer.

Aussitôt l'amiral fait sortir du port *le Jean-Bart* et s'apprête à le suivre lui-même avec *le Montébello*, pendant que l'amiral Lyons, prévenu par un signal, imitait de son côté le même mouvement. Bientôt neuf vaisseaux à hélice, dont trois français, mouillaient sur une seule igne devant les forts de Sébastopol, aussi près qu'ils purent s'en approcher, sans se mettre à portée du canon.

C'est ce qui avait été résolu en conseil entre les amiraux et les généraux en chef.

« Notre attitude menaçante, écrit l'amiral, suffira pour retenir les canonniers russes à leurs pièces, et nous serons d'ailleurs en bonne position pour prendre conseil des événements et agir suivant les circonstances. »

XXVI. — « Le port de Sébastopol est protégé contre l'action des flottes, moins encore par ses formidables batteries et par les nombreux ouvrages en terre, dont les Russes ont depuis le 17 octobre couronné les hauteurs, que par les hauts fonds qui bordent la côte, ne laissant entre eux qu'un passage étroit (7 encablures) rétréci par un plateau de roche sur lequel la sonde n'avait trouvé que 7 mètres d'eau.

« Du côté du fort Constantin, ces hauts fonds s'étendent au large jusqu'à 1100 mètres. — la côte sud ne peut être à moins de 400 ou 500. »

Ces dangers avaient depuis longtemps frappé l'amiral et il avait mandé du Bosphore deux ingénieurs hydrographes fort distingués, MM. de Ploix et Manen et leur avait confié la mission d'étudier les obstacles avec le plus grand soin. Leur travail très-complet dans tous ses détails permit aux amiraux d'apprécier exactement les précautions nécessaires à la sécurité des bâtiments à vapeur qui devaient agir pendant la nuit contre la ville, ou contre les forts de Sébastopol.

Le moment était venu de profiter de l'heureux résultat de ces périlleuses explorations; les travaux du siége rendaient très-important de tourmenter la ville et ses redoutables forteresses à des moments inattendus.

Des feux de couleur, ainsi que des fanaux ordinaires furent placés sur la côte, de manière à indiquer deux alignements, en dehors desquels les navires du plus fort tirant d'eau pouvaient se mouvoir sans danger (1).

Mais la moindre erreur dans le placement de ces feux et dans la constatation des sondes pouvait amener de si graves conséquences, que les deux amiraux, avec cette prévoyance prudente et infatigable qui les distinguait, voulurent reconnaître par eux-mêmes l'exactitude des dispositions prises par les hydrographes.

Dans cette occasion, comme dans toutes, on voit le brave amiral Lyons dans une complète conformité d'opinions avec son collègue, entente précieuse justement appréciée par le commandant en chef de la flotte française, et dont sa correspondance avec le ministre porte de nombreuses traces.

XXVII. — Le 13 avril, à 9 heures et 1/2 du soir, l'amiral Lyons prit place dans le canot de l'amiral Bruat.

---

(1) *Dépêche de l'Amiral Bruat*, 14 *avril* 1855.

« Le premier de ces alignements marque, sur la côte sud, la limite des fonds de 6 brasses ; le second conduit au large des hauts fonds du fort Constantin. On peut, en se guidant sur ces amers, s'approcher à 1000 mètres environ du fort Alexandre et envoyer des obus jusque dans la ville. »

La nuit était calme et belle, la mer tranquille ; le canot amiral se dirigea vers les fanaux et se perdit bientôt dans l'obscurité. Ce ne fut pas sans inquiétude que l'on vit s'éloigner dans l'ombre cette frêle embarcation qui portait deux chefs justement aimés, et qu'un boulet russe pouvait briser et couler bas. Les amiraux vérifièrent avec le plus grand soin les deux lignes de sonde marquées par les fanaux établis à terre. — cette exploration était à peine achevée, que la frégate *le Valorous* se mettait en marche pour s'approcher des forts.

Les deux amiraux, debout dans le canot que balançaient à peine les flots tranquilles de la mer, suivaient avec anxiété les mouvements du *Valorous* ; ils virent cette belle frégate arriver à peu près au point où les deux alignements se croisaient, et ouvrir subitement son feu sur la place ; les obus tracèrent à travers l'obscurité leurs sillons de feu et tombèrent dans la ville, bondissant avec des jets de flamme.

Les Russes étaient si loin de s'attendre à cette attaque, qu'il s'écoula quelques minutes avant que le fort Constantin, qui le premier fut prêt, pût répondre. — *Le Valorous* avait lâché sa seconde bordée, lorsqu'il reçut le feu des batteries du fort Alexandre et de la Quarantaine, feu dirigé à la hâte et qui ne lui causa aucune avarie. — La frégate anglaise ne se retira qu'après avoir lancé deux autres volées d'obus contre la ville, puis elle regagna son mouillage, protégée par l'obscurité contre le tir des forts ennemis.

A 1 heure du matin, ce fut *le Caffarelli* qui appareilla pour exécuter la même manœuvre; mais les batteries russes étaient cette fois sur leurs gardes, et le fort Constantin avait illuminé ses deux étages de casemates, qui scintillaient, comme deux rangées d'étoiles rougeâtres, sur le fond noir de la rade. — Arrivé sur l'alignement indiqué par les fanaux, *le Caffarelli* lança aussitôt sa première bordée; il était 2 heures 20 minutes. Les forts répondirent aussitôt avec vivacité, et quoique notre frégate lançât sur la ville ses quatre bordées, en moins de 18 minutes le tir ennemi, un instant incertain, se rectifia tout à coup et un obus vint se loger dans la membrure du bâtiment, mais heureusement n'éclata point. Ce fut le seul projectile qui l'atteignit. — A 3 trois heures il avait repris son poste de mouillage.

XXVIII. — Dans la même nuit, une vive fusillade, partie de l'attaque de gauche de nos tranchées, sembla répondre comme un écho aux canonnades de ces deux bâtiments; c'étaient les généraux Rivet et Breton qui enlevaient une longue ligne de fortes embuscades russes en avant de nos approches. — Nos intrépides travailleurs tracent une quatrième parallèle sous le feu de la mitraille.

Au milieu de ces combats partiels, qui chaque nuit se renouvelaient, l'intervention des bâtiments, on le devine, n'était pas sans importance; elle inquiétait la ville et tenait les forts constamment en alerte.

Dans la nuit du 15 au 16, la corvette à vapeur anglaise, *le Gladiator*, et le bâtiment français *le Sané*, vinrent successivement, sous la direction des feux indicateurs, lancer tour à tour leurs bordées d'obus.

C'était un magnifique spectacle de voir tout à coup la nuit sombre sillonnée par ces rapides éclairs, qui semblaient se jouer entre eux et s'entremêler dans l'espace, pour retomber sur la ville en masses foudroyantes.

Le général en chef Canrobert, avec cette spontanéité du cœur dont il connaissait si bien le secret, s'empressa d'adresser ses remercîments à l'amiral Bruat et de constater combien cette intervention développée dans la même voie, autant que possible, serait utile et favorable aux opérations de l'armée de terre.

XXIX. — Malheureusement le mouvement d'un navire est sans cesse soumis à des nécessités imprévues, contrarié par des obstacles soudains ; une brume épaisse enveloppa tout à coup les flottes et empêcha les amiraux de bombarder la ville la nuit suivante; il était à craindre que les brouillards, qui se produisaient devant Sébastopol avec une intensité inconnue dans d'autres parages, n'entravassent l'action des bâtiments, plus souvent qu'on ne l'avait supposé.

Toutefois les deux chefs de la marine alliée, convaincus l'un et l'autre de l'utilité de ces diversions, au moment où nos travailleurs avancent rapidement vers le feu des bastions ennemis, sont prêts à profiter de toutes les circonstances favorables.

La position était difficile; l'action de deux armées qui doivent agir sans cesse d'accord, si elles ne veulent se nuire, créait à chaque instant des difficultés soudaines.— Les besoins de la situation s'augmentaient subitement dans des proportions imprévues, et de graves et difficiles questions s'agitaient au sein des conseils.

Fallait-il livrer l'assaut et se fier pour un résultat heureux à la valeur de nos armes; — fallait-il continuer nos cheminements laborieux ?

Les opinions étaient diverses, les avis opposés. Nous avons dans notre précédent travail retracé ces perplexités infinies, au milieu desquelles devait se mouvoir le général en chef, nous ne faisons donc que les indiquer aujourd'hui.

XXX. — « Je comprends trop bien les difficultés contre lesquelles le brave général Canrobert doit avoir à lutter (écrivait, en date du 14 avril, l'amiral Bruat au ministre de la marine), pour ajouter à ses préoccupations par les observations même les mieux fondées. Je suis résolu à seconder ses opérations par le concours loyal et empressé qu'il a le droit d'attendre du commandant en chef de l'escadre. La marine impériale ne pouvait d'ailleurs rencontrer un appréciateur plus chaleureux de ses services, que le commandant en chef de l'armée d'Orient. — Je ne terminerai pas, m'écrivait-il le 8 avril, sans vous dire en des termes qui resteront au-dessous de ce que je pense, combien je suis touché des sacrifices de toute nature que vous faites pour m'aider à surmonter les difficultés de la situation. — Cette humeur chevaleresque, cette parfaite égalité d'âme et de caractère que le général Canrobert apporte dans toutes ses relations sont un don précieux chez le chef appelé à diriger une action combinée et à poursuivre ses plans au milieu des tiraillements de toutes sortes qui sont la conséquence inévitable de ces situations. »

Certes, c'est là un beau langage, digne d'un cœur élevé qui en dehors de tout sentiment personnel, savait se placer à la hauteur des circonstances, et, quelle que fût leur gravité, ne jamais se laisser dépasser par elles.

XXXI. — Le feu continue énergiquement de part et d'autre ; mais notre canonnade ne paraît pas amener de solution définitive sur des ouvrages dont les dégradations journalières sont réparées chaque nuit, elle a surtout pour résultat important de paralyser pendant la nuit les feux d'artillerie, sur tous les points vigoureusement battus dans la journée, et de permettre ainsi au génie de pousser ses approches.

Les généraux des armes spéciales se sont réunis en présence des généraux en chef pour apporter leurs observations, et donner leur opinion sur les chances d'un assaut que l'on ne veut pas livrer au hasard; car le projet d'une campagne à l'extérieur planait toujours sur les décisions à prendre, et arrêtait l'essor d'énergiques et décisives résolutions (1).

Si l'assaut devait par des combinaisons nouvelles se trouver forcément ajourné, les amiraux avaient résolu de réunir leurs efforts pour entraîner l'expédition qu'ils désiraient depuis si longtemps entreprendre dans la mer d'Azoff.

XXXII. — L'amiral Bruat écrivait, en date du 17 avril au ministre de la marine :

« M. l'amiral Lyons et moi, nous sommes fermement résolus, si le plan d'investissement et par conséquent de temporisation est adopté, à renouveler nos instances auprès des généraux en chef, pour qu'il soit donné suite au projet de l'expédition de Kertch. Il faudrait l'éclat de ce coup de main pour atténuer l'effet de la suspension du siége, mesure très-sage et très-féconde peut-être, mais qu'on ne manquerait pas de représenter à Vienne comme un échec.

« Les Russes s'attendent à être inquiétés du côté de la mer d'Azoff ; ils ont commencé à enfoncer des pilotis dans la partie du canal qui passe sous les murs de Yeni-Kalé. Les navires alliés ont reconnu ces travaux, mais n'ont pu rien faire pour les interrompre Il faut un débarquement, pour obtenir d'une façon certaine le commandement du détroit et celui de la mer d'Azoff. — Malheureusement, je ne

---

(1) Voir les instructions secrètes et le plan de campagne envoyés par l'Empereur au général Canrobert, *Expédition de Crimée*, t. II, p. 240.

cesserai de le répéter, chaque jour de retard apporté à l'exécution de ce projet en augmente les difficultés ; les ouvrages se multiplient sur la côte, l'armée de Circassie et les réserves des provinces limitrophes de la mer d'Azoff ne cessent de diriger des renforts sur la Crimée. Il n'est point trop tard cependant, et avec de l'activité tout peut se réparer. J'attends avec impatience, et l'amiral Lyons partage mes sentiments, une résolution qui permette aux flottes alliées de rendre les importants services que l'on peut attendre d'elles. »

On voit par cette dépêche quelle importance l'amiral Bruat et son collègue de l'escadre anglaise attachaient à cette expédition.

XXXIII. — La marche méthodique du siége, dont le feu avait été sensiblement réduit pour ménager les munitions de guerre dans l'incertitude de résolutions définitives, ne pouvait appeler de la part des escadres alliées que des diversions combinées avec les opérations de nuit de l'armée. — Dans ce but, le système des signaux indicateurs avait encore été perfectionné. Mais ces diversions, qui conduisaient nos bâtiments au foyer de convergence des batteries ennemies placées sur les deux rives de l'entrée du port, ne pouvaient être tentées que par une obscurité complète qui cachât leur approche à l'ennemi, et le forçât à un tir incertain et irrégulier.

C'eût été folie d'essayer de s'avancer sous ces feux

formidables, lorsque la lune éclairait encore l'horizon ; c'eût été surtout exposer à un désastre certain nos intrépides bâtiments; car le ralentissement du feu de nos attaques permettait en outre aux Russes de consacrer un plus grand nombre de canonniers à l'armement de leurs batteries de côtes.

Le Caffarelli, *le Sané*, *le Berthollet*, *le Cacique* et *le Mogador*, allèrent successivement pendant les nuits obscures s'embosser sur les alignements convenus, et lancer leurs volées d'obus. Malheureusement la lune ne laissait aux ténèbres que peu de durée ; et à peine avait-elle disparu à l'horizon, que les lueurs indécises qui indiquent l'aube du jour montaient déjà au ciel.

XXXIV. — Dans la nuit du 22 au 23 avril, entre le coucher de la lune et les premières clartés du matin, il y avait deux heures environ, l'amiral Bruat, proposa à l'amiral Lyons d'en profiter pour conduire *le Montébello* et *le Royal-Albert* devant les forts de Sébastopol, et lancer sur la ville environ 230 obus, qui ne pourraient manquer de causer de grands dégâts et d'allumer des incendies.

Il est curieux de lire le récit de ce petit épisode, raconté par le digne amiral Bruat lui-même dans la dépêche qu'il adressait au ministre de la marine à la date du 23 avril 1855.

XXXV. — «Le brave amiral Lyons, écrit le commandant en chef de l'escadre française, accueillit avec empressement l'idée que je lui soumettais; il était tout disposé à me céder l'honneur de le précéder; mais il fut très-sensible à la proposition que je lui fis de nous en remettre au sort du soin de décider à qui resterait cet avantage: le sort se prononça en ma faveur, et il fut arrêté que *le Montébello* appareillerait à une heure et demie de la nuit, et que *le Royal-Albert* le suivrait de près

« A une heure et demie, notre ancre était haute, et nous nous dirigions vers Sébastopol, quand un accident imprévu vint subitement suspendre notre marche. J'espérais pendant quelque temps que cet accident n'aurait pas de suites, et, profitant d'un reste de pression, je continuai à petite vitesse ma route vers les forts; mais l'accident se renouvela avec une telle gravité qu'il fallut éteindre les feux pour ne point exposer les chaudières à une explosion.

« Nous nous trouvions alors à trois ou quatre encablures en dedans de la portée du canon ennemi; j'aurais pu jeter l'ancre pour attendre les secours d'un remorqueur, si les premières lueurs du jour ne m'eussent averti qu'il n'y avait point de temps à perdre pour nous éloigner; le courant nous rapprochait toujours de la côte.—Heureusement une brise du nord-est venait de s'élever; je saisis cette occasion, et à l'aide de nos voiles de l'avant et de nos embarcations, je parvins, non sans quelque difficulté, à mettre le cap au large. Les Russes nous avaient aperçus; un obus qu'ils lancèrent vint tomber assez près de nous;

mais trompés sans doute par la clarté encore incertaine de l'aube sur la distance à laquelle nous nous trouvions de leurs batteries, ils ne renouvelèrent point leur feu.

« J'avais fait prévenir l'amiral Lyons de l'accident qui nous était arrivé; *le Royal-Albert* était déjà sous vapeur, mais quand bien même l'approche du jour ne l'eût pas obligé à revenir sur ses pas, je savais qu'il avait trop de courtoisie pour se rendre au feu sans son collègue, comme il aurait eu au besoin trop de bravoure et de résolution pour l'abandonner, s'il l'eût vu dans une position critique. — *Le Royal-Albert* alla donc reprendre son mouillage, dès qu'un navire à vapeur anglais *le Spitfire* (capitaine Spratt), fut venu nous donner la remorque. *Le Roland*, de son côté, était venu se ranger près de nous, mais son assistance fut inutile. A cinq heures et demie du matin, nous mouillâmes devant Kamiesh. »

L'amiral Bruat voulut passer la journée à ce mouillage, afin de tromper les Russes et leur donner à penser qu'il n'avait appareillé pendant la nuit, que pour venir diriger le mouvement des troupes qui s'opérait en ce moment, et qu'il était impossible de leur dissimuler.

XXXVI. — Le 24, les deux amiraux furent informés qu'ils devaient se réunir de nouveau chez lord Raglan, dans la prévision d'une tentative d'assaut général.

Dans cette conférence, les amiraux donnèrent les renseignements les plus précis sur les ressources des deux marines, et sur les efforts qu'elles pourraient tenter, dans le but d'inquiéter sans cesse les forts et les batteries de la côte, et de leur faire craindre, du côté de la mer, une attaque réelle. De cette façon, les canonniers employés au service de ces batteries ne pourraient en être distraits.

Mais le lendemain de cette réunion, l'amiral Bruat apprit que l'assaut était ajourné par suite de nouvelles dépêches de l'Empereur parvenues au général Canrobert; on voulait attendre pour tenter ce coup décisif, que les 40 000 hommes rassemblés à Maslak, fussent prêts à entrer en campagne.

Le même jour, l'amiral adressa la lettre suivante au général en chef :

« 25 avril 1855.

« L'amiral Stewart vient de m'annoncer que le projet de donner l'assaut était ajourné, et qu'avant le 11 mai, il ne pourrait être rien tenté de décisif contre Sébastopol. D'ici là, nous avons, si vous le voulez bien, le temps et les moyens de transporter un corps de troupes à Kertch et de vous le ramener après avoir enlevé cette position, en avoir détruit les ouvrages et avoir assuré le passage de nos bâtiments à vapeur dans la mer d'Azoff.

« Si, après vous être concerté avec lord Raglan, vous adoptiez, mon cher général, la proposition que je vous adresse, je crois qu'il serait prudent de suspendre le débarquement des canons du *Friedland* et du *Bayard* qui viendraient mouiller en rade pour couvrir le port de Kamiesh pendant notre absence. Les travaux des batteries ne seraient point retardés par cette mesure. *Le Friedland* et *le Bayard* tiendraient toujours leurs canons de 30, n° 1, à votre disposition, mais ils ne les mettraient à terre que lorsque les plates-formes seraient terminées et les embrasures sur le point d'être ouvertes.

« J'attendrai donc, pour faire débarquer ces bouches à feu, la réponse que je vous prie, mon cher général, de vouloir bien me transmettre le plus tôt possible.

« L'amiral Lyons partage complétement ma manière de voir, et je ne doute point qu'il ne soumette à lord Raglan une demande analogue à celle que je vous adresse.

« Je sais, mon cher général, que, comme moi, vous attachez une extrême importance à cette expédition, et je crois, sous tous les points de vue, que le moment de l'entreprendre ne saurait être mieux choisi. Nos bâtiments pourraient embarquer leurs troupes dans la journée du 28, appareiller le soir même, avant le coucher du soleil, se diriger d'abord vers Eupatoria pour tromper l'ennemi sur leur destination, et le 30, à la pointe du jour, débarquer leurs troupes à l'entrée du détroit de Kertch.

« Si vous adoptiez ces dispositions, nos troupes seraient certainement de retour à Kamiesh avant le 11 mai.

« *Le vice-amiral,*
« Bruat. »

XXXVII. — Certes, le général Canrobert était loin de

méconnaître l'importance de cette expédition et les résultats heureux qu'elle pouvait amener pour la suite des opérations en Crimée.

Mais placé sans cesse en face des nécessités imprévues d'un siége dont les exigences avaient tant de fois trompé toutes les prévisions, il craignait de se séparer d'une division qui pouvait à un moment donné, lui devenir indispensable, et de vaisseaux utiles au transport des troupes. — Par suite de ces appréhensions naturelles et du désir qu'il avait de donner à la marine l'occasion de prendre dans cette guerre un rôle actif, sa réponse laissait encore en suspens la question qu'il avait posée, mais ne la résolvait pas négativement.

Aussi, l'amiral se tenait-il prêt à toute éventualité, car le lieutenant-colonel Desaint, de l'état-major général, avait pris par ordre du général en chef passage sur la corvette à vapeur anglaise *le Highflyer*, commandée par le capitaine Moore, dont la mission était de reconnaître l'entrée du détroit de Kertch.

Le 27, cet officier supérieur était de retour devant Sébastopol.

« J'ignore, (écrivait à cette époque l'amiral Bruat au ministre de la marine) (1), les informations que le colonel a pu rapporter au général en chef, mais celles que l'amiral Lyons a reçues du capitaine Moore, du *Highflyer*, lui ont paru d'un intérêt si puissant qu'il a cru devoir

---

(1) Dépêche du 28 avril 1855.

adresser immédiatement à lord Raglan la lettre suivante :

« *Royal-Albert*, 27 avril 1855.

« Mylord, je me hâte d'informer Votre Excellence que je viens de recevoir du capitaine Moore, commandant la corvette de Sa Majesté, *le Highflyer*, devant Kertch, une lettre à laquelle j'attache d'autant plus d'importance que le capitaine Moore est, comme Votre Excellence ne l'ignore pas, un officier d'une intelligence remarquable. Votre Excellence apprendra avec plaisir que, dans l'opinion du capitaine Moore, l'expédition de Kertch pourrait être entreprise en ce moment avec toute chance de succès ; mais il ne faudrait pas perdre un instant, car l'ennemi a commencé des ouvrages en terre qui, si on les lui laisse finir, opposeraient à nos opérations de sérieux obstacles. Je me borne à ajouter que le vice-amiral Bruat et moi, nous sommes tout prêts à remplir notre rôle dans cette expédition au premier avis qui nous sera donné. Nous continuons à être très-désireux de voir donner suite à ce projet dans le plus court délai possible. »

« *Le vice-amiral,*

« Lyons. »

XXXVIII. — Le colonel Desaint apportait de son côté au général Canrobert des informations aussi complètes et aussi rassurantes. Il était en tout point d'accord avec le capitaine Moore sur l'opportunité de l'entreprise.

Voici le résultat de leurs observations :

« La position des Russes à Kertch et à Yeni-Kalé se

fortifie chaque jour, mais ne paraît pas pour le moment à l'abri d'un coup de main. L'intérêt que présenterait une expédition dirigée de ce côté est suffisamment établi par les rapports du capitaine Moore, qui a observé un mouvement très-considérable d'embarcations entre Taman et Kertch. Il est hors de doute aujourd'hui que l'armée russe, outre les approvisionnements qu'elle reçoit par la mer d'Azoff, entretient des communications importantes et journalières avec la côte d'Asie par la presqu'île de Taman (1). »

De plus, un officier de la marine très-distingué et très-intelligent, le lieutenant de vaisseau Le Bris, commandant *le Fulton*, sans cesse en croisière devant Kertch depuis le mois de février, avait donné à l'amiral sur les travaux de défense du détroit, sur les facilités qu'offrait la côte pour un débarquement, et sur les forces que les Russes avaient rassemblées dans la presqu'île, des détails qui ne laissaient aucun doute sur le succès de l'opération, pourvu qu'on pût la conduire avec promptitude et sans qu'elle fut ébruitée à l'avance.

Lord Raglan, pressé par l'amiral Lyons, insista vivement auprès du général Canrobert. L'amiral Bruat renouvela ses instances. — Le retard apporté aux projets définitifs devant la place, permettait de disposer jusqu'au 11 mai des vaisseaux et d'une division, et puis enfin, comme nous avons souvent eu l'occasion de le répéter, dans les questions importantes se glissait toujours une

---

(1) Dépêche de l'amiral Bruat au ministre de la marine, 30 avril 1855.

question d'harmonie entre les généraux alliés. — L'expédition de Kertch fut résolue.

CHAPITRE III.

XXXIX. — Une division de troupes françaises, commandée par le général Dautemarre, était adjointe à une division anglaise, et le général Brown, par ancienneté de grade, prenait le commandement supérieur des deux divisions qui formaient un effectif de 11 000 hommes environ, avec trois batteries d'artillerie (1).

Toutes les dispositions étaient prises depuis longtemps par les deux amiraux pour pouvoir lever l'ancre sans retard, aussitôt que l'expédition serait définitivement arrêtée.

Le 3 mai, à 7 heures du matin, l'embarquement des troupes commençait, et, à 5 heures du soir, au coucher

---

(1) L'amiral anglais, outre 32 frégates, corvettes ou avisos, tous à vapeur, consacrait à cette opération 6 vaisseaux à hélice.

La division française se composait du *Montébello*, du *Jean-Bart*, du *Sané*, du *Caffarelli*, du *Descartes*, du *Roland*, du *Cacique*, du *Berthollet*, de *la Pomone*, du *Phlégéton*, de *la Mégère* et du *Lucifer*. Elle devait trouver *le Fulton* devant Kertch.

Le reste de l'escadre était ainsi disposé : *l'Alger*, dans le port de Kamiesh.—A l'entrée du port, *le Bayard*.— Devant Sébastopol, *le Friedland*, *le Charlemagne* et *le Mogador*.— *Le Vautour* était mouillé dans la baie de Streletska ; *la Mouette*, *le Caton* et *le Dauphin* devaient assurer les communications du général en chef avec Constantinople, Eupatoria et l'escadre.

du soleil, la flottille sortait du port de Kamiesh, *le Montébello* en tête. — Le temps était magnifique, quoique brumeux.

XL. — Dans la nuit, une brise favorable se leva, mais pendant une partie de la matinée un brouillard épais enveloppa la flotte alliée. Lorsqu'il se fut peu à peu dissipé, les bâtiments firent bonne marche et reconnurent Kaffa à 15 ou 20 lieues de la côte, assez près pour distinguer le sommet du mont Tchadir-dagh qui s'élève dans l'ouest de Kaffa. Les côtes très-élevées et rocheuses ont un aspect abrupt. Dans la journée, l'amiral et le général Dautemarre se rendirent à bord du *Royal-Albert*, vaisseau-amiral anglais, pour conférer sur les détails de l'expédition et arrêter les dispositions à prendre pour le débarquement des troupes.

Pendant ce temps les deux escadres continuaient leur route. — Vers le soir, le brouillard descendit de nouveau sur la mer avec une grande intensité, entourant les bâtiments d'un nuage épais.

L'amiral Bruat et le général Dautemarre s'empressèrent de rejoindre *la Mégère* qui les avait conduits à bord du vaisseau anglais.

C'est à ce moment qu'un officier d'ordonnance du général Canrobert, le lieutenant de vaisseau Martin, remit à l'amiral des plis très-pressés dont il était porteur.

Cet officier, expédié de Kamiesh sur *le Dauphin*, était parvenu à grand'peine à rejoindre la flottille.

XLI. — Aussitôt que l'amiral eut pris connaissance de cette dépêche, il se rendit de nouveau auprès de l'amiral Lyons.

La lettre du général en chef, très-courte, mais écrite en termes précis enjoignait à l'amiral, en vertu de nouveaux ordres de l'Empereur, de surseoir à l'expédition projetée et de revenir au plus vite à Kamiesh; tous les bâtiments dont la présence ne serait pas jugée indispensable devant Sébastopol devaient être consacrés au transport du corps de réserve réuni au camp de Maslak. — Il est facile de comprendre la consternation que cette nouvelle imprévue jeta parmi les chefs de l'expédition.

Dans la chambre de l'amiral Lyons étaient réunis l'amiral Bruat, l'amiral Stewart, les généraux Brown et Dautemarre. Tous étaient silencieux, les yeux fixés sur cette dépêche qui détruisait subitement tant d'espérances.

« — Je n'ai rien reçu de semblable de lord Raglan; » dit l'amiral Lyons.

« — Nous sommes en vue de Kertch, reprit l'amiral Stewart; que la brume se dissipe, et l'ennemi peut apercevoir les mâtures de nos bâtiments : pouvons-nous maintenant nous retirer ? »

« — Devant cette dépêche, dit l'amiral Bruat d'une voix brève, mais ferme, je ne puis qu'obéir. »

L'amiral Lyons, très-abattu, restait muet; alors le général Brown prit la parole et, avec une franchise toute militaire, dit à l'amiral Bruat :

« — Amiral, avez-vous un commandement indépendant, ou êtes-vous placé sous les ordres immédiats du général Canrobert ? »

« — Je suis sous les ordres du général Canrobert, répondit l'amiral. »

« — Alors, amiral, vous l'avez dit, vous ne pouvez qu'obéir et retourner à Kamiesh, quelque cruel que soit cet ordre de rappel. »

XLII. — La brume était devenue de plus en plus épaisse. — A peine de l'arrière des bâtiments pouvait-on distinguer le feu placé à la corne sur l'avant. De quart en quart des sonneries indicatrices étaient répétées par tous les bâtiments, et chacun d'eux, pour constater sa présence, jouait au milieu de l'obscurité les marches des régiments embarqués à son bord.

Il était donc impossible de transmettre de nouveaux ordres aux escadres, et il fallut se résoudre à les laisser continuer leur route jusqu'au point du rendez-vous, à 12 milles environ au sud du cap Takli.

Le navire à vapeur anglais qui portait à l'amiral Lyons la dépêche de lord Raglan devança les escadres sans en avoir connaissance, et ne rencontra l'amiral qu'au lieu du rendez-vous. Lord Raglan annonçait à l'amiral Lyons la décision inébranlable du général en chef français, et l'engageait à revenir avec l'escadre alliée.

La brume s'était dissipée ; le jour commençait à se lever, et l'on apercevait dans différentes directions les bâtiments dispersés, afin d'éviter les avaries et les abordages.

On avoisinait les terres de Kertch; les steamers envoyés en éclaireurs rapportaient que tout s'annonçait sous les meilleurs auspices. Le vent était favorable, la mer sans obstacles, et rien ne paraissait devoir s'opposer au débarquement projeté.

Ces nouvelles doublèrent l'amertume des regrets.

XLIII. — C'était le 5 mai.

A 5 heures du matin, l'amiral Bruat, qui est à bord de *la Mégère*, fait le signal de ralliement; à 7 heures, il est de retour sur le vaisseau-amiral et donne les signaux de départ. — L'escadre française est en ligne; l'escadre anglaise suit en arrière. *Le Berthollet* reçoit l'ordre de chasser en avant pour éclairer la route, sans pourtant perdre de vue l'amiral (1).

---

(1) *Journal du vaisseau-amiral* le Montébello.

4 *mai* (de minuit à midi), beau temps, petite brise. Brume épaisse une partie de la matinée. Quelques navires de commerce en vue. La division anglaise, d'abord dans le sud, traverse notre ligne et vient se former dans le nord. La vitesse moyenne est d'environ 6 nœuds.

(De midi à minuit), les terres de Crimée parfaitement en vue. Beau temps, la mer très-belle, petite brise d'est et calme. A 1 heure 30 minutes, signalé de serrer la ligne. A 3 heures 45 minutes, stoppé pour laisser embarquer l'amiral et le général commandant l'expédition, qui se rendent, à la remorque de *la Mégère*, à bord de l'amiral anglais. A 5 heures 30 minutes, une brume épaisse nous enveloppe de toutes parts. *Le Dauphin* parvient à nous rejoindre, ayant des plis pressés. L'amiral, qui revenait à bord sur *la Mégère*, après avoir pris connaissance des dépêches, retourne près de l'amiral anglais. Vers 11 heures, la brume s'est un peu dissipée.

5 *mai* (de minuit à midi), beau temps couvert; petite brise, la

Le 6, la flottille expéditionnaire, après avoir longé la côte sud de la Crimée, garnie depuis Aloutcha jusqu'à Balaclava du rempart élevé que forme la chaîne du mont Yalta, vit poindre les collines de la Chersonèse blanchies par nos campements. A 7 heures, les bâtiments manœuvraient pour doubler la pointe, et jetaient l'ancre vers 11 heures, en rade de Kamiesh. — La force de la brise, qui avait sensiblement augmenté, et l'heure assez avancée firent remettre au lendemain le débarquement des troupes.

Le 7, avant midi, elles étaient toutes rendues à terre, et avaient pris place dans leurs campements respectifs.

XLIV. — Aussitôt que la flottille expéditionnaire eut

---

brume se dissipe, on aperçoit le gros du convoi à quelques milles en avant, dans le sud-est. Au jour, aperçu la terre, les bâtiments de l'expédition, sans ordre et assez dispersés par la brume d'hier soir. A 4 heures 30 minutes, l'amiral, qui est sur *la Mégère*, fait le signal de ralliement. A 7 heures 40 minutes, l'amiral, de retour à bord, donne la route à l'Asie. On distingue très-bien la côte d'Asie et les terres de Kertch.

L'expédition est contremandée par ordre du gouvernement. D'après les renseignements des croiseurs, tout faisait présager un heureux succès.

(De midi à minuit), beau temps, petite brise du sud variable, la côte de Crimée est toujours en vue. L'escadre française en ligne, celle anglaise en arrière. *Le Berthollet* reçoit l'ordre de chasser en avant, sans perdre l'amiral de vue.

6 *mai*, (de minuit à midi), beau temps, petite brise. A 7 heures, manœuvré pour doubler la pointe de Chersonèse. Fait les dispositions de mouillage. Vers 11 heures, mouillé en rade de Kamiesh; la force de la brise et l'heure assez avancée font remettre à demain le débarquement des troupes.

Le 7 *mai*, ce débarquement commence à 5 heures ½ pour toute l'escadre; avant midi elles sont toutes à terre.

mouillé dans le port de Kamiesh, le capitaine de vaisseau chef d'état-major Jurien de la Gravière se rendit, par ordre de l'amiral, auprès du général en chef pour l'informer de son retour. — Il ne lui cacha pas le profond découragement que ce rappel subit avait causé dans la flotte.

Nul mieux que le général Canrobert n'était à même de l'apprécier et de le comprendre ; et il avait fallu, pour qu'il se décidât à cette résolution extrême, une impérieuse nécessité (1).

« — Les ordres que j'avais reçus étaient impératifs, répondit le général, et ne me laissaient aucune latitude. Je conçois toute l'amertume du brave amiral, mais je ne pouvais agir autrement ; et peut-être, ajouta-t-il, après un instant de silence, avais-je le secret espoir que *le Dauphin* vous atteindrait trop tard. »

Il se promenait devant sa tente avec le capitaine.

« — J'ignorais, reprit-il, à quelle distance vous étiez, si vous aviez atteint Takli, et, dans ce cas, c'eût été simplement un mouvement de troupes et de navires décommandé. — Oui, depuis le commencement du siége, le rôle de la marine a été tout entier d'abnégation et de dévouement. — Qui le sait mieux que moi ? — C'est un succès certain qui lui a été enlevé, mais qu'elle retrouvera plus tard. »

---

(1) Tous les détails de ces événements regardant l'armée de terre, ainsi que la dépêche de l'Empereur, apportée par le commandant Favé, sont consignés dans l'*Expédition de Crimée*, vol. II, p. 267 et suivantes.

Et, après avoir serré la main au capitaine Jurien, il rentra dans sa tente.

Certes, si l'amiral Bruat regrettait cruellement ce concours fatal de circonstances qui avait mis obstacle à des projets dont il espérait d'heureux résultats, son caractère était trop élevé pour que ces regrets eussent rien de personnel et d'amer envers le général en chef.

XLV. — Déjà une forte division navale française, sous les ordres du contre-amiral Charner, était partie pour le Bosphore, avec mission d'embarquer le corps de réserve à Maslak pour le transporter en Crimée (1).

Toute l'escadre française, à l'exception du *Montébello*, du *Friedland*, du *Bayard*, de *l'Alger*, de *la Pomone*, du *Phlégéton* et du *Roland*, doit ramener des troupes de Constantinople. Les munitions de guerre débarquent chaque jour au parc d'artillerie.

Bien souvent les prévisions les mieux fondées avaient été dépassées; aussi le général en chef a-t-il demandé avec instance au ministre de la guerre, comme au ministre de la marine, de diriger sur le port de Kamiesh, sans interruption et par courant continu, des bouches à feu et des munitions, dont il est impossible de préciser le chiffre.

Les aperçus les plus récents portaient à 200 bouches

---

(1) Cette division se composait du *Napoléon*, portant pavillon amiral, des vaisseaux *le Trident*, *le Turenne*, *l'Iéna*, *le Jupiter*, *le Donawerth*; des bâtiments à vapeur *l'Orénoque*, *le Labrador*, *l'Ulloa*, *l'Asmodée*, *le Chaptal* et *le Laplace*.

à feu et à 200 000 charges, le total présumé des ressources dont on pressentait déjà l'emploi.

XLVI. — Les proportions imprévues et formidables que prenait ce siége, l'un des plus gigantesques qui sera jamais inscrit dans les annales militaires des nations, s'agrandissaient chaque jour.

« Le général en chef est prévenu depuis longtemps déjà (écrivait l'amiral Bruat au ministre de la marine en date du 12 mai), des difficultés que la marine doit éprouver pour satisfaire à des demandes réitérées, dont le chiffre devient chaque jour plus considérable. En formulant, dans ma dépêche du 17 avril ces demandes, j'exprimais à Votre Excellence, à cette occasion, une opinion que rien n'est encore venu modifier; je lui disais : qu'on pouvait sans doute concevoir telle combinaison stratégique qui rendrait ce grand déploiement d'artillerie inutile, mais qu'il me paraissait indispensable d'agir, comme si cette combinaison ne devait jamais avoir lieu, et comme si le siége de Sébastopol ne devait point cesser d'être la principale, je dirai presque, l'unique opération de la guerre. Dans cette hypothèse qu'aucun fait, je le répète, ne rend encore invraisemblable, on trouve aisément l'emploi des 200 bouches à feu et des 200 000 charges demandées. On n'en peut même distraire aucun approvisionnement de réserve pour l'escadre. »

On le voit, comme dans les précédents volumes que nous avons publiés sur l'expédition de Crimée, nous marchons les documents officiels à la main, car nous n'oublions pas que notre rôle est celui d'un chroniqueur écrivant avec des matériaux qui doivent être des jalons certains et des sources inattaquables pour l'histoire à venir. Notre personnalité disparaît, et nous nous efforçons de retracer ce grand et solennel récit en dehors de nos propres appréciations.

Il faut avoir vu, avoir touché du doigt cette activité formidable de notre marine, à toute heure, à toute minute, sans trêve, sans repos, pour en comprendre toute l'étendue. C'est là où elle s'est montrée réellement grande et forte, inépuisable dans ses ressources et dans son énergie.

« Notre armée d'occupation en Crimée s'accroît tous les jours (écrivait encore, en date du 17 mai, l'amiral), elle atteindra bientôt le chiffre de 150 000 à 160 000 hommes. Un pareil effectif entraîne pour la marine des mouvements incessants de troupes et de matériel auxquels les bâtiments de l'escadre doivent pourvoir. L'armée d'Omer Pacha, qui n'a aucun moyen de transport, et dont les divisions sont constamment en route de Kamiesh à Eupatoria, ou d'Eupatoria à Kamiesh, nous impose aussi une activité continuelle. »

Les 16, 17 et 18 mai, la division du contre-amiral Charner, envoyée, on le sait, à Constantinople pour embarquer l'armée de réserve, a mouillé sur rade de Kamiesh. Débarquées successivement, ces troupes, comptant 22 000 hommes, occupent déjà les emplacements qui leur ont été désignés.

XLVII. — Les événements se pressent en foule. Le général Canrobert a demandé à l'Empereur d'être remplacé dans son commandement en chef et d'être autorisé à se remettre à la tête de sa division. L'ancien général en chef montrait dans ces graves circonstances jusqu'où pouvaient s'élever son patriotisme, son abnégation et la grandeur de son caractère (1).

Le général Pélissier lui succède, homme de guerre plein d'expérience et de robuste volonté, qui depuis longtemps et par de beaux services a gagné la confiance des troupes.

Le plan d'opérations à l'extérieur, dont on n'a pu combiner l'exécution avec nos alliés, est abandonné : on suivra la marche du siége direct, en le poussant avec toute la vigueur et toute l'énergie que permettent les importants renforts du corps de réserve et le contingent sarde qui vient, sous le commandement du ministre de la guerre, le général Alphonse de la Marmora, prendre sa part de nos travaux et de nos combats.

La grande concentration de toutes les forces vives de l'expédition s'opère avec une rapidité sans égale : le mouvement, la vie, la force, affluent de tous côtés à ce grand centre protecteur : le port de Kamiesh.

XLVIII. — L'Empereur, retenu en France par la

---

(1) Tous les détails officiels de cet épisode, l'un des plus intéressants de la guerre de Crimée, se trouvent dans le précédent ouvrage de l'auteur : *Expédition de Crimée*, vol. II, pages 275 et suivantes.

gravité des questions politiques, ne viendra pas en Crimée; il faut des combats et de la gloire à nos soldats pour leur faire oublier que leur souverain, si impatiemment attendu et si ardemment désiré, ne se rendra pas au milieu d'eux. Ces combats et cette gloire ne doivent point leur faire défaut.

Les vaisseaux de l'escadre ont terminé le transport des troupes de réserves et ont repris leur mouillage habituel; les renforts considérables de la garde débarqués en Crimée peuvent plus facilement permettre de distraire une division des attaques du siége direct. D'ailleurs, tout projet d'investissement ayant disparu, il est plus que jamais important de couper les communications de l'ennemi par la mer d'Azoff et de s'emparer du détroit de Kertch; aussi les amiraux proposent de nouveau d'entreprendre cette expédition, à laquelle les événements qui se préparaient donnaient une opportunité plus grande encore. Il ne fallait pas laisser à l'ennemi le temps de compléter entièrement la défense de la presqu'île, et, le 20 mai, l'expédition fut une seconde fois résolue en conseil.

La nécessité de l'assistance d'un corps de débarquement fut discutée. Si cette assistance n'était pas rigoureusement nécessaire pour forcer les passes de Kertch et de Yéni-Kalé, elle devenait indispensable pour donner la certitude qu'après les avoir franchies, nos croiseurs ne les verraient pas se fermer derrière eux. Il ne fallait pas non plus se dissimuler que de sérieux obstacles avaient dû être accumulés par l'ennemi, et qu'il fallait, pour le frapper par un coup de main énergique, agir à la fois sur terre et sur mer.

XLIX. — Telles furent les considérations qui entraînèrent la résolution des généraux en chef et il fut décidé qu'un corps expéditionnaire, composé de 7000 Français et de trois batteries d'artillerie, — de 3000 Anglais et d'une batterie, — de 5000 Turcs et d'une batterie empruntés à l'armée d'Omer-Pacha, s'embarquerait sur les deux escadres.

Le général Dautemarre, qui avait fait partie de la première expédition projetée, commandait la division française, et avait sous ses ordres les généraux Niol et Breton. Le général Brown était à la tête des troupes anglaises et, comme la première fois, avait par ancienneté le commandement supérieur. Un lieutenant d'Omer Pacha commandait les troupes ottomanes.

L'escadre française, sous les ordres de l'amiral Bruat, comportait 3 vaisseaux, — 7 frégates à vapeur, — 6 corvettes à vapeur, — 6 avisos, — et une bombarde à vapeur.

L'escadre anglaise, commandée par l'amiral E. Lyons, se composait de 33 bâtiments (1).

---

(1) L'escadre française se composait :

Des vaisseaux à vapeur :

Le *Montébello*, portant le pavillon amiral, commandant Bassière ;
Le *Napoléon*, portant le pavillon du contre-amiral Charner, commandant Laffon-Ladébat ;
Le *Charlemagne*, commandant Jannin.

Cette flottille, par son nombre et sa composition pouvait répondre à tout événement.

Huit chalands, contenant chacun une pièce et son caisson devaient être placés sur le flanc des vaisseaux

Des frégates à vapeur :
La *Pomone*, commandant Bouët, capitaine de vaisseau;
Le *Caffarelli*, commandant Simon, capitaine de vaisseau;
Le *Mogador*, commandant Warnier de Wailly, capitaine de vaisseau;
La *Cacique*, commandant Guesnet, capitaine de vaisseau.
Le *Descartes*, commandant Darricau, capitaine de vaisseau;
L'*Asmodée*, commandant Cosnier, capitaine de frégate;
L'*Ulloa*, commandant Passama, capitaine de frégate.

Des corvettes à vapeur :
Le *Véloce*, commandant Dufour de Mont-Louis, capitaine de frégate;
Le *Primauguet*, commandant Reynaud, capitaine de frégate;
Le *Phlégéton*, commandant de Russel, capitaine de frégate;
Le *Berthollet*, commandant de la Guéronnière, capitaine de frégate;
Le *Roland*, commandant Perigot, capitaine de frégate;
Le *Caton*, commandant de Vedel, lieutenant de vaisseau.

Des avisos à vapeur :
Le *Lucifer*, commandant Béral de Sédaiges, capitaine de frégate;
La *Mégère*, commandant Devoulx, capitaine de frégate;
Le *Milan*, commandant Huchet de Cintré, capitaine de frégate;
Le *Brandon*, commandant Cloué, lieutenant de vaisseau;
Le *Fulton*, commandant Le Bris, lieutenant de vaisseau;
Le *Dauphin*, commandant de Robillard, lieutenant de vaisseau.

De la bombarde à vapeur :
Le *Vautour*, commandant Causse, capitaine de frégate.

« La flotte anglaise (écrit l'amiral Lyons dans son rapport), se composait des vaisseaux de Sa Majesté le *Royal-Albert*, l'*Hannibal*, l'*Alger*, l'*Agamemnon*, le *Saint-Jean-d'Acre*, la *Princesse-Royale*, le *Sidon*, le *Valorous*, le *Leopard*, la *Tribune*, le *Simoon*, le *Furious*, le *Highflyer*, le *Terrible*, la *Miranda*, le *Sphinx*, le *Spitfire*, le *Gladiator*, le *Vesuvius*, le *Curlew*, le *Swallow*, le *Caradoc*, le *Stromboli*, l'*Ardent*, le *Medina*, le *Wrangler*, le *Viper*, le *Lynx*, le *Recruit*, l'*Arrow*, le *Branshee*, le *Snake* et le *Beale*.

et sur le pont de la frégate *la Pomone*, pour servir au prompt débarquement des troupes et surtout à celui de l'artillerie.

L. — Dans les journées du 20 et du 21 mai, les corps désignés pour l'expédition étaient prêts à être mis à bord.

Toutes les dispositions concernant l'embarquement ont été ordonnées avec grand soin par le chef d'état-major de la flotte, qui en surveille lui-même tous les détails et en assure l'exécution (1).

---

(1) LE CAPITAINE DE VAISSEAU JURIEN DE LA GRAVIÈRE, CHEF D'ÉTAT-MAJOR DE LA FLOTTE.

Le nouveau chef d'état-major de la flotte, Jurien de la Gravière, qui devait être élevé à la fin de la même année au grade de contre-amiral, est un des officiers le plus justement estimés de la marine. Né en 1812, à Brest, il est entré à l'école navale en 1828.

Sa première navigation fut sur les côtes du Sénégal et du Brésil.

Il devait bientôt se rendre dans les mers du levant, pour servir sous les ordres d'un marin dont le nom rappelle de grands services et de beaux souvenirs. Le capitaine de vaisseau Lalande commandait alors cette station navale; c'est à cette école que le jeune Jurien devait puiser les principes auxquels il chercha toujours depuis à demeurer fidèle.

Plus tard, à bord de *l'Actéon*, commandé par le capitaine de frégate Vaillant, aujourd'hui vice-amiral, notre jeune marin parcourut les côtes de Syrie et de Karomanie. Les mers du levant étaient déjà à cette époque la grande école militaire de notre marine qui se trouvait sans cesse en contact avec les marines étrangères; aussi était-ce pour un officier une bonne fortune d'être appelé à y naviguer.

Si les événements politiques qui se produisaient ne menaient pas nos vaisseaux au combat, nos marins faisaient dans les mers lointaines le périlleux apprentissage du rude métier de la mer. Lutte perpétuelle avec les éléments dans laquelle, au milieu des tempêtes qui grondent, on apprend à conserver le sang-froid du commandement. — Jurien, lieutenant de vaisseau, devait se retrouver avec son

Le 21 au soir, l'embarquement commence et se continue dans la journée du 22.

A deux heures, le transport des troupes sur les divers bâtiments est entièrement terminé ; l'amiral Bruat signale de se préparer à lever l'ancre et de mettre en place les apparaux pour embarquer les chalands. — A 7 heures et demie du soir, le matériel et toute l'artillerie étaient à bord.

L'escadre a reçu le signal d'imiter les mouvements du

---

ancien chef le contre-amiral Lalande ; avec lui il fit encore plusieurs campagnes maritimes, et, en 1838, commandant le brick la Comète, il reçut de la confiance de l'amiral plusieurs missions pour l'Égypte et les côtes de Syrie.

Un terrible orage, qui en 1841 dissipa l'escadre de l'amiral Hugon et mit plusieurs de nos vaisseaux en perdition, démontra la nécessité de reconnaître hydrographiquement les côtes méridionales de Sardaigne, où plusieurs de nos bâtiments avaient cherché un abri. — Jurien fut chargé de ce travail, qui lui valut le grade de capitaine de frégate. — Appelé en qualité d'aide de camp auprès de l'amiral Roussin, il obtint peu après le commandement de la station des côtes de Catalogne.

Après avoir exercé pendant deux ans ce commandement, il part pour les mers de Chine dans lesquelles il doit naviguer pendant 45 mois. — Écrivain distingué, le jeune commandant a publié sur ce long voyage une fort intéressante relation.

Capitaine de vaisseau en 1850, il attendait à terre un commandement de son grade, lorsque le ministre de la marine lui conféra le commandement de la frégate-école des canonniers l'Uranie. — C'est après avoir occupé ce poste important avec une grande distinction pendant près d'une année, qu'il fut appelé par l'amiral Bruat à remplir près de lui les délicates fonctions de chef d'état-major de l'escadre de l'Océan qui se réunissait à Brest.

Devenu, par le fait de la nomination de l'amiral Bruat au commandement en chef, chef d'état-major de la flotte en Orient, il devait, dans ce nouveau poste, montrer plus encore les précieuses qualités de haute intelligence dont il était doué, et acquérir de nouveaux titres à l'estime et à la sympathie de ses frères d'armes.

vaisseau-amiral. — Il est neuf heures du soir : les bâtiments se mettent en marche dans l'ordre indiqué. L'obscurité a déjà remplacé les dernières lueurs du jour, et à cette obscurité est venu se joindre un manteau de brume qui descend tout à coup sur la mer; mais les navires qui s'éloignent entendent les équipages des bâtiments en rade les saluer de leurs cris d'adieux, et leur envoyer à travers l'espace des vœux de combats et de gloire.

L'escadre française navigue sur deux colonnes dans le sud de l'escadre anglaise.

La première colonne, celle du nord, se compose du *Montebello*, portant pavillon du commandant en chef de l'escadre française, remorqué par *le Roland*, du *Napoléon*, portant pavillon du contre-amiral Charner, commandant en sous-ordre de l'escadre, du *Berthollet*, du *Caffarelli*, du *Cacique*, du *Primauguet*, de *la Pomone*, de *l'Asmodée* et de la bombarde à vapeur *le Vautour*.

Le Charlemagne, *le Mogador*, *le Brandon*, *le Descartes*, *l'Ulloa*, *le Phlégéton*, *le Véloce*, *le Caton*, et le remorqueur *le Beïcos*, forment la seconde colonne, celle du sud.

Sur les ailes naviguent, entre les deux colonnes, *le Milan* et *la Mégère*; ils servent de répétiteurs pour les signaux du vaisseau-amiral.

Entre l'escadre française et l'escadre anglaise se tiennent, avec la même mission, *le Dauphin* et *le Lucifer*.

Le commandant en chef de l'escadre anglaise avait son pavillon sur *le Royal-Albert*. — *L'Hannibal* portait le pavillon du contre-amiral Stewart, commandant en sous-ordre.

LI. — Tel est l'ordre de marche de la flottille expéditionnaire. — Dans la prévision des bancs de brume que l'on rencontre si souvent dans ces parages, des signaux particuliers de reconnaissance, ou signaux acoustiques; ont été convenus.

Bientôt les escadres ont traversé le nuage de brouillard qui les enveloppait au départ; les rayons lumineux de la lune éclairent au loin la mer de leurs lueurs jaillissantes et se jouent dans les mâtures des vaisseaux. — C'est un spectacle magique et solennel : un profond silence règne dans l'atmosphère.

Tout à coup ce silence est interrompu par une vive fusillade entremêlée de coups de canon, dont les détonations courent en mugissant d'échos en échos; et les navires qui s'éloignent voient l'horizon, du côté de la ville assiégée, s'embraser d'une longue ligne de feu. — Contraste étrange entre le silence qui règne sur la mer, et le combat qui là-bas remplit l'air de ses cris furieux !

Ce combat, c'était la formidable attaque des travaux du cimetière, lutte terrible qui dura deux nuits consécutives (1).

Ce fut un combat sanglant; il ne cessait un instant sur un point, que pour recommencer sur un autre,

---

(1) Voir, pour les combats de ces deux nuits, *Expédition de Crimée*, vol. II, p. 291 et suivantes.

et dans des proportions qui montraient l'importance que les Russes attachaient à cette position.

De toutes parts, ceux-ci, en défendant avec opiniâtreté la place d'armes que nous voulions enlever, poussaient ces cris sauvages qui, presque toujours, les précédaient ou les accompagnaient au combat.

LII. — Évidemment cette résistance désespérée devait se sentir appuyée par de puissantes réserves massées dans un ravin qui se trouvait en arrière. — Le commandant de Marivault chef d'attaque des batteries 1 et 2 de la marine le comprit, et dirigea aussitôt sur ce point un feu très-nourri d'obus tirés à petites charges, qui causèrent de grands ravages dans les masses accumulées au fond de ce ravin. Aux décharges de notre artillerie, les cris des Russes avaient des explosions subites et lugubres.

Pendant les huit heures que dura le combat dans la nuit du 22, quelques pièces tirèrent plus de 100 coups.

Dans la nuit suivante, qui compléta la victoire, la même manœuvre recommença ; le tir des batteries ayant vue sur ces points soutint l'attaque et la défense devenues plus furieuses encore que la veille.

L'artillerie de terre avait aussi pris brillamment sa part de ce combat d'artillerie, qui fut, pendant l'action, d'un si puissant secours à la vaillance de nos troupes.

Que de vides s'étaient déjà faits parmi les officiers que la flotte avait détachés à terre !

Parmi les plus regrettables, il faut compter le lieutenant de vaisseau de Contenson, dont le général Bosquet avait si honorablement parlé dans son rapport sur la bataille d'Inkermann. Le 21 avril, une balle ennemie le frappait à mort dans les tranchées. — Quelques jours après, le 26, le lieutenant de vaisseau Boch mourait après deux amputations. — Ce mois d'avril était fatal. Le 28, le lieutenant de vaisseau Bon de Lignim avait le crâne brisé dans la batterie 11, et emportait avec lui les regrets de tous ceux qui avaient apprécié son audacieuse énergie. — Fils unique d'un digne général de notre armée de terre, ce jeune officier, déjà décoré, avait demandé avec instance le périlleux honneur d'être envoyé aux batteries de terre (1).

CHAPITRE IV.

LIII. — L'escadre expéditionnaire s'éloignait rapidement. Bientôt elle entre de nouveau dans un rideau de brume assez épais. — Les bâtiments, pour reconnaître et maintenir leurs distances, jouent dans l'ordre défini les marches, les airs et les sonneries particulières à chacun d'eux.

Pendant la nuit, on navigue presque toujours ainsi;

(1) Dans le même mois étaient blessés MM. Besancon et Chevillotte, capitaines d'artillerie de la marine; de Terson, lieutenant de vaisseau; de Montille, du Petit-Thouars, Michaud, de Nerciat, Gougeard, enseignes de vaisseau; Basset, de Saint-Romand, Bonnet, aspirants.

tantôt le ciel est pur et limpide, tantôt un banc de brume l'obscurcit tout à coup.

Le 23 au matin, le temps est superbe. L'escadre alliée est à 5 milles environ de la côte; une faible brise venant du sud se fait à peine sentir. On découvre dans le lointain Yalta et ses maisons gracieuses bâties en amphithéâtre, autour desquelles se déroule un paysage riche et fertile. — La côte est élevée et descend à pic dans la mer : parfois des rideaux de brume viennent tout à coup envelopper l'horizon et dérober au regard ce panorama; puis des éclaircies se font, et, au moment où le soleil est à son déclin, l'on aperçoit la pointe Keatlama et la vaste baie de Kaffa dorées par ses derniers rayons. — Sur le ciel rougeâtre qu'envahissent peu à peu les voiles encore transparents du crépuscule, se dessinent les silhouettes heurtées et inégales des ruines génoises, souvenirs de l'antique et florissante Théodosie.

Le 24 au matin, par un temps magnifique, une mer superbe et une brise de N.-E., les vigies signalent le mont Opouk, puis le cap Takli, qui, situé sur la côte occidentale du détroit de Kertch, en indique l'entrée. Un phare blanc, élevé sur le sommet d'une falaise, domine une vaste plaine verte et ondulée.

C'est le point indiqué pour rendez-vous à 12 milles au Sud du cap.

LIV. — Lorsqu'on a doublé le cap Takli pour remonter la mer d'Azoff, l'on découvre d'abord la pointe de Kamish-

Bournou, puis celle du cap Saint-Paul, qui est beaucoup plus prononcée, et que les Russes ont choisie pour y élever un ensemble de travaux importants. C'est entre ces deux pointes que s'étend la baie de Kamish, bordée par une verdoyante ceinture de roseaux et de hautes herbes. A l'extrémité de cette baie une langue de terre forme une presqu'île d'un kilomètre et demi de long sur un kilomètre de large environ. Cette plage, choisie pour lieu de débarquement, est large et découverte ; dominée par les falaises qui se prolongent jusqu'au cap Ak-Bournou, elle est entourée de prairies magnifiques, sur lesquelles s'élèvent de temps en temps quelques groupes d'arbres, et qu'encadrent des collines dont les versants sont semés d'habitations. Les croiseurs ont signalé ce point comme le plus favorable. En effet, les dispositions du terrain sont telles, que la plaine est commandée à une grande distance par le feu de nos bâtiments, et que l'ennemi, s'il voulait s'opposer à notre débarquement, devrait se borner à se tenir sur les plateaux qui s'échelonnent au fond de la baie, et que nos troupes ne doivent pas tarder à occuper.

« Il est onze heures, dit le journal du vaisseau-amiral ; *le Montebello* a jeté l'ancre, le premier, par 29 pieds d'eau.—*Le Royal-Albert* mouille à deux encâblures sur l'avant. Les autres bâtiments de grand tirant d'eau jettent successivement l'ancre auprès de leur amiral respectif ; les frégates et avisos restent sous vapeur et continuent leur route. »

« On avait pris soin (écrit l'amiral, dans sa dépêche

du 1ᵉʳ juin, au ministre de la marine), d'embarquer sur les avisos à vapeur, auxquels leur tirant d'eau permettait de s'approcher à petite distance de la plage, les 5ᵉ et 14ᵉ bataillons de chasseurs à pied ; — les 19ᵉ et 26ᵉ régiments de ligne, faisant partie de la première brigade, avaient pris passage sur les frégates et corvettes à vapeur.

« Trois mille hommes au moins d'infanterie, promptement soutenus par trois pièces d'artillerie et par une demi-section de fuséens, devaient être jetés à terre d'un seul coup.

« Les 74ᵉ et 39ᵉ régiments, qui composaient avec le 14ᵉ bataillon de chasseurs la 2ᵉ brigade, étaient transportés sur les trois vaisseaux et sur la frégate *la Pomone*. »

LV. — Toutes les dispositions sont terminées, les chalands sont mis à la mer ainsi que les embarcations. — Déjà les avisos s'approchent des vaisseaux et reçoivent les troupes. Le chef d'état-major de la flotte, le capitaine Jurien de la Gravière, chargé de commander et de diriger le débarquement, prend passage sur *la Mégère* avec le général Dautemarre et son état-major. — *Le Fulton*, commandé par le capitaine Le Bris, qui depuis plusieurs mois, on le sait, croise sur cette côte, reçoit l'ordre d'éclairer la route.

La flottille anglaise a également atteint son mouillage ; plusieurs de ses bâtiments ont jeté l'ancre, suivant qu'il en a été convenu, dans la partie de la baie la plus rapprochée des falaises, laissant à notre disposition l'autre partie où doit s'opérer notre débarquement.

En une heure, la distance qui sépare la baie de Kamish du mouillage des vaisseaux est franchie par les vapeurs des deux nations.

Déjà ils lancent des obus pour fouiller le terrain et éloigner les troupes ennemies qui, protégées par les hauteurs, pourraient s'y être massées; car les vigies ont signalé des vedettes cosaques suivant nos mouvements dans la plaine; « et (dit le général Brown dans son rapport), nous avions observé six ou huit pièces d'artillerie légère nous suivant le long de la côte.»

De son côté *la Mégère* vient jeter l'ancre à petite portée de fusil de la plage et envoie quelques projectiles sur un groupe de cavaliers qui se montre un instant sur la falaise, mais disparaît aussitôt. — Chaque bâtiment, imitant le mouvement de *la Mégère*, a mouillé aussi près que lui permet le peu de profondeur de la baie.

Il est une heure, les embarcations chargées de troupes se groupent autour du canot qui porte sur l'avant le guidon de commandement du général Dautemarre, et dans lequel a également pris place le chef d'état-major de la flotte.

Bientôt le signal d'avancer est donné aux canots impatients de toucher enfin la plage; peu d'instants après, deux bataillons de chasseurs débarquent au cri de : Vive l'empereur! et se forment en colonne.

LVI.—Le général Dautemarre est monté à cheval; suivi

d'un petit nombre de soldats, il traverse la prairie, gravit le petit sentier escarpé qui partait de son extrémité, et bientôt couronne les hauteurs.

Les troupes anglaises, débarquées sur le rivage en même temps que les nôtres, prenaient poste sur la gauche et se mettaient immédiatement en marche.

C'est sur le haut de cette falaise que le général anglais Brown se rencontra avec le général Dautemarre.

Pendant ce temps, le chef d'état-major de la flotte, sur lequel repose la responsabilité entière du débarquement, veille partout et retourne activer les détails minutieux de son exécution.

Le Caton, le Lucifer et *le Milan*, vont en toute hâte chercher à bord des vaisseaux et de *la Pomone* les troupes de la 2ᵉ brigade. A trois heures et demie environ, toute l'infanterie était à terre, et la mise à terre de l'artillerie et des chevaux se poursuivait avec activité.

L'amiral Bruat, voyant que le débarquement s'opérait sans résistance de la part de l'ennemi, met son pavillon amiral sur *le Laplace* dans le but de reconnaître les ouvrages du cap Ak-Bournou. Il est accompagné par l'amiral Charner et par plusieurs commandants de l'escadre.

Pendant ce temps, la canonnière anglaise *le Snake*, s'était avancée jusqu'à la hauteur du fort Saint-Paul ; mais à peine quelques coups de canon eurent-ils été échangés, que les Russes faisaient eux-mêmes sauter leurs ouvrages.

LVII.— Dès que *le Laplace* est en vue de la baie, le chef d'état-major, en voyant le pavillon-amiral, dirige son canot vers ce bâtiment pour prendre les ordres du commandant en chef; il n'a pas encore atteint la corvette, qu'une nouvelle explosion se fait entendre; ce sont les Russes qui détruisent la batterie d'Ak-Bournou.

« Nous savions, écrit l'amiral, en date du 1er juin, que l'ennemi avait établi sur le cap Saint-Paul une batterie de vingt-six pièces de gros calibre, et, sur le cap Ak-Bournou, une autre batterie de trois pièces. Ces batteries n'étaient point le seul obstacle que les Russes avaient songé à opposer aux bâtiments qui voudraient forcer le passage du cap Saint-Paul : un grand nombre de navires avaient été coulés dans la passe. Dispersés par les courants et par la fonte des glaces, ces navires formaient autant d'écueils, dont la sonde n'indiquait point l'approche, et dont nous ignorions complétement la position. L'ennemi avait, en outre, déposé sur le fond des bouées explosives » (1).

LVIII.— Les renseignements donnés par les différents croiseurs faisaient donc supposer que nous devions éprouver une résistance proportionnée aux efforts considérables de l'ennemi pour armer cette position; aussi

---

(1) Un triple fil de laiton, entouré d'une enveloppe de gutta-percha, mettait ces artifices en communication avec un appareil électrique placé dans la batterie du cap Saint-Paul. Il était ainsi facile, lorsque nos bâtiments se trouvaient engagés dans la passe, de faire éclater instantanément sous leurs flancs ces pétards sous-marins, dont l'effet doit être décisif, si l'explosion a lieu au moment opportun.

ce ne fut pas sans un grand étonnement que l'on entendit les explosions successives ; elles annonçaient clairement que les Russes, craignant d'être tournés, se retiraient sans chercher à s'opposer à notre passage. — Les colonnes de flammes et de fumée qui s'élevaient en tourbillonnant de la pointe d'Ak-Bournou et du cap Saint-Paul ne laissaient aucun doute sur la réalité de cette œuvre de destruction.

Toutefois l'abandon volontaire du cap Saint-Paul faisait naturellement penser que nos adversaires s'étaient réservé une ligne de défense plus sûre, derrière laquelle ils concentreraient tous leurs efforts et toute leur résistance.

En effet, le vieux château d'Yéni-Kalé offrait à l'armée russe un réduit, dont la solide construction pouvait assez longtemps supporter le feu de l'artillerie de campagne. De plus, une longue ligne d'embossage composée de transports armés en guerre et de batteries flottantes barrait cette seconde passe, qui, par le peu de profondeur de son fond, n'est accessible qu'à des avisos et à des canonnières.

« Cette ligne d'embossage (écrit l'amiral dans sa dépêche au ministre de la marine), joignait ses feux aux feux croisés des batteries d'Yéni-Kalé et de la batterie rasante nouvellement construite sur le banc Cheska. Nous n'avions sur cette partie du détroit que des renseignements incomplets, et nous devions présumer que nous n'emporterions pas une position aussi forte sans une lutte des plus vives. «

Tels étaient les points sur lesquels la flotte expéditionnaire pouvait rencontrer, de la part des Russes une résistance opiniâtre. — Ces derniers obstacles devaient cependant s'évanouir avec la même facilité que les autres.

LIX. — Le chef d'état-major général, après avoir rendu compte à l'amiral des différentes opérations qu'il a dirigées, retourne à terre, où l'amiral Bruat doit bientôt aborder lui-même, après avoir opéré une reconnaissance plus avancée de la côte.

L'enseigne de vaisseau Chaumonot reçoit l'ordre d'aller examiner les points défensifs que l'ennemi vient de faire sauter de ses propres mains, mais qui ne paraissent pas entièrement détruits. Cet officier, après avoir exploré avec soin le terrain abandonné par l'ennemi, revient à bord, et aussitôt, sur les indications qu'il rapporte, l'amiral commandant en chef donne mission au capitaine de frégate Du Quilio, du *Napoléon*, de se rendre à terre pour démanteler entièrement les ouvrages russes devenus inutiles, et mettre en état de défense ceux qu'il jugerait nécessaires à la sûreté des opérations futures ; tâche délicate et difficile, que le capitaine Du Quilio sut remplir avec une rare intelligence.

Bientôt l'amiral débarque sur la plage et se dirige vers les hauteurs qu'occupent les troupes alliées ; de là on domine toute la position. Les Russes se retirent et semblent se replier sur Arabat.

LX. — *Le Phlégéton*, commandé par le capitaine de Russel, a reçu l'ordre de faire route dans le canal de Kertch à Yéni-Kalé, aussi loin qu'il le pourrait, et de signaler le fond.

Mais déjà la canonnière anglaise, *le Snake*, commandée par le lieutenant Killopp, à laquelle son faible tirant d'eau donnait une grande facilité de navigation, se dirige à toute vapeur sur Yéni-Kalé pour couper la route à un bateau à vapeur de guerre russe qui, parti de Kertch, cherche à gagner la mer d'Azoff. Le combat s'engage. Les batteries de Yéni-Kalé ont ouvert leur feu, « et trois vapeurs (dit le rapport du commandant Killopp) viennent aussi à l'entrée de la mer d'Azoff nous canonner avec des canons à longue portée, dont les boulets passaient fréquemment par-dessus nous, à quatre mille yards environ. » L'amiral Bruat a dépêché *le Fulton*, commandant Le Bris, pour appuyer la canonnière anglaise, et bientôt ces deux bâtiments sont en butte à un feu très-vif. *La Mégère*, sous les ordres de son brave capitaine Devoulx, rallie *le Fulton*, tandis que de son côté, l'amiral Lyons envoie aussi d'autres bâtiments sur le lieu du combat, qu'enveloppe déjà une épaisse fumée. Le bateau à vapeur russe, qui portait le trésor de Kertch, fut incendié (1), mais l'équipage par-

---

(1) *Rapport du lieutenant Killopp, commandant* le Snake *de S. M. britannique.*

« Après un feu très-vif des deux côtés, et qui a duré trois quarts d'heure, j'ai eu le bonheur de réussir à l'incendier avec des obus à la Lancastre, qui l'ont fait sauter. L'équipage a eu grand'peine à se sauver. »

vint à se sauver. Toutefois, deux chalands chargés d'objets précieux et d'une partie des archives civiles et militaires, restèrent entre nos mains.

Plusieurs navires des deux nations sont venus s'embosser devant les batteries de Yéni-Kalé, dont le feu ne se ralentit pas, et font pleuvoir snr elles une nuée de projectiles. Jusqu'au coucher du soleil la lutte continua des deux côtés, ardente et opiniâtre.

LXI. — La nuit est venue. Les bâtiments qui ont pris part au combat mouillent dans le golfe de Kertch, attendant que le lever du jour leur permette de recommencer le feu; mais la résistance de l'ennemi ne devait pas être de longue durée. — Vers huit heures du soir une effroyable détonation se fit tout à coup entendre; un colosse gigantesque de noire fumée s'éleva au-dessus de la vieille forteresse devenue le foyer d'un vaste incendie. Les Russes venaient encore de mettre le feu à un magasin contenant 30 000 kilogrammes de poudre. L'explosion fut si terrible, que plusieurs maisons quoique très-éloignées, furent renversées; les flots de la mer en frémirent, et les vaisseaux mouillés à dix milles en ressentirent une violente commotion qui fit trembler leurs hautes mâtures.

Les Russes abandonnaient Yéni-Kalé, comme déjà ils avaient abandonné leur première ligne de défense. Dans Kertch, plusieurs magasins de blés avaient aussi été incendiés; et les Cosaques, selon leur coutume, mettaient sur leur passage le feu aux fourrages et aux fermes (1).

L'armée établit son bivouac.

« Je me contentai, écrit le général Brown, de demander au général Dautemarre de faire faire des reconnaissances vers le cap et du côté de Kertch, et je pris la meilleure position que je pus trouver, pour la sécurité des troupes et le débarquement de tous les matériaux nécessaires et des chevaux pendant la nuit, ce qui, dans une steppe découverte où nous étions exposés aux attaques de la cavalerie, était une opération de quelque difficulté. »

LXII. — Le matériel n'a pas été entièrement débarqué, car les avisos ont pu seuls mouiller près de terre. Le chef d'état-major de la flotte fait embarquer tout ce qui reste à bord sur des chalands qui se dirigent vers la plage. Au point du jour, accompagné du lieutenant de vaisseau Freycinet, aide de camp de l'amiral qui a été mis sous ses ordres, il se rend à la plage pour communiquer avec le général Dautemarre ; mais déjà les

---

(1) *Dépêche de l'amiral Bruat au ministre de la marine*, 26 mai 1855, devant Kertch.

« En résumé, l'ennemi a perdu jusqu'à présent 160 000 sacs d'avoine, 360 000 sacs de blé, 100 000 sacs de farine ; un atelier de montage et de fonderie a été brûlé. 3 bâtiments à vapeur, parmi lesquels il y en avait un de guerre, ont été coulés par les Russes eux-mêmes. Une trentaine de bâtiments de transports ont été détruits ; au moins autant ont été pris. 100 000 kilogrammes de poudre environ ont sauté dans les diverses explosions, un grand approvisionnement de boulets et d'obus n'existe plus. »

troupes se sont mises en marche : car, bien qu'une portion de l'artillerie et un grand nombre des chevaux d'officiers ne fussent point encore à terre, les généraux avaient jugé utile de se porter immédiatement en avant.

Le chef d'état-major de la flotte apprend du commandant Colson, de l'état-major du général, la direction qui doit être suivie. Il retourne précipitamment à bord du *Caton*, fait prendre à la remorque des avisos les pièces attelées et le matériel déjà embarqués sur les chalands, et franchit lui-même le détroit d'Ak-Bournou, pendant que les troupes alliées continuent leur marche ; il les voit successivement traverser, puis dépasser Kertch et se diriger rapidement sur Yéni-Kalé. — La corvette *le Caton*, commandée par le lieutenant de Védel et suivie des avisos *le Brandon*, *le Fulton*, *le Vautour*, contourne fort habilement le banc qui s'étend du fond du golfe de Kertch à la pointe de Yéni-Kalé, se guidant sur une carte russe et mouille devant cette place, au moment où les troupes y entrent elles-mêmes. Chaque aviso s'approche alors de la plage et envoie à terre les chalands qu'il remorque chargés de l'artillerie tout attelée. On aperçoit les navires russes incendiés ou coulés bas, les poudrières en ruine, les batteries bouleversées ; — au milieu des débris amoncelés et des terres profondément effondrées, gisent des canons que l'ennemi a encloués.

Les frégates à vapeur ont aussi remonté le détroit et se trouvent réunies près d'Ak-Bournou sous la direction supérieure de *la Pomone* que commande le capitaine de vaisseau Bouët.

Le Cacique, commandant Guesnet, est chargé de la démolition du fort d'Ak-Bournou.

L'amiral a quitté *le Montébello* et mis son pavillon à bord du *Lucifer*; l'amiral Lyons a mis le sien sur *le Banshee*. Vers la fin de la journée on voit ces deux bâtiments passer sans s'arrêter devant Yéni-Kalé, et pénétrer dans la mer d'Azoff.

Après s'y être suffisamment avancés pour prendre connaissance des points importants et juger de la situation des choses, les deux amiraux se rendent à Yéni-Kalé pour se concerter, avec les généraux Brown et Dautemarre, sur les dispositions à prendre.

LXIII. — Les chefs de la marine et de l'armée se sont réunis dans une maison où le général Brown a établi son quartier général, et arrêtent en conseil les mesures que nécessitent les circonstances.

« Le détroit de Kertch sera gardé par 8 ou 10 navires à vapeur qui remonteront le détroit autant que le leur permettra la profondeur de l'eau. — Le commandement supérieur de la division navale française réunie près d'Ak-Bournou sera confié au capitaine de vaisseau Bouët de *la Pomone*. Une garnison turque de 7000 hommes gardera Yéni-Kalé. »

L'entrée de la mer d'Azoff était libre. — Il fut donc aussi résolu qu'une croisière composée de bâtiments des deux nations, parcourrait cette mer, captureraient tous les bâtiments ennemis sur son passage et se rendrait un compte exact de l'état des côtes. — Sans nul doute la rade de Berdiansk, accessible à des navires d'un tirant d'eau moyen, devait servir de refuge à tous les bâtiments russes de quelque importance.

A la suite de cette décision, le commandant de Sédaiges du *Lucifer* reçut l'ordre de partir pour Berdiansk avec *la Megère*, *le Brandon* et *le Fulton* et de se réunir à dix bâtiments anglais commandés par le capitaine Lyons, de *la Miranda*. — Dans la nuit la flottille appareillait.

LXIV. — La ville de Kertch avait vu avec douleur les troupes alliées s'éloigner sans y laisser garnison; abandonnée par le gouvernement militaire qui s'était retiré avec le petit nombre de soldats qu'il avait sous son commandement, ainsi que par les autorités civiles, Kertch se trouvait livrée à la rapacité des populations tartares toujours prêtes au pillage; justement effrayée, elle réclama avec instance la protection des armées alliées.

Déjà le capitaine de Russel, commandant *le Phlégéton*, dont les embarcations étaient occupées à amariner les bâtiments russes échappés à l'incendie, avait préalablement envoyé à terre l'enseigne de vaisseau Tréguer, accompagné d'un détachement de son équipage armé, avec ordre de surveiller les Tartares qui inspiraient aux habitants de cette malheureuse ville une terreur qu'ils ne cherchaient point à dissimuler (1).

(1) M. Launoy, rédacteur du *Moniteur*, attaché à l'expédition de Crimée, apporta dans ces difficiles circonstances un concours courageux et dévoué qui font à la fois honneur à son énergie et à son caractère.

Prévenu par le commandant du *Phlégéton*, le chef d'état-major de l'escadre française était venu lui-même examiner les lieux, et, frappé de cet état d'abandon, avait prescrit à l'aviso à vapeur *le Milan*, commandé par le capitaine de frégate Huchet de Cintré, de rester mouillé très-près de la ville.

LXV. — L'amiral Bruat instruit de ce qui se passait, ne tarda pas à se rendre dans la baie de Kertch; il ne put qu'approuver l'initiative du chef d'état-major, et ordonna de nouvelles mesures pour assurer la sécurité de la ville. Les habitants accourus au-devant de l'amiral, l'accueillirent avec enthousiasme. Celui-ci les rassura en leur annonçant que les ordres les plus énergiques étaient donnés pour empêcher le désordre et le pillage.

En effet, dès le lendemain, 200 hommes du *Charlemagne*, sous le commandement du capitaine de vaisseau Jeannin, relevaient de garde le détachement de la corvette (1). Les Anglais, de leur côté, fournissaient également un détachement aux ordres d'un capitaine de vaisseau. La ville était trop étendue pour que l'on

---

(1) *Dépêche de l'amiral Bruat au ministre de la marine*, 7 juin.

« La ville de Kertch abandonnée par les autorités russes, a été inquiétée par quelques maraudeurs, et surtout par les Tartares, qui ont profité de cette occasion pour se livrer au pillage. Un détachement du *Phlégéton*, commandé par l'enseigne de vaisseau Tréguer, a rendu en cette occasion de grands services; on lui doit le maintien de l'ordre, jusqu'au moment où une force plus considérable placée sous les ordres du commandant du *Charlemagne* a été chargée de la police de la ville. »

pût sur tous les points empêcher des actes partiels de désordre, mais l'attitude de la marine et l'énergique activité qu'elle sut déployer, arrêtèrent des désastres imminents. Les consuls étrangers et les plus notables habitants de la ville s'empressèrent d'en témoigner officiellement et par écrit toute leur reconnaissance (1).

Un grand nombre d'habitants ayant sollicité la faveur d'être transportés à Berdiansk, *le Caton*, aussitôt expédié pour cette destination, sous pavillon parlementaire, déposa dans cette ville 500 personnes environ.

LXVI. — Pendant que la flottille expéditionnaire parcourait la mer d'Azoff, les travaux de démolition des

---

(1)   *Lettre adressée au capitaine de Russel, commandant du* Phlégéton.

« Monsieur le commandant,

« Nous nous faisons un devoir de vous remercier du secours que votre navire de guerre a bien voulu nous prêter dans les circonstances difficiles que nous venons de traverser.

« La ville de Kertch, abandonnée par les autorités légales, s'est trouvée la proie des Tartares et des gens malintentionnés, sur le point d'être livrée au pillage et aux plus affreux malheurs. Nous devons à M. Tréguer, enseigne de vaisseau, aidé de M. Longo, aspirant de marine, et aux marins du *Phlégéton*, que vous avez eu la bonté de nous envoyer, d'avoir échappé à des désastres incalculables.

« Cet officier a déployé, pendant cinq jours qu'il est resté dans notre ville, un zèle et une énergie au-dessus de tout éloge.

« Nous nous faisons un devoir, commandant, de vous remercier des secours que vous nous avez prêtés. De pareils actes sont communs sous votre noble pavillon ; mais ils n'en font pas moins honneur à votre belle marine.

« Georges NICOLITCH, vice-consul d'Autriche et de Naples.   Pierre CHICHZEZOLA, vice-consul de Sardaigne. »

batteries continuaient aux caps Saint-Paul et Ak-Bournou.

Le 27, l'amiral Bruat met son pavillon sur *le Berthollet* et accoste *le Royal-Albert* pour prendre à son bord l'amiral Lyons.

Ces deux amiraux ont l'intention de visiter de nouveau et avec le plus grand soin les différents points qui commandent le détroit et la libre circulation de la mer d'Azoff, dans le cas où les Russes voudraient tenter sur ce point un mouvement offensif.

Le Berthollet mouille d'abord près d'Ak-Bournou, où les deux amiraux descendus à terre se livrent à une inspection exacte des lieux. Ils prennent ensuite passage sur *le Caton* et vont inspecter la batterie que l'ennemi avait élevée sur le banc de Cheska, vis-à-vis de Yéni-Kalé. Cette batterie, où se trouvaient sept pièces de gros calibre, a été détruite par les Russes. Continuant leur exploration, les deux commandants en chef de la marine se rendent à Yéni-Kalé, puis vont visiter la ville et l'arsenal de Kertch.

A la suite de cette exploration ils reconnurent, d'un commun accord, qu'il fallait prendre de sérieuses mesures pour parer aux éventualités.

Les caps Ak-Bournou et Saint-Paul leur paraissaient, malgré certaines difficultés qu'ils offraient à l'établissement d'une garnison, devoir être néanmoins solidement occupés.

De nouvelles instructions prescrivirent au commandant Du Quilio qui occupait le fort Saint-Paul de cesser le démantèlement et de mettre cette position en état provisoire de défense. M. Durand-Brager (1) embarqué par ordre de l'amiral sur *le Cacique*, pour rester pendant l'expédition à la disposition de l'escadre, fut envoyé prés du commandant Du Quilio, pour lever sous la direction de cet officier le plan d'un abri préparatoire qui mit provisoirement à couvert les matelots occupés aux travaux.

LXVII. — « Après avoir attentivement examiné les passes du cap Sâint-Paul (écrivait l'amiral Bruat au général Dautemarre, en date du 1er juin), les amiraux croient de leur devoir d'insister de nouveau sur la nécessité d'occuper militairement le massif du cap Saint-Paul et d'Ak-Bournou. Les sondages récemment opérés

---

(1) Le peintre de marine M. Durand-Brager, que nous retrouvons à Kertch, était attaché à l'escadre depuis le commencement de la campagne, et avait fait, tant sur *le Cacique* que sur *le Vauban* toutes les explorations du littoral de la mer Noire et des côtes de Circassie. — C'est pour nous un devoir de chercher à ne pas oublier dans notre récit aucun des noms qui ont droit au souvenir du pays. — A ce titre nous rappelons les services que cet artiste distingué a rendus pendant toute la durée de l'expédition. — Aussi les nombreux dessins que M. Durand-Brager a rapportés et dont un grand nombre eut été lithographiés au dépôt des cartes et plans, forment la collection la plus intéressante et la plus curieuse de cette mémorable campagne.

Les 21 tableaux déjà exécutés, sont la 1re série de cet important travail, à l'aide duquel dans l'avenir on pourra suivre avec une exactitude minutieuse les gigantesques travaux de notre armée devant Sébastopol et les diverses phases maritimes et militaires de cette grande expédition. — C'est une œuvre nationale qui dira la vérité réelle, précise, mathématique, complète, à côté des héroïques et saisissantes épopées de M. Yvon, auquel on doit déjà le magnifique tableau de *la prise de Malakoff*.

constatent, en effet, que les bâtiments coulés par l'ennemi dans la passe du cap Saint-Paul y ont créé des obstacles qui rendent la navigation de ce passage plus difficile qu'on n'avait pu le supposer d'abord. Il est impossible que l'on songe à entrer dans le golfe de Kertch ou dans la mer d'Azoff, sans passer à petite portée de canon du cap Saint-Paul. Du moment où nos troupes seraient parties, et où il ne resterait plus qu'une garnison turque à Yéni-Kalé, les Russes, en s'emparant des hauteurs d'Ak-Bournou et y plaçant, ne fût-ce même que des pièces de campagne, gêneraient tellement les communications que le ravitaillement de la garnison de Yéni-Kalé deviendrait à peu près impraticable.

« Dans l'opinion des amiraux on pourrait à la rigueur se passer de l'occupation de Yéni-Kalé, puisqu'il existe, entre le banc de Cheska et le banc intermédiaire, une passe hors de portée du canon de la presqu'île, tandis qu'en occupant Yéni-Kalé seul, on s'expose à compromettre la garnison qu'on y laissera et à perdre tous les fruits de l'expédition. Les amiraux sont d'avis que l'occupation du cap Saint-Paul et d'Ak-Bournou exige la présence constante de deux navires à vapeur destinés à flanquer cette position. On a signalé le manque d'eau comme un obstacle à l'établissement d'une garnison sur les hauteurs du cap Saint-Paul, mais les amiraux pensent que l'on pourra aisément entretenir sur ce point une provision d'eau suffisante en y plaçant des caisses en tôle qui tiendront lieu de citernes. Il serait inutile d'élever sur le cap Saint-Paul des ouvrages considérables; pourvu que la garnison qu'on y laissera, puisse tenir pendant quelques jours, les secours lui arriveront promptement; tandis que la garnison de Yéni-Kalé se trouverait réduite à ses propres ressources si l'ennemi venait à intercepter la passe d'Ak-Bournou. En résumé, les amiraux déclarent que les troupes qui occuperont Yéni-Kalé seront gravement exposées, si l'on ne prend des mesures pour assurer la libre communication de cette place avec les bâtiments qui devront constamment ravitailler la place. »

Toutefois, l'ennemi ayant renoncé à se défendre, l'intérêt de cette expédition devait se concentrer en entier sur la mer; les troupes alliées devenaient par le fait des événements, non une force active, mais une menace, et une garde avancée veillant sur l'entrée du détroit.

LXVIII. — La flottille envoyée dans la mer d'Azoff sous les ordres des commandants Béral de Sédaiges et Lyons est de retour et rapporte d'excellentes nouvelles.

« En trois jours (écrit l'amiral Bruat dans sa dépêche au ministre de la marine, en date du 26 mai), cent six navires de commerce ont été détruits par les croiseurs alliés. Il ne reste plus aux Russes dans la mer d'Azoff qu'un seul navire à vapeur de 30 chevaux. »

Il n'est pas sans intérêt de savoir comment ces heureux résultats avaient été obtenus.

Les instructions données aux commandants Béral de Sédaiges et Lyons étaient de poursuivre tous les navires, soit de guerre, soit marchands que l'on rencontrerait, puis de se porter sur Berdiansk, cité populeuse et commerçante, de brûler, couler à fond ou amariner tous les navires de commerce mouillés dans son port, et surtout de détruire les nombreux et considérables magasins de ravitaillement que l'on savait exister dans cette ville. — De là, l'escadre combinée devait se porter sur la ville d'Arabat.

A 3 heures du matin, le 26, l'escadrille anglaise et française était réunie et appareillait. Le gros des bâtiments alliés, le cap sur Berdiansk, naviguait sur deux colonnes parallèles, tandis que de nombreux éclaireurs choisis parmi les meilleurs marcheurs fouillaient la mer. Une vingtaine de navires marchands chargés pour la plupart de céréales furent poursuivis et atteints; on y mit le feu, et les équipages furent renvoyés à terre dans leurs chaloupes; car on ne pouvait faire de prises sans affaiblir considérablement les équipages des deux divisions.

A trois heures et demie le même jour, on aperçut le phare de Berdiansk, à une distance de 18 milles environ; quelques instants après on rappelait par signaux les navires chasseurs, et la flottille mouillait dans une position qui commandait le port, la plage et un grand nombre de navires marchands. — Sur tous les bâtiments on se préparait au combat, car les renseignements des croiseurs faisaient supposer que l'escadre ennemie, réfugiée dans le port, viendrait livrer bataille; mais bientôt plusieurs détonations successives annoncèrent que les Russes, dans l'impossibilité de se défendre avec avantage, procédaient, comme toujours, par la destruction.

LXIX. — Aussitôt des canots armés en guerre quittent les bâtiments et se dirigent en toute hâte vers deux anses, situées dans l'est de cette baie, où l'on apercevait les navires marchands.

Les embarcations françaises sont sous les ordres du capitaine de frégate Devoulx, commandant *la Mégère*; les anglaises, sous celui du commandant Sherard Osborn. Elles sont si rapidement conduites qu'elles atteignent bientôt le but qui leur a été désigné ; quelques instants après, des nuages de fumée épaisse et les flammes rougeâtres de deux vastes incendies annonçaient la mise à exécution des terribles lois de la guerre.

Les navires marchands russes mouillés dans le port et que la flamme dévorait étaient au nombre de soixante. Lorsque le jour parut, il ne restait plus qu'un monceau de débris carbonisés.

Mais Berdiansk renfermait en outre de nombreux magasins de blés, vins et eau-de-vie, ainsi que des approvisionnements considérables pour l'armée. — Pendant la nuit *le Brandon* (commandant Cloué), et une canonnière anglaise allèrent audacieusement s'embosser à 100 mètres des quais, prêts à ouvrir leur feu contre les batteries qui tenteraient de troubler nos opérations. Alors les commandants Devoulx et Sherard Osborn font force de rames jusqu'au rivage ; une partie des équipages en armes se met en bataille sur le quai· l'autre, pendant ce temps, propage l'incendie dans les édifices du gouvernement et dans les établissements publics, respectant avec un religieux scrupule les propriétés particulières. — Les ordres les plus sévères avaient été donnés pour empêcher le pillage. Déjà les flammes gagnent de toutes parts les magasins et les dépôts ; de sinistres craquements se font entendre. Les toitures s'effondrent et s'abîment en lançant au loin des éclats enflammés ; des tourbillons de feu et de fumée montent vers le ciel, et à la lueur rougeâtre de ces vastes foyers d'incendie, on aperçoit à une assez grande distance les troupes russes se tenant sur la défensive, mais n'osant pas venir nous troubler.

LXX. « — Nous étions certains, le capitaine Lyons et moi (écrit le commandant Béral de Sédaiges dans son rapport à l'amiral), que les vapeurs russes, dont la poursuite nous était si vivement recommandée se trouvaient cachés dans un petit port au centre même de la ville. A 3 heures du matin, le 27, les deux divisions appareillaient et allaient s'embosser devant la ville, qui devait être sommée de livrer ces quatre vapeurs sous peine de bombardement. »

Mais on les trouva échoués, brûlés et renversés ; machines et coques, tout avait été brisé. — C'était la destruction de ces navires de guerre qui avaient causé les explosions successives que la flottille alliée avait entendues à son arrivée.

En effet, l'amiral russe commandant en chef la mer

d'Azoff, au premier signal de la venue de nos vaisseaux, évacuait son escadre, emmenant avec lui tous les équipages, et donnait ordre de faire sauter les bâtiments.

Les embarcations qui s'étaient rendues dans le port mirent encore le feu à des approvisionnements de blé et à des magasins, puis rejoignirent la flottille qui les attendait pour appareiller et se diriger sur Arabat.

Afin d'assurer les captures, quelques navires, rapides marcheurs, furent détachés sur Genitché, pour garder l'entrée de la mer Putride, et croiser également entre le banc de Krivaïa et l'île de Sable, dans le but d'empêcher les bâtiments ennemis de nous échapper et de remonter le Don.

LXXI. — La baie d'Arabat, protégée par un fort armé de 30 pièces de canon, est vaste et profonde; bordée à l'ouest par cette langue de terre appelée : *Flèche d'Arabat*, qui sépare la mer d'Azoff de la mer Putride, elle devait, suivant les indications, contenir un grand nombre de navires marchands. Mais déjà le bruit de l'arrivée des alliés s'était répandu par quelques petits navires échappés aux poursuites.

Dès que nous fûmes à portée des canons du fort, celui-ci ouvrit aussitôt un feu des plus énergiques pour s'opposer à l'entrée de l'escadrille.

Pendant 2 heures et demie environ, le feu fut soutenu vigoureusement de part et d'autre; mais les bâtiments, tirant sous vapeur, offraient aux canonniers russes un but difficile à atteindre, tandis que tous les boulets et les projectiles des navires atteignaient le fort. Une bombe tomba sur un magasin à poudre qui fit aussitôt explosion. — Depuis ce moment le tir de l'ennemi se ralentit, puis cessa presque entièrement.

Deux petits fortins situés au fond de la baie avaient été détruits. La rade, fouillée en tous sens, n'offrit aucune capture.

Les bâtiments alliés avaient eu pendant le combat quelques hommes blessés, ainsi que des avaries en assez grand nombre dans leurs coques et dans leurs gréements, mais aucune d'elles n'offrait de gravité.

La garnison très-considérable d'Arabat rendait impossible toute tentative de débarquement. — L'escadrille anglaise continua donc sur Genitché, mais les bâtiments français furent contraints, par manque de charbon, de rallier leurs approvisionnements et de se diriger sur Kertch.

Le plus parfait accord et la plus complète unité de vue n'avaient cessé un seul instant de régner entre les deux chefs Lyons et de Sédaiges, tous deux chargés d'un commandement indépendant.

L'expédition de Kertch portait déjà ses fruits : les pavillons unis de la France et de l'Angleterre pénétraient au cœur de cette mer, principale branche de communication avec la Crimée. Partout où les flottes passaient, c'était la ruine des approvisionnements ennemis, et la destruction des richesses et des ressources accumulées à grand'peine dans les dépôts du gouvernement. La marine, si longtemps forcément inactive, frappait à son tour d'un coup terrible la puissance moscovite (1).

(1) L'ordre du jour dans lequel l'amiral Bruat, juste appréciateur des services de tous, témoigne sa satisfaction aux officiers placés sous son commandement, est un souvenir précieux. — Nous le reproduisons en son entier.

ORDRE GÉNÉRAL.

Le vice-amiral commandant en chef témoigne sa satisfaction aux bâtiments composant l'expédition de Kertch, pour la conduite qu'ils ont tenue depuis le départ de l'expédition, et à laquelle sont dus les prompts et importants résultats obtenus jusqu'ici.

Le vice-amiral ne veut point tarder davantage à féliciter :

Le commandant du *Fulton* (M. Lebris), pour la vigueur avec laquelle il a appuyé *le Snake* dans la poursuite du navire à vapeur russe qui, parti de Kertch, s'est réfugié dans la mer d'Azoff ;

Le commandant de *la Mégère* (M. Devoulx), pour la manière dont il a soutenu *le Fulton* dès qu'il lui en a été fait le signal ;

Les détachements du *Caton*, commandés par M. Sarlat, enseigne de vaisseau ; ceux du *Vautour*, commandés par M. Fabre, enseigne de vaisseau ; ceux du *Milan*, commandés par M. de Vitry, aspirant volontaire, pour leur conduite dans l'incendie d'Yéni-Kalé ; les détachements du *Phlégéton*, commandés par M. Tréguer, enseigne de vaisseau ; le détachement du *Charlemagne*, commandé par M. Japhet, aspirant de première classe, pour la fermeté qu'ils ont déployée en maintenant l'ordre dans la ville de Kertch ;

Les embarcations du *Lucifer*, de *la Mégère*, du *Brandon* et du *Fulton*, placées sous le commandement supérieur du capitaine de frégate Devoulx, pour l'énergie avec laquelle ils ont exécuté les ordres de M. le commandant Béral de Sédaiges ; le détachement du *Lucifer*, commandé par M. de Saisset, enseigne de vaisseau, pour l'exécution rigoureuse des consignes dans cette occasion ; M. le commandant Béral de Sédaiges, les capitaines, les officiers et les équipages placés sous ses ordres, pour leur conduite pendant la première croisière de la mer d'Azoff et dans l'attaque de la baie d'Arabat.

Le vice-amiral commandant en chef,
BRUAT.

CHAPITRE V.

LXXII. — Les heureux résultats de cette croisière n'étaient que le prélude des désastres que la marine alliée devait faire subir à l'ennemi dans la mer d'Azoff; aussi, le 1ᵉʳ juin, le commandant Béral de Sédaiges, qui venait d'accomplir avec autant d'intelligence que d'énergie la première mission qui lui avait été confiée, reçut l'ordre d'entrer de nouveau dans la mer d'Azoff, mais l'amiral augmentait la division dont il donnait le commandement supérieur à cet officier, et y joignait les avisos *le Dauphin*, capitaine Robillard, *la Mouette*, capitaine L'Allemand, et les grands canots et chaloupes des vaisseaux *le Napoléon*, *le Montébello*, *le Charlemagne* et *la Pomone*. — Chacune de ces embarcations, commandée par un lieutenant de vaisseau, était sous les ordres du capitaine de frégate Lejeune, sous-chef d'état-major de l'escadre. Toutes étaient armées d'une caronade ou d'un obusier, et approvisionnées à trente coups. Quatre vapeurs anglais partaient en même temps pour conduire les embarcations des vaisseaux à l'escadrille commandée par le capitaine Lyons, qui avait continué sa croisière dans la mer d'Azoff.

Ce jeune capitaine, actif, énergique, plein d'initiative et d'audace, et qui devait bientôt, hélas! être frappé mortellement, s'était rendu devant la ville de Génitsché, où il mouillait le 29 au soir. — A six heures du matin, le lendemain, le commandant Crawfort abordait avec pavillon parlementaire, demandant qu'on livrât tous les approvisionnements du gouvernement, ainsi que les navires ancrés en grand nombre sous la protection des basses falaises au-dessus desquelles s'élevait la ville.

LXXIII. — Le gouverneur refusa d'accéder à ces conditions, déclarant que toute tentative pour débarquer ou détruire les navires rencontrerait de la résistance.

Après avoir accordé une heure de réflexion, ne recevant aucune autre réponse, le capitaine Lyons fit approcher les bateaux à vapeur de la ville et du passage dans la mer Putride. — Le bombardement commença aussitôt : « et se fit si bien, dit le capitaine Lyons dans son rapport, que les embarcations incendièrent 73 navires et plusieurs magasins de blé. »

Le vent ayant tout à coup changé, quelques approvisionnements de grains subsistaient encore; les canots retournèrent au rivage, et d'intrépides officiers, les lieutenants Hugh Burgoyne, Cecile Buckley et m' John Roberts, canonnier de *l'Ardent*, se jetèrent à terre pour les incendier. Ils accomplirent avec succès cette périlleuse opération, mais n'échappèrent qu'à grand'peine aux Cosaques, qui leur avaient coupé la retraite. — Plus de 90 bâtiments marchands et du blé en immense quantité furent détruits dans cette place.

On le voit, chaque pas de la marine alliée était marqué par des traces visibles, et, chaque jour, les Russes avaient à subir de nouveaux désastres.

LXXIV. — Les instructions du commandant Béral de Sédaiges portaient qu'il devait, dans le plus bref délai, rejoindre les bâtiments anglais mouillés dans les eaux de Taganrok, et se concerter avec le capitaine Lyons pour le bombardement de la ville. Ces deux escadrilles devaient ensuite se porter successivement devant toutes les villes du littoral.

Le 2 juin, à la pointe du jour, la flottille française était en vue des terres qui s'étendent de Petrowsky à Zelenaïa; elle longea la côte, et donna bientôt dans le golfe. — L'aspect général des côtes est plat et déboisé. A une heure, les bâtiments passent devant Marioupol, où ils ne doivent s'arrêter qu'au retour, et continuent leur route, que rendaient fort difficile les écueils sous-marins, les bancs de sable qui parsèment si dangereusement le fond du golfe, et le manque de balises, enlevées ou déplacées par les Russes. — A 9 heures du soir, la division française mouillait bord à bord de la division anglaise, à 12 milles environ de Taganrok.

Le premier soin du commandant français fut de se rendre aussitôt auprès de son collègue le capitaine Lyons, commandant les forces anglaises, pour concerter avec lui le plan des opérations et l'attaque de Tangarok.

« Il fut convenu (écrit le commandant de Sédaiges dans son rapport à l'amiral), que le lendemain on se rapprocherait le plus possible avec les navires du moindre tirant d'eau, et que des parlementaires seraient immédiatement envoyés au gouverneur pour le sommer de livrer les bâtiments renfermés dans le port et les magasins contenant les approvisionnements à l'État. A cette seule condition, la ville serait respectée, mais serait exposée, en cas de refus, à un bombardement immédiat. »

LXXV. — Le 3 juin, à la pointe du jour, le commandant de Sédaiges appareillait avec *la Mouette* et *le Dauphin*, le capitaine Lyons, avec *le Recruit* et trois autres canonnières anglaises. Le peu de profondeur de l'eau empêcha la majeure partie des navires alliés de prendre part à cette opération. — A 6 heures du matin faute de fond, et après avoir navigué avec une moyenne de deux brasses à deux brasses et demie environ, les navires français et les canonnières anglaises mouillaient à une petite portée de canon de la ville.

Presque aussitôt *le Dauphin*, qui porte le commandant de Sédaiges, et *le Recruit*, sur lequel est le capitaine Lyons, détachent deux embarcations légères; celles-ci se dirigent côte à côte vers la terre : toutes deux portent le pavillon parlementaire; dans l'une est le lieutenant de vaisseau Jaurès, aide de camp du contre-amiral Charner; l'autre, le lieutenant de vaisseau Horton˙, commandant du bâtiment anglais *l'Ardent*. Ces embarcations accostent à côté du môle de Tangarok.

Des Cosaques à cheval viennent aussitôt reconnaître le pavillon parlementaire et la population entière de la ville accourt empressée et inquiète sur les hauteurs qui couronnent la ville.

Bientôt arrivait au môle un aide de camp du gouverneur; les officiers parlementaires lui remirent les propositions suivantes:

1° Les magasins, établissements et propriétés quelconques du gouvernement, renfermant surtout munitions et denrées de guerre, seront livrés aux alliés pour être détruits;

2° Les troupes russes se retireront à deux lieues de la ville, et n'y rentreront qu'après le départ des escadres. Les habitants pourront à leur gré ou se renfermer chez eux, ou sortir de la ville, mais personne ne circulera dans les rues pendant la durée de l'occupation;

3° Quelques officiers supérieurs accompagneront les officiers alliés chargés de l'exécution des conditions précédentes, et répondront sur leur tête de toute marque ou tentative de trahison;

4° A ce prix, les alliés s'engagent à épargner la ville et à protéger les habitants et leurs propriétés;

5° Une heure est donnée pour répondre par *oui* ou par *non*.

L'aide de camp partit pour remettre à son chef les propositions qui venaient de lui être soumises.

Cinquante-cinq minutes s'étaient écoulées lorsqu'il revint rapportant cette réponse :

« Accepter ces conditions, serait une lâcheté ; il y a des troupes dans la ville, elles ne peuvent se retirer sans combattre et sauront se défendre. »

Les officiers parlementaires remontèrent dans leurs embarcations et rapportèrent à leurs chefs respectifs la réponse du gouverneur. — Il ne restait plus aux alliés qu'à exécuter le plan convenu en cas de refus des autorités militaires de la ville.

LXXVI. — Le signal du départ est donné.

La longue ligne des embarcations armées en guerre s'ébranle et défile en colonne ; elle se prolonge du nord au sud à une distance de 35 mètres, en face des nombreux magasins et des édifices du gouvernement qui bordent les quais, sur une étendue de deux milles, commençant à droite dans le port même, et venant se terminer au vaste établissement de la douane.

A neuf heures environ, aussitôt que le signal du bombardement est donné, les embarcations venant toutes à la fois sur babord ouvrent leurs feux auxquels se mêlent avec ensemble ceux du *Dauphin*, de *la Mouette* et des navires anglais. — Le tir d'une justesse remarquable inonde en un instant la double rangée des magasins de l'entrepôt d'une pluie d'obus et de fusées à la congrève. Cette ligne qui s'étend sur une longueur de 5000 mètres, est bientôt la proie des flammes et n'offre plus qu'un vaste incendie, d'où s'élèvent des gerbes de flammes et des colonnes épaisses de fumée. Les vastes constructions de la douane s'effondrent avec fracas. L'arsenal lui-même est un immense bûcher. — C'est un spectacle à la fois terrible et superbe. Le vent, qui s'est élevé violemment du nord-est, propage avec une effrayante rapidité les ravages de l'incendie.

Les compagnies de débarquement sautent à terre, et la torche en main portent le feu et la destruction sur tous les points que les obus n'ont point atteints; elles sont protégées par les chaloupes qui se rapprochent du quai avec leurs pièces chargées à mitrailles. Les flammes ont bientôt gagné le fond du port, où les navires, les bois de mâtures et de constructions, les chantiers, les machines et les approvisionnements ne sont déjà plus qu'un amas de débris.

LXXVII. — Dès le commencement de l'action, l'ennemi avait arboré un drapeau noir sur l'hôpital, vaste édifice, renfermant, dit-on, une portion des blessés de l'armée de Crimée. Cet hôpital a été religieusement respecté.

La partie principale de la ville surplombant le port avait été épargnée, ainsi qu'une belle église grecque placée sous le feu direct de nos canons. Les ordres les plus formels avaient été donnés à ce sujet; mais bientôt les troupes russes que l'on avait vues défiler sur les falaises où sont bâtis les plus beaux hôtels de la ville, se répandent dans les maisons, dans les jardins, dans les cimetières et sur le haut clocher de l'église grecque. De tous ces points commence bientôt une vive fusillade, qui couvre les bâtiments alliés d'une grêle de balles; il fallut bien alors se décider à diriger sur ces ennemis, ainsi disséminés, le feu de notre artillerie; bientôt le quartier qui servait d'abri aux bataillons russes est mutilé par nos projectiles et presque entièrement détruit; les tirailleurs s'en éloignent précipitamment.

« Toujours (écrit le commandant Béral de Sédaiges, en rendant compte à l'amiral de l'attaque de Tangarok) nous avions scrupuleusement épargné les propriétés particulières; le gouverneur de Tangarok, par son système de défense, nous a contraints à agir autrement; que le poids des désastres qu'a subis cette malheureuse ville retombe sur lui!

« La perte de l'ennemi a dû être considérable; tous les magasins regorgeaient d'approvisionnements en vins, blé, eau-de-vie, farine, effets d'habillements; rien n'a pu être sauvé. Le port renfermait une grande quantité de bois de construction, mais peu de navires. »

A trois heures tout était terminé; les commandants font le signal de cesser le feu, et les embarcations rejoignent les canonnières qui les prennent à la remorque pour se rendre au mouillage.

Dans cette attaque rapide et énergique, les marins des deux nations avaient rivalisé d'ardeur et de dévouement. — Peu d'hommes furent atteints, bien que les embarcations portassent de nombreuses traces de projectiles.

LXXVIII. — Après vingt-quatre heures de repos donné aux équipages, l'escadrille alliée appareillait de nouveau le 4 juin, au matin, pour se rendre devant Marioupol, ville beaucoup plus considérable que Taganrok, située à l'embouchure de la rivière de *Kamious*, et qui ne compte pas moins de 8 à 10 000 âmes.

« A sept heures du soir (écrit le commandant de Sédaiges), nous arrivions au mouillage, et le 5 au lever du jour, procédant comme d'habitude, le capitaine Lyons, fils de l'amiral et moi, nous avons envoyé deux officiers parlementaires sommer le gouverneur de livrer tous les approvisionnements appartenant à l'État, pour qu'ils fussent immédiatement détruits. »

Mais la ville semblait abandonnée à elle-même. Les habitants hissèrent le drapeau blanc et apprirent aux officiers parlementaires que depuis la veille les autorités civiles et militaires avaient évacué Marioupol, emmenant avec elles 5 à 600 Cosaques qui étaient allés camper à 10 verstes dans l'intérieur des terres.

Le débarquement s'opéra aussitôt sous la protection des chaloupes et des canots. Les vapeurs, qui presque tous avaient rencontré assez d'eau pour pouvoir s'embosser à distance utile, étaient rangés en seconde ligne.

De très-forts approvisionnements en blé et eau-de-vie appartenant à l'État furent bientôt la proie des flammes, ainsi que les édifices et les magasins du gouvernement. Toutes les précautions avaient été prises pour éviter que les propriétés particulières eussent à subir aucun dommage.

« J'ai fait défense (écrit le commandant de Sédaiges) de tirer même un coup de pierrier sur une ville qui ne se défendait pas. »

A midi, l'œuvre de destruction était accomplie ; les embarcations avaient rejoint les navires et chacun était rentré à bord.

LXXIX. — Le soir même, *la Mouette* et *le Dauphin* furent expédiés pour rallier à Yéni-Kalé l'amiral commandant en chef ; ces deux bâtiments remorquaient les six embarcations détachées de l'escadre.

Les principaux établissements russes sur la côte d'Europe avaient payé leur tribut à la guerre ; il ne restait plus à explorer que la côte d'Asie.

Le 7 juin, les navires des deux escadres mouillaient devant Geisk : cette ville de 5 à 6000 habitants est le centre d'un commerce actif, considérable, et le débouché d'immenses quantités de céréales provenant des cultures des tribus cosaques qui habitent ces contrées.

Le 8 au matin, les officiers parlementaires transmettaient au gouverneur de la ville les conditions des alliés.

Le gouverneur, hors d'état de se défendre, et pour éviter à la ville les désastres d'un bombardement, acceptait la capitulation offerte et s'engageait à livrer tous les approvisionnements en grains et en fourrages qui se trouvaient accumulés en grande quantité, tant dans l'intérieur, qu'au dehors de la ville. — Il fut convenu que les alliés ne débarqueraient qu'un petit nombre d'hommes.

LXXX. — Comme devant Marioupol, les chaloupes et les canots, ayant en seconde ligne les vapeurs embossés à bonne distance, se rangèrent devant la place, prêts, au premier signal, à faire pleuvoir sur la ville un orage de mitraille. — Mais de part et d'autre les stipulations furent rigoureusement observées.

Tandis qu'une commission, composée de quatre officiers anglais et français, parcourait la ville sous la protection d'une escorte pour s'assurer que tout ce qui appartenait au gouvernement avait été déclaré et livré, des détachements munis de torches propageaient l'incendie. En un instant, bâtiments, magasins, amas de grains et de fourrages, tout fut la proie des flammes; la ville semblait enveloppée d'un cercle de feu.

La destruction faisait son œuvre. — On estime à 55 000 slewesks de blé et à 250 000 fr. de fourrages la perte subie par l'ennemi.

Dans la journée, le rembarquement se fit dans le plus grand ordre. — Le 9, au point du jour, la flottille alliée appareillait, et pendant que plusieurs navires détachés des deux divisions exploraient la côte à petite distance, le gros de l'escadre mettait le cap sur la baie de Tamrouk, où elle jetait l'ancre le même jour. — Les croiseurs ne rencontrèrent aucun navire.

LXXXI. — « L'expédition de Kertch peut être considérée comme terminée (écrivait au ministre de la marine l'amiral Bruat, en date du 8 juin). Les conséquences de cette expédition se sont fait sentir jusqu'aux extrémités de la mer d'Azoff, et l'ennemi a été frappé, avant d'avoir pu faire aucun préparatif de défense sur des points qu'il croyait inaccessibles à nos armes. — Je dois, dès à présent, faire connaître combien j'ai eu à me féliciter de mes relations avec mon collègue l'amiral sir Ed. Lyons. La noble émulation établie entre les deux marines, le concours toujours cordial et empressé qu'elles se sont donné l'une à l'autre, ont été le premier gage et l'élément le plus important de nos succès ; c'est avec une vive satisfaction, monsieur le ministre, que je constate les sentiments d'estime et de confiance mutuelles que cette courte campagne vient d'affermir et de fortifier entre nous et nos alliés. »

LXXXII. — La veille du jour où l'amiral commandant en chef écrivait au général Pélissier : « L'expédition de Kertch est terminée, » et qu'il en résumait les heureux et incalculables résultats, le général en chef s'emparait devant Sébastopol du *Mamelon vert*, redoute importante qui défendait l'approche de Malakoff, contre lequel désormais nos plus grands efforts devront se tourner.

Ce glorieux fait d'armes, pas immense vers le dénoûment, causa dans l'armée une ivresse générale, et fit taire bien des découragements. — La prise du Mamelon vert inaugurait avec bonheur les opérations actives du siége direct, et nous rendait maîtres d'une position à laquelle les Russes attachaient une grande importance.

Le 4ᵉ régiment de marine, ayant à sa tête son brave colonel de Cendrecourt, prenait une noble part à ce mémorable combat. — Les deux bataillons de ce régiment, incorporés dans la brigade Lavarande, se jetaient sur la partie des redoutes ennemies appelées : *Ouvrages blancs*, et, mêlés aux zouaves et aux chasseurs à pied, les enlevaient avec un élan irrésistible.

Toujours au premier rang pendant l'action, le colonel de Cendrecourt, dont l'armée devait bientôt déplorer la perte, se faisait remarquer par son audacieuse énergie.

Le matin, le général Bosquet, en passant devant les bataillons, avait dit à ce régiment :

« — Infanterie de marine, je n'ai jamais eu qu'à me louer de votre noble conduite dans l'action : je compte sur vous ! »

Les paroles du chef avaient électrisé tous les cœurs, que faisaient battre l'impatience et l'ardeur du combat (1).

Le lendemain de cette glorieuse journée, le brave régiment de la marine occupait une tranchée pratiquée, pendant la nuit, pour relier nos ouvrages à ceux que l'on avait enlevés aux Russes. — La pelle et la pioche remplaçaient le fusil ; et les soldats qui, la veille, avaient si énergiquement combattu, creusaient avec ar-

---

(1) Tous les détails de la prise du Mamelon vert (redoute Kamchatka) sont dans l'*Expédition de Crimée*, vol. II, p. 316 et suivantes.

deur les nouvelles approches qui devaient abriter nos bataillons contre les feux croisés des batteries ennemies.

LXXXIII. — Le 10 juin l'escadre expéditionnaire apprit ce grand succès de nos armes. Aussitôt les bâtiments se pavoisèrent, ayant tous à leurs mâts les pavillons français, anglais, sarde et turc, pour célébrer la victoire de leurs frères d'armes de l'armée de terre.

Dans le même moment, arrive aussi aux flottes la nouvelle de l'évacuation d'Anapa par les Russes qui, le 5, ont abandonné cette position importante.

Les deux amiraux envoyèrent immédiatement sur les lieux une division navale.

Le contre-amiral Charner partit sur *le Napoléon*, emmenant avec lui *le Primauguet*, et le contre-amiral anglais Stewart sur *l'Hannibal*, avec *le Highflyer* et *le Spitfire*.

Le 12, dans l'après-midi, ces vaisseaux sont de retour de leur excursion, et rapportent qu'Anapa a été, en effet, entièrement abandonné par les Russes; selon leurs habitudes, ils ont fait sauter la plus grande partie des fortifications, ne laissant derrière eux que des monceaux de ruines. — La forteresse est occupée par des troupes turques et des cavaliers tunisiens.

LXXXIV. — La présence de l'amiral Bruat est désormais inutile à Kertch, et l'amiral en chef a décidé qu'il retournerait à Kamiesh en laissant le commandement du détroit et de la mer d'Azoff au capitaine de vaisseau Adolphe Bouët, commandant *la Pomone*. — Cet officier supérieur conservera sous ses ordres *le Lucifer, le Brandon, le Fulton, le Dauphin, la Mouette* (1).

Avant de s'éloigner, les amiraux et les généraux se réunirent en conseil pour arrêter les instructions qu'ils devaient laisser aux commandants de cette station.

Il fut décidé qu'une forte garnison occuperait Yéni-Kalé, et qu'un régiment français et un régiment anglais seraient adjoints à cette garnison, afin de hâter l'achèvement des travaux de défense entrepris au cap Saint-Paul.

« Ces forces (écrit l'amiral Bruat au ministre de la marine), soutenues par les navires à vapeur qui stationneront constamment dans le détroit, sont en état de re-

---

(1) Les services auxquels le commandant Bouët avait à pourvoir étaient au nombre de trois :

1° Croisière dans la mer d'Azoff, composée d'un vapeur en bois et d'un vapeur en fer.

2° Station des détroits de Kertch et de Yéni-Kalé, composée de *la Pomone*, d'un vapeur en bois et d'un vapeur en fer. Le vapeur en bois restera devant Kertch. Le vapeur en fer devant Yéni-Kalé. *La Pomone* près du cap Saint-Paul.

3° Un va-et-vient entre Anapa et Kertch, établi par un vapeur en bois, qui ne fera point constamment ce service, mais seulement quand le commandant de *la Pomone* le jugera nécessaire.

La Pomone établira une autre direction de port à Yéni-Kalé. Elle conservera ces deux chalands pour ce service.

MM. Ploix et Manen, ingénieurs hydrographes, seront embarqués sur *la Pomone*.

Le commandant Bouët sera chargé d'approvisionner d'eau les troupes françaises campées au cap Saint-Paul; il leur prêtera toute assistance qui sera en son pouvoir.

pousser les Russes, s'ils tentaient sur cette extrémité de la presqu'île un retour offensif. »

Le commandant Bouët devait rester constamment en communication avec la terre, prêt à porter en toute circonstance aide et protection.

L'embarquement du corps expéditionnaire s'est effectué dans la matinée du 12, et le même jour, à 3 heures du soir, les corvettes et les frégates à vapeur commencent à descendre le détroit, se dirigeant sur Kamiesh. — Presque toutes ont une prise, et quelquefois deux, à la remorque.

LXXXV. — L'amiral Lyons avait proposé à son collègue de la flotte française de se rendre à Anapa avec le reste des bâtiments, afin de reconnaître en détail cette position que l'ennemi venait de laisser si subitement entre nos mains. — Il fut donc convenu que le 13, les deux amiraux partiraient pour jeter l'ancre sur cette rade et retourner ensuite devant Sébastopol.

L'amiral Lyons dut retarder son départ, qui ne put s'effectuer que le lendemain, par suite du mauvais état de santé où se trouvait le général Brown.

Le 13, au point du jour, par un très-beau temps, *le Laplace*, portant le pavillon de l'amiral Bruat, appareille pour Anapa, ayant à son bord le chef d'état-major de la flotte, le général Dautemarre et plusieurs officiers d'état-major.

Le Montébello et *le Charlemagne* lèvent l'ancre vers 7 heures du matin, se rendant aussi à Anapa. Dans le même moment *le Napoléon*, portant le contre-amiral Charner, fait route directement pour Kamiesh avec les troupes qu'il a prises à son bord.

LXXXVI. — Aussitôt arrivé devant Anapa, l'amiral en chef et le général Dautemarre se rendent à terre accompagnés du commandant Jurien de La Gravière. Ils examinent avec grand soin les ouvrages qui avaient été construits pour en défendre les approches. — Les canons mis hors de service sont couchés sur leurs affûts brisés ; la majeure partie des magasins à poudre, réduits en cendres, ont semé le sol de leurs débris; des lambeaux de murailles pendent seuls, noircis par la poudre, là, où quelques jours avant, étaient entassés de puissants approvisionnements de guerre. — Les casernes, ainsi que les principaux établissements de la ville, ont été incendiés et ne présentent plus que d'informes squelettes dévorés par la flamme. — Des brèches considérables, au nombre de cinq, ont été pratiquées par la mine dans la muraille d'enceinte. Bien qu'ils aient évacué la forteresse avec précipitation, les Russes n'ont laissé que des ruines.

L'inspection des lieux, minutieuse, approfondie, expliqua aux yeux de l'amiral et à ceux du général Dautemarre la nécessité où s'était trouvée la garnison russe d'abandonner cette place. — Sans nul doute Anapa était à l'abri d'un coup de main, et ses fortifications, fort bien entendues, présentaient un fossé profond, des parapets solides, bien entretenus et bien armés (94 pièces de canon et 14 mortiers en batterie); mais il n'existe dans la ville que des puits d'une eau saumâtre, et, par ce seul fait, la garnison, une fois investie, eût été incapable de prolonger sa résistance. — Les Russes avaient donc compris, avec cette netteté de résolutions rapides qu'ils apportaient depuis le commencement de la guerre, que le succès d'une attaque contre cette forteresse serait certain, du moment que l'on y ferait concourir l'armée et la marine.

Aussi, à la nouvelle de notre arrivée dans le détroit de Kertch et d'Yéni-Kalé se décidèrent-ils à l'abandon d'Anapa, supposant bien que nous ne tarderions pas à y porter nos vaisseaux et notre corps expéditionnaire.

LXXXVII. — Sefer-Pacha, envoyé immédiatement par le général en chef de l'armée d'Asie, Mustapha-Pacha, a vu son autorité reconnue aussitôt par les chefs circassiens. Sefer-Pacha est du reste lui-même un circassien; il a laissé de puissants et profonds souvenirs dans les montagnes des Tcherkèses, « et la déférence que chacun lui témoigne ne laisse aucun doute sur l'influence qu'il peut exercer au profit de la politique ottomane (1). »

A 4 heures du soir, *le Montébello* mouillait devant Anapa, où l'avaient précédé, en outre du *Laplace*, *le Charlemagne*, *le Primauguet* et *le Caton*, ainsi qu'une corvette anglaise.

---

(1) Correspondance de l'amiral Bruat.

Le lendemain, à 5 heures du matin, ces bâtiments appareillent successivement pour se rendre à Kamiesh.

Dans la matinée, l'escadre anglaise est en vue, se rendant à Anapa. Après avoir échangé des signaux de reconnaissance, les escadres alliées font route, chacune pour sa destination respective.

Le 15, à 11 heures, le vaisseau amiral jetait l'ancre devant Kamiesh et reprenait son mouillage habituel.

LXXXVIII. — A peine arrivé sur rade, l'amiral dut aussitôt s'occuper d'expédier vers le Bosphore un grand nombre de blessés.

En face des événements nouveaux qui peuvent à tout instant surgir et des combats probables, maintenant que la journée du 7 juin nous a considérablement avancés vers Malakoff, le général en chef attache avec juste raison une grande importance à diminuer l'encombrement de ses ambulances, avant d'engager une nouvelle action sérieuse.

« Cette évacuation, qu'il demande avec instance, écrit-il à l'amiral, a besoin d'être faite d'urgence, sous peine d'entraver les opérations les plus importantes. » — Huit bâtiments partent aussitôt pour remplir cette mission.

Bien que le concours de la marine n'eût point été demandé, les amiraux en chef Bruat et Lyons pensèrent qu'ils pourraient favoriser les opérations projetées par les armées de terre, en renouvelant chaque nuit des attaques incessantes contre la ville. — Dès que l'obscurité permettait aux bâtiments de lever l'ancre, ils se rendaient successivement sur la ligne d'embossage marquée par les fanaux indicateurs et lançaient leurs volées d'obus.

La nécessité où s'était trouvé l'amiral Bruat d'expédier des frégates à Constantinople, pour le transport des blessés, ne lui permettait pas de disposer pour ces attaques nocturnes d'un aussi grand nombre de navires que son collègue l'amiral Lyons. — Des corvettes et des avisos furent employés à cet usage. — Pour dérouter l'ennemi et l'empêcher de se livrer à un tir même approximatif, chaque navire, enveloppé par une obscurité protectrice, se présentait isolément devant le fort, et, avec une rapidité de manœuvres particulière à la marine, lançait ses deux volées qui s'abattaient tout à coup comme une pluie de fer sur la place et sur les forts. A ces soudaines détonations succédait un profond silence qu'interrompaient seulement par instants les batteries de siége et les redoutes ennemies dont les feux courbes sillonnaient l'espace; puis, une demi-heure après, les flancs d'un autre bâtiment s'illuminaient tout à coup et couvraient de nouveau les forts d'une nuée soudaine de projectiles meurtriers. Cette même manœuvre se renouvelait pendant une grande partie de la nuit.

LXXXIX. — « La vivacité du feu des batteries russes (écrit l'amiral Bruat) indiquait l'irritation que causaient à l'ennemi ces attaques nocturnes. Dans la pénurie de canonniers à laquelle, suivant tous les rapports des déserteurs, l'a réduit ce long siége, ce n'est point un résultat insignifiant que de l'obliger à tenir ses batteries de mer constamment armées, de faire tomber des projectiles dans une ville remplie de troupes, de fatiguer la garnison et surtout ces canonniers, dont l'énergie explique seule la longue résistance de Sébastopol. »

Les amiraux avaient appris, par différents rapports, qu'au moment où le Mamelon vert et les ouvrages blancs durent être attaqués par nos troupes, les Russes avaient envoyé chercher des artilleurs dans les forts de la Quarantaine, pour pouvoir répondre au feu dirigé par nos batteries contre les redoutes que nous nous proposions d'enlever.

Le jour d'une attaque décisive, il était donc important d'empêcher l'ennemi de recommencer cette manœuvre; aussi, dès que les deux amiraux en chef furent informés par les généraux alliés du jour de l'attaque contre le redoutable bastion Malakoff, ils décidèrent qu'ils appareilleraient avec les navires à vapeur des deux escadres, et qu'ils viendraient ouvertement défiler devant les forts à portée de canon, pour forcer l'ennemi à se maintenir en état de défense sur tous les points, et saisir l'occasion, si elle se présentait, d'exécuter une tentative sérieuse contre ces batteries.

LIVRE II

LIVRE II.

CHAPITRE PREMIER.

I. — Nous sommes au 18 juin.

Pendant la journée qui précède, sur terre comme sur mer on se prépare au combat. L'émotion est dans tous les cœurs : l'inquiétude et l'espérance agitent à la fois toutes les pensées. Les commandants de chaque bâtiment désigné ont reçu les dernières instructions du chef d'état-major de la flotte, et ont été appelés à l'ordre sur le vaisseau amiral. — Les mesures préservatrices sont prises sur chaque navire, les filets de casse-tête sont tendus ; hommes et canons se préparent à combattre au premier signal. Des fusées de signaux doivent annoncer aux escadres le moment où les troupes alliées commenceront l'assaut.

Aussitôt que la nuit est venue, les frégates et les corvettes des deux nations lèvent l'ancre pour aller exécuter les attaques nocturnes qu'elles recommençaient chaque nuit contre les forts, afin de ne rien leur laisser soupçonner des projets du lendemain:

Dans la nuit précédente, nos alliés, par un malheureux hasard, avaient eu grandement à souffrir des projectiles ennemis; une bombe tombée à bord du *Terrible* tuait 2 hommes et en blessait 11 ; d'autres bâtiments étaient également atteints. Dans cette nuit fatale, la perte des Anglais s'élevait à 7 hommes tués et 30 blessés.

Dans la nuit du 17 au 18, le fils de l'amiral Lyons, officier du plus haut mérite, qui commandait l'expédition de la mer d'Azoff, de concert avec le commandant Béral de Sédaiges, fut blessé à la jambe d'un éclat d'obus. Ce brave marin devait succomber aux suites de sa blessure, et laisser inachevée une brillante carrière commencée sous les plus heureux auspices. Sa mort, qui plongea dans la douleur le digne amiral anglais, fut vivement sentie par tous; car le commandant Lyons avait su conquérir à un rare degré l'estime et les sympathies de ses frères d'armes.

II. — A 2 heures et quart, sur tous les bâtiments on fait le branle-bas de combat. — C'est une de ces belles nuits calmes et transparentes, où les ténèbres ont, pour ainsi dire, de lumineuses clartés.

A 3 heures, les deux escadres sont sous vapeur.

A 3 heures et demie, des fusées de signaux montent en sillonnant dans l'espace et leur apprennent que le moment de l'attaque est arrivé. — Mais déjà, avant ce signal, le bruit de nombreuses détonations s'est fait entendre; sans nul doute, c'est notre artillerie dont les boulets précèdent au combat nos vaillants bataillons.

Non!... c'est le brave général Meyran qui, trompé par plusieurs bombes à traces fusantes parties d'une de nos redoutes, s'est lancé à l'assaut avec une héroïque valeur.

Le Montébello, *le Napoléon* et *le Charlemagne* se sont mis en marche; les couleurs sont arborées. Du vaisseau amiral est parti ce signal :

« Se préparer à combattre. »

Le Friedland, accouplé au *Phlégéton*, n'attend qu'un ordre pour se porter au feu. — Les escadres anglaise et française, auxquelles est venue se joindre la frégate sarde *le Carlo Alberto*, s'avancent devant les forts et se tiennent hors de portée de canon, prêtes à aller prendre leur poste d'embossage devant l'ennnemi.

III. — Du côté de la terre, le feu est terrible, aux foudroyantes explosions de l'artillerie se joignent les longs déchirements des feux de mousqueterie. — De lointains retentissements, formidables et réitérés, ne laissent aucun doute sur la part que les vaisseaux ancrés dans la baie du Carénage prennent à la défense de Malakoff.

D'épais tourbillons de fumée se sont joints à la brume matinale qui, dans ces parages, précède presque sans interruption chaque lever du jour. — Du haut des mâtures même les plus élevées il est impossible de rien distinguer du côté de Malakoff; mais une lutte terrible s'est engagée là-bas; la bataille fait fureur, et si les yeux ne peuvent percer le voile épais qui enveloppe le lieu du combat, la pensée inquiète se forge des fantômes tantôt sinistres, tantôt triomphants.

De même que le jour de l'attaque d'Inkermann, l'angoisse est grande parmi les flottes. Sur les navires des deux escadres, chacun est silencieux, attentif, cherchant à deviner dans le souffle de l'air l'issue du combat; mais des bruits vagues, éloignés, qui tantôt augmentent, tantôt diminuent, frappent seuls les échos. Bientôt le combat semble perdre de son intensité; puis, peu à peu, le calme se fait.

Une morne inquiétude dévore les esprits; un triste pressentiment semble dire à chacun que le succès n'a pas couronné les efforts de nos intrépides combattants. — Le temps s'est dégagé; la fumée se dissipe; — l'horizon se dessine aux regards avides qui l'interrogent.

IV. — Malakoff n'est pas à nous! — le grand Redan appartient encore aux Russes; le drapeau victorieux des armes alliées ne flotte pas sur les redoutes ennemies!

Bientôt des nouvelles certaines arrivent; les troupes, broyées par des orages terribles de fer et de feu, n'ont pu enlever les positions et se sont épuisées contre elles en efforts impuissants.

Une partie de la journée, l'escadre restée sous vapeur évolue devant les forts, tenant ainsi en respect les batteries russes qui ne peuvent se dégarnir.

Les amiraux avaient arrêté entre eux qu'ils ne s'engageraient, que si l'utilité d'une diversion leur était démontrée. — A six heures du soir, les escadres combinées jetèrent l'ancre devant Sébastopol, à l'extrême portée des canons de la place.

A terre, l'infanterie de la marine avait partagé les dangers et les pertes de cette journée. — Parmi les plus sensibles, il faut compter celle du brave colonel de Cendrecourt, ce vaillant officier devait succomber le 9 juillet aux glorieuses blessures qu'il avait reçues en combattant à la tête de son régiment.

A cette triste occasion, l'amiral Bruat écrivait au ministre :

« J'ai la douleur de vous annoncer la mort du brave colonel de Cendrecourt, qui a succombé aux blessures qu'il avait reçues dans le combat du 18 juin. — Les derniers honneurs lui seront rendus sur le plateau d'Inkermann. J'ai l'intention d'assister à cette cérémonie, car je tiens à donner le témoignage de mon estime et de ma sympathie à ces officiers qui ont si dignement payé de leur personne, depuis le commencement de cette campagne. »

V. — Pendant que tous ces événements se passaient devant la ville assiégée, nos croisières offensives continuaient d'explorer la mer d'Azoff.

En quittant la baie de Temriouk, qui ne contenait aucun navire, la division française reprenait sa course dans la partie sud-ouest de la mer d'Azoff. Après avoir capturé et détruit quelques navires, elle jetait l'ancre dans la baie de Berdiansk.

La veille de son départ de Temriouk, le commandant de Sedaiges s'était séparé avec un bien vif regret de son brave et intelligent collègue, le capitaine Lyons, de *la Miranda*, rappelé par son amiral, et qui devait, quelques jours plus tard, trouver une mort glorieuse sous les forts de Sébastopol.

Le capitaine Lyons emmenait avec lui une partie de son escadrille, laissant le reste sous les ordres du plus ancien capitaine, le commandant Osborn, du *Vesuvius*, qui bientôt atteignait la flèche d'Arabat où se trouvaient déjà deux canonnières anglaises et le vapeur français *le Brandon*, commandant Cloué, chargés d'observer cette position et d'empêcher la marche des convois.

A Berdiansk, le commandant de Sedaiges recevait la dépêche de l'amiral Bruat, qui, en lui annonçant l'organisation du nouveau service dont le commandement supérieur avait été donné au capitaine de vaisseau Bouët, lui faisait savoir de renvoyer à Kertch *la Mégère* et *le Fulton*. — Dans les circonstances où l'on se trouvait, le but de l'expédition étant atteint par la destruction d'un grand nombre de bâtiments marchands et par celle des dépôts d'armes et de munitions de tous genres sur la côte, l'amiral ne voulait plus laisser que deux bâtiments en croisière dans la mer d'Azoff.

VI. — *La Mégère* et *le Fulton* furent aussitôt expédiés à leur nouvelle destination. — *Le Lucifer* ne devait rentrer à Kertch que vers la fin du mois, et son commandant résolut d'employer utilement ce temps, en allant rejoindre les navires alliés qui se tenaient devant la flèche d'Arabat, langue de terre bordant à l'ouest la baie de ce nom et séparant la mer Putride de la mer d'Azoff.

Depuis le fort d'Arabat jusqu'à l'extrémité de la flèche qui vient finir au détroit de Yéni-Shek, des fermes fortifiées sont espacées sur le littoral à une distance de 25 kilomètres environ, chacune. Les Cosaques, colons militaires transportés depuis plus de vingt ans des rives du Don, exploitent et gardent ces fermes, autour desquelles s'étendent des terres richement cultivées et de frais rideaux de verdure. — A leur proximité sont des puits abondants ; dans la campagne paissent de nombreux troupeaux. Les Cosaques entretiennent également un assez grand nombre de chevaux servant de relais aux postes russes qui suivent cette route ; souvent aussi ils les emploient à traîner les chariots qui se dirigent par cette voie sur Théodosie, et de là, en Crimée. — En temps de paix, ces convois transportaient des marchandises et principalement du sel, que les marais de la Sivachh fournissent en grande abondance.

Depuis la guerre, la flèche était sillonnée par les approvisionnements destinés à l'armée russe.

VII. — La présence des navires alliés dans ces parages était certainement un empêchement aux communications, mais il n'était pas impossible que des convois se dérobassent à l'action de la croisière, en rasant fort près le rivage de la Sivachh.

Les commandants Osborn, du *Vesuvius*, et Béral de Sedaiges, du *Lucifer*, pensèrent qu'il était important de détruire ces postes fortifiés et d'en chasser les Cosaques. Ils concertèrent ensemble un plan d'attaque, et le 26 juin, les navires vinrent s'embosser à un quart de portée de canon. — Placés ainsi sous la protection de l'artillerie, les détachements du *Lucifer* et du *Brandon*, ainsi que ceux des bâtiments anglais *le Vesuvius* et le *Curlew*, descendirent à terre. Des piquets nombreux furent aussitôt placés de façon à soutenir leur retraite et à parer à toute surprise.

Pendant ce temps les marins débarqués s'avançaient rapidement avec des torches allumées ; ils atteignirent promptement la ferme la plus voisine, sur laquelle les bâtiments avaient dirigé leur feu ; cette ferme ne fut bientôt plus qu'un monceau de cendres, et de son sein s'élevaient des tourbillons de flammes et de fumée. — Les marins ramenèrent à bord un grand nombre de bestiaux, et tuèrent tous les chevaux qui servaient aux relais ou aux transports.

Cette manœuvre fut renouvelée pendant trois jours consécutifs sur plusieurs points différents, avec le même succès. Une quantité considérable d'approvisionnements fut incendiée. — Les Cosaques ne tentèrent qu'une faible résistance : lorsque les marins débarquaient, ils faisaient feu sur eux, puis s'éloignaient aussitôt de toute la vitesse de leurs chevaux ; aussi quelques hommes seulement des détachements alliés furent mis hors de combat.

Les convois russes durent dès lors abandonner complétement cette voie et pénétrer plus avant dans l'intérieur.

VIII. — Pendant que les canonnières anglaises inquiétaient la garnison de Guenitchek, le capitaine Osborn du *Vesuvius* voulut, en pénétrant dans la mer Putride, se rendre compte du plus ou moins de difficulté qu'offrirait la navigation sur le littoral, et en même temps s'éclairer sur la direction que prenaient les convois ennemis. Il emmena avec lui un guide moldave et fit porter à bras d'hommes, par-dessus la flèche d'Arabat, deux embarcations légères; puis, avec cet amour d'entreprise qui distingue nos alliés, il partit pour cette aventureuse exploration avec les quelques matelots qui montaient et armaient ces deux embarcations.

Pendant quarante-huit heures, le capitaine Osborn navigua sans rencontrer un seul bâtiment ennemi. — A une distance de 21 milles environ, le peu de profondeur de l'eau l'arrêta tout à coup. — Il était alors à trois milles du pont de Tchangiar, et n'avait plus devant lui qu'un marais infranchissable recouvert de six pouces d'eau au plus.

De ce point, le commandant du *Vesuvius* put voir très-distinctement d'immenses transports se diriger vers le pont de Tchangiar.

L'amiral Bruat, dans une dépêche au ministre de la marine, donne sur ce pont de curieux détails. « Il paraît certain, écrit-il(1), que, depuis l'entrée de nos bâtiments dans la mer d'Azoff, les convois russes ont complétement abandonné le chemin de la flèche d'Arabat; ils prennent une route intérieure qui traverse la mer Putride sur le pont de Tchangiar; ce pont est entièrement construit en bois, et sa longueur, indépendamment de la chaussée qui le joint de chaque côté à la terre ferme, est d'environ un 1/3 de mille : s'il était une fois détruit, il serait très-difficile de le rétablir, car il n'existe pas, à plus de 100 milles de là, de bois convenable pour cet objet. Celui qui a été employé a été envoyé de Kostof sur le Don par des gabares; les piliers sur lesquels repose le pont sont d'énormes troncs d'arbres, et on a mis quatre ans à le construire. »

Le commandant Beral de Sédaiges, dont le bâtiment avait joué depuis le commencement de la campagne dans la mer d'Azoff un rôle si actif, quittait ces parages, et, après avoir reparu devant Kertch, rentrait définitivement à Kamiesh où l'amiral Bruat, juste appréciateur du dévouement montré par l'équipage et par l'état-major de cette frégate, félicitait publiquement le commandant *du Lucifer* des heureux résultats de son utile et énergique croisière.

IX. — Pendant que ces différents faits se passaient

---

(1) Correspondance de l'amiral Bruat avec le ministre de la marine, 10 juillet 1855.

dans la mer d'Azoff, le siége de Sébastopol marchait à grands pas vers une solution prochaine. Les travailleurs sont à pied d'œuvre sous le feu de l'ennemi, et les volées de mitraille qui labourent de tous côtés le sol n'arrêtent pas un seul instant le développement croissant de nos approches.

Nos bâtiments continuent à harceler chaque nuit le port de Sébastopol. — Les nombreuses nécessités du service de transport et de remorqueurs ont, à son grand regret, contraint l'amiral Bruat à employer des vaisseaux pour les attaques de nuit dirigées contre les forts.

Au milieu des demandes urgentes qui lui étaient adressées par le général Pélissier, le commandant en chef de la flotte faisait tous ses efforts pour les exempter, autant que possible, des voyages du Bosphore, et les tenir sans cesse prêts pour les événements imprévus.

Les bombardements exécutés la nuit sont devenus très-dangereux. « Les Russes (écrit l'amiral) ont mis à profit la leçon du 17 octobre ; des traverses ont été construites dans tous les ouvrages qui avaient souffert de notre feu ; plusieurs batteries à barbettes ont été converties en batteries à embrasures ; de nouveaux canons ont été montés dans les forts de la Quarantaine, et le plateau du télégraphe se trouve aujourd'hui couronné de travaux en terre qui paraissent fort bien entendus. La tour Maximilienne, dont le feu avait maltraité plusieurs vaisseaux anglais, a été protégée par un glacis qui ne laisse plus à découvert que la volée des pièces.

Toute cette partie des défenses du port a reçu un développement qui permettrait difficilement aux vaisseaux anglais de reprendre les positions qu'ils occupaient le 17 octobre. »

X. — Dans la situation respective où sont assiégeants et assiégés, l'inattendu doit à tout instant jouer un très-grand rôle. Il est impossible de prévoir ce que les attaques de vive force peuvent apporter de modifications à la marche du siége ; la supériorité de notre feu sur celui de l'ennemi est dès à présent incontestée. — Sur la plupart des points de leur ligne de défense, les Russes refusent le combat d'artillerie et se contentent de tirer de temps en temps, à toute volée, quelques coups à mitraille pour inquiéter nos colonnes et nos travailleurs.

La ville souffre cruellement de toutes parts, et ses défenseurs cherchent en vain des abris contre le tir meurtrier de nos obus et de nos bombes ; c'est un point sur lequel sont d'accord tous les déserteurs, ainsi que les prisonniers qui arrivent au camp.

XI. — Au milieu de l'activité de nos nouveaux travaux, un fatal événement vint jeter l'affliction dans les deux armées. Le feld-maréchal lord Raglan avait succombé en quelques jours à une violente attaque de choléra. — Le vieux soldat, l'ancien compagnon du duc de Wellington, finissait sa carrière toute militaire sur un champ de bataille.

L'amiral Bruat annonça ainsi cette grande perte à tous les bâtiments de la flotte.

« L'armée anglaise vient de perdre le chef intrépide qui la commandait aux journées d'Alma et d'Inkermann.

« Le feld-maréchal lord Raglan est mort. La flotte anglaise a eu aussi son deuil, auquel nous nous sommes tous associés du fond du cœur. Les coups qui frappent nos alliés nous atteignent, et nous partageons avec eux cette double épreuve qui ravit en quelques jours un vétéran illustre à l'affection de son armée, et un jeune et brave capitaine (le fils de l'amiral Lyons), à l'avenir glorieux que ses frères d'armes se promettaient pour lui. »

Ces simples et touchantes paroles du commandant en chef de l'escadre furent mises à l'ordre du jour et affichées au grand mât de chaque navire.

XII. — Le 3 juillet eut lieu l'embarquement des dépouilles mortelles de lord Raglan.

Depuis le grand quartier général de l'armée anglaise, jusqu'à la baie de Kazatch, où le corps du commandant en chef de l'armée britannique doit être embarqué, des détachements des quatre armées alliées française, anglaise, sarde et ottomane escortent le funèbre convoi.

Par ordre des amiraux Bruat et Lyons, les embarcations des navires de guerre mouillés sur rade, ayant chacune à bord le commandant et un officier de chaque bâtiment accompagnaient les restes du feld-maréchal, depuis la cale Victoria jusqu'au *Caradoc;* ces embarcations des nations alliées avaient été mises sous le commandement supérieur de l'amiral Charner et du contre-amiral Stewart. A sept heures et demie du soir, *le Caradoc,* ce même steamer sur lequel lord Raglan avait fait la dernière exploration des côtes de Crimée avant le débarquement d'Old-fort, partit pour le Bosphore au bruit du canon qui salua une dernière fois le chef regretté par tous que venait de perdre notre alliée, l'Angleterre.

Le Caradoc devait rentrer dans le Bosphore, comme neuf mois avant y était rentré *le Berthollet ;* tous deux rapportaient vers le sol natal les dépouilles mortelles des deux généraux en chef.

XIII. — Le beau vaisseau *le Napoléon,* auquel des réparations sont devenues indispensables, doit bientôt suivre la même route.

Il quittera la Crimée avec le contre-amiral Charner (1(

---

(1) LE VICE-AMIRAL CHARNER.

Le vice-amiral Charner, dont le nom avait si honorablement figuré dans tous les faits importants de la guerre de Crimée, et qui, depuis Varna, n'avait cessé de s'associer avec une infatigable activité et une haute intelligence aux efforts et aux travaux sans nombre de la marine, est né à Saint-Brieuc en 1797.

Sorti de l'école spéciale de Toulon, il a appris par de longues navigations la difficile expérience de la mer, et des études sérieuses le recommandaient déjà, dès le début de sa carrière, à l'attention de ses

qui vient d'être élevé au grade de vice-amiral, juste récompense des services signalés que cet officier général n'avait cessé de rendre depuis le commencement de la campagne.

Le même jour, le capitaine de vaisseau Baudin était nommé contre-amiral ; ce grade important s'adres-

---

chefs. — Jeune encore, il publia sur les évolutions des vaisseaux de ligne un livre plein de recherches aussi curieuses qu'importantes, pour les officiers de marine naviguant en escadre.

Le prince de Joinville le choisit pour être second de la frégate *la Belle-Poule*, lorsque ce bâtiment alla recueillir à Sainte-Hélène les cendres de l'empereur Napoléon. C'est dans de longs et périlleux voyages que le jeune marin passa presque toutes les années d'une carrière active.

Commandant de la frégate *la Sirène,* en 1843, il navigua pendant deux ans consécutifs dans les mers de Chine. — Son esprit, sans cesse porté vers l'étude, s'appliqua à de curieuses recherches et à d'utiles travaux, et déjà le capitaine de vaisseau Charner était désigné dans la marine comme un de ces officiers d'avenir appelés à briller au premier rang. — Rarement se trompe cette voix de l'opinion publique qui prend sa source dans de sérieuses qualités. Contre-amiral en 1852, il fut nommé chef d'état-major et directeur du cabinet du ministre. Il rendit dans ces difficiles fonctions d'éminents services que le ministre sut apprécier et dignement récompenser, en l'appelant à commander en second l'escadre de l'Océan qui ne devait pas tarder à se réunir à celle de la Méditerranée.

C'est dans la campagne de Crimée que cet amiral devait surtout montrer l'activité féconde dont il était doué, jointe à une mûre et sage expérience.

Lorsque l'expédition fut résolue, il reçut le commandement en chef des bâtiments de transport, et sut, dans ce poste important, acquérir de nouveaux titres au grade élevé qu'il vient d'obtenir.

Activement employé sur son beau vaisseau *le Napoléon*, presque à toutes les pages de notre récit on retrouve l'amiral Charner ; — au combat du 17 octobre, comme dans l'expédition de Kertch. Le grade de vice-amiral le rappelait en France, mais il laissait, en s'éloignant, des souvenirs qui devaient rester toujours gravés dans la pensée de ceux qui avaient été sous ses ordres et leur servir en tout temps d'exemple et de modèle.

sait à l'un des plus dignes officiers de la marine française.

Aussi, lorsque les honneurs furent rendus aux nouveaux amiraux, les acclamations joyeuses des équipages rangés sur les vergues se mêlèrent de toutes parts au salut des canons.

C'était avec un profond regret que l'on voyait s'éloigner *le Napoléon;* car ce bâtiment avait dignement marqué sa place dans l'escadre de la mer Noire. — Son vaillant équipage pouvait à bon droit prendre sa part des éloges que l'amiral Bruat adressait à l'amiral Charner (1) la veille de son départ, éloges que chacun avait mérités, et, en tête de tous, le brave commandant du *Napoléon*, le capitaine de vaisseau Laffon-Ladébat.

(1) *Ordre du jour du 4 juillet* 1855.

« M. le vice-amiral Charner doit quitter demain matin l'escadre de le Méditerranée, qu'il commandait en second, pour retourner en France sur le vaisseau *le Napoléon.*

« M. le vice-amiral commandant en chef lui exprime publiquement sa satisfaction du zèle qu'il a mis à le seconder, et des éminents services qu'il a trouvé occasion de rendre dans les diverses missions dont il a été chargé.

« M. le vice-amiral commandant en chef ne se sépare pas sans regret d'un si fidèle et si utile compagnon d'armes; mais il a vu avec joie les services dont il avait depuis si longtemps apprécié la valeur, obtenir la récompense la mieux méritée.

« *Le Napoléon* rejoindra l'escadre de la Méditerranée dès que ses réparations seront terminées. Le vice-amiral commandant en chef n'a donc point à lui adresser ses adieux; il ne lui demande que de rapporter le plus tôt possible, dans les rangs de l'escadre, les excellentes traditions dont il demeurera le dépositaire, et de se montrer en toute occasion fidèle à son passé.

« Le vice-amiral, commandant en chef l'escadre de la Méditerranée.
« BRUAT. »

Le Bayard devait aussi bientôt quitter l'escadre, et le commandant en chef témoignait à l'équipage de ce beau vaisseau, et en particulier à son commandant, sa haute satisfaction.

Le Bayard, depuis qu'il avait remplacé *le Montébello* dans le port de Kamiesh, avait eu une tâche souvent difficile et toujours très-active, et le capitaine de vaisseau Borius n'avait jamais cessé de se montrer à la hauteur de cette position par l'énergie et l'intelligence de son commandement. — Aussi l'amiral, en le signalant par un ordre du jour, rendait à de bons services un hommage éclatant et mérité.

XIV. — Les mois qui nous séparent encore du dénoûment de ce siége formidable vont rapidement s'écouler dans notre récit.

La marine a repris son rôle d'activité de chaque jour, de mouvements incessants ; elle verse sur la plage de Crimée des approvisionnements, des renforts, des augmentations de matériel, des canons et des projectiles, tandis qu'elle ramène à Constantinople nos blessés et nos malades.

Le plus profond secret est gardé sur le plan des opérations futures ; mais il est facile de deviner à la marche audacieuse des travaux de tranchée, que de grands événements se préparent. — Les Russes élèvent à la hâte de nouvelles batteries, et leurs vaisseaux, embossés dans la baie de l'Artillerie, font un feu perpétuel sur nos travailleurs ; car la défense avec une courageuse persévérance continue à grandir en proportion de l'attaque ; plus nous gagnons du terrain, plus les difficultés semblent surgir et s'augmenter. Presque toutes les nuits des sorties sérieuses se jettent en désespérées sur les embuscades qui protègent nos approches; nos ennemis comprennent que cette ville qu'ils ont si vaillamment défendue doit bientôt tomber en notre pouvoir, et ils cherchent, à force de sang versé, à retarder ce fatal moment.

Les prisonniers donnent les plus tristes détails sur les ravages que subit la malheureuse cité : toutes les maisons sont devenues inhabitables; les administrations publiques se sont réfugiées dans le fort Saint-Nicolas; les magasins de vivres ont été transportés dans les souterrains et dans les caves du fort. — Partout nos bombes, nos boulets et nos fusées se frayent un passage.

XV. — Nous avons déjà décrit, dans un précédent travail, les combats de l'armée de terre; nous avons montré, avec le noble enthousiasme d'un patriotisme national, l'intrépidité héroïque du génie dont les tracés s'exécutaient sous le feu de la mitraille (1); aujourd'hui nous ne faisons que les indiquer en continuant notre récit des faits maritimes.

Le général Pélissier, dont la pensée prévoyante veille incessamment sur tous les points vulnérables de l'en-

---

(1) *Expédition de Crimée*, vol. II.

nemi, a envoyé la cavalerie reconnaître les défilés par lesquels on pourrait essayer de tourner les positions russes.

Le général d'Allonville, chargé de cette exploration, a fait occuper par ses troupes, dans la vallée de Baïdar, l'entrée des débouchés d'Ozemback et de Corsonnebell. Mais, par crainte de surprises dans ce pays inconnu, il était important, pour couvrir ces positions avancées, de garder la route qui venant de Yalta, suit le long de la mer les escarpements d'Aloupka et de Pchapka, et donne ainsi accès sur le plateau de Jaïla par le col de Forous.

Le général en chef fit prier l'amiral Bruat de surveiller ce passage du côté de la mer.

L'amiral, comprenant la nécessité urgente de commander cette route, envoya aussitôt *le Labrador* et *le Berthollet*, avec ordre de se placer de manière à empêcher de ce côté le passage d'aucune troupe ennemie.

Mais comme il était à supposer que dans la position critique où se trouvaient les Russes devant les menaces envahissantes de nos approches sur Sébastopol, ils tenteraient de suprêmes efforts sur tous les points, l'amiral commandant en chef voulut juger par lui-même des services réels que nos navires à vapeur étaient appelés à rendre sur cette côte, et s'embarquait le 21 juillet dans la soirée, à bord du *Roland*, pour aller explorer cette position et donner des instructions plus précises.

XVI. — *Le Roland* mouille devant le château d'Aloupka, à 1000 mètres environ de la côte. — L'amiral observe minutieusement l'étendue de terrain qui se développe devant lui ; à ses observations se joignent les rapports des vigies, qui, du sommet des mâts les plus élevés, fouillent de leurs regards dans l'intérieur des terres les nombreuses sinuosités du sol ; il est hors de doute que les bâtiments commanderaient très-efficacement toute cette route, facile du reste à intercepter en coupant quelques viaducs.

Les postes de Cosaques, échelonnés du col de Forous jusqu'à Jaïla, paraissent s'être repliés sur ce dernier point, et les renseignements recueillis s'accordent à affirmer que l'ennemi y conserve un bataillon de volontaires grecs, avec l'intention de concentrer prochainement toutes les troupes de la côte méridionale, à l'entrée du défilé d'Aloupka, qu'il s'occupe de défendre par des travaux en terre (1).

L'amiral en chef est de retour devant Kamiesh le 22, à huit heures du soir. — Le général Pélissier, instruit dès le lendemain des résultats de cette exploration, se décide alors à faire parvenir au général d'Allonville, par la route qui débouche du col de Forous dans la vallée de Baïdar, les approvisionnements en bestiaux qui jusqu'alors lui étaient envoyés par la baie de Kasatch.

---

(1) Dépêche de l'amiral Bruat au ministre de la marine, 26 juillet 1855.

XVII. — Pendant ce temps, à la suite d'une convention récemment conclue entre le prince Gortschakoff et le général en chef, concernant l'échange des prisonniers de guerre français et russes qui doit être fait homme pour homme, grade pour grade, *le Phlégéton*, après avoir passé à Constantinople pour y prendre soixante-six prisonniers russes, mouillait devant Odessa dans la matinée du 20 juillet, sous pavillon de parlementaire.

Le commandant Russel envoya aussitôt dans une embarcation un de ses officiers informer le gouverneur militaire du but de sa mission; mais le cartel d'échange conclu à Sébastopol n'était pas encore connu à Odessa. Le gouverneur de cette ville fit savoir au commandant du *Phlégéton* que des ordres avaient immédiatement été demandés par le télégraphe.

Suivant ses instructions, le commandant Russel offrit de remettre, sauf règlement ultérieur des échanges, les prisonniers qu'il avait à son bord, et, le 21, les 66 prisonniers russes étaient débarqués au lazaret.

XVIII. — « En outre (écrit l'amiral Bruat au ministre de la marine) (1), j'avais prescrit au commandant du *Phlégéton* de se porter à l'embouchure du Dniéper, dès qu'il aurait déposé à Odessa ses prisonniers. Le commandant Russel a croisé sur ce point du 21 au 25 juillet;

---

(1) Dépêche particulière du 28 juillet 1855.

il a pu reconnaître que sur les deux rives, à Otchakoff aussi bien qu'à la pointe Kinburn, les Russes travaillaient avec la plus grande activité à établir de nouvelles batteries pour défendre le passage.

« Nous sommes obligés de reconnaître, ajoute l'amiral, que nous avons affaire à des ennemis très-actifs. Le temps que nous employons à préparer nos moyens d'attaque et à faire des reconnaissances, leur sert aussi à concentrer leurs moyens de défense ; s'ils n'avaient point eu dans les batteries de Kertch et de Yéni-Kalé une confiance très-exagérée, nous n'aurions probablement pas trouvé le littoral de la mer d'Azoff d'un abord aussi facile.

« Mais on peut cependant remarquer, dans la conduite générale de cette guerre, la tendance de l'ennemi à concentrer ses forces et à se retirer sur les points de la circonférence qui paraissent le plus sérieusement menacés. »

XIX. — Le 26 juillet, *le Phlégéton* était de retour devant Odessa. — Aussitôt qu'il eut mouillé, 158 prisonniers français furent conduits en rade par un petit bateau à vapeur russe sous pavillon parlementaire et sans canons.

Le commandant Russel se rendit ensuite au lazaret. Il fut reçu par le colonel prince Nestchersky avec la plus grande courtoisie, et les paroles conciliantes échangées en cette occasion portaient le cachet de l'estime réciproque des deux nations l'une pour l'autre.

Du côté de la mer d'Azoff rien de nouveau n'avait été tenté, car la baisse des eaux dans la mer Putride et les miasmes infects des marais qui s'étendent autour du pont de Tchangiar, empêchaient de rien entreprendre sur ce point qui eût pu tout à coup devenir, comme la Dobrutcha, un foyer d'épidémie mortelle. Mais l'amiral, préoccupé sans cesse par la position avancée de la station navale de Kertch, expédie sur ce point trois canonnières, *l'Alarme*, *la Flèche* et *la Mitraille*, avec sept chaloupes canonnières pour renforcer la position et servir aux coups de main que le commandant Bouët jugerait possibles.

Le colonel Osmont, qui avait rendu de si grands services à Eupatoria et déployé depuis le commencement de l'expédition une rare intelligence et une audacieuse énergie, a reçu le commandement militaire de la garnison de Yéni-Kalé.

XX. — Mais c'est sur le plateau de Chersonèse que doivent se passer les grands événements ; c'est là que le drame commencé le 14 septembre sur les plages d'Old-Fort, va dérouler ses dernières et glorieuses péripéties.

L'une s'appellera : le 16 août, — l'autre : le 8 septembre.

L'amiral Bruat, esprit ardent, plein surtout de cette initiative de tous les instants, ne laisse jamais échapper l'occasion d'escarmoucher avec ses navires pour inquiéter la garnison de Sébastopol et faciliter ainsi le développement de nos dernières approches. La série de sa correspondance particulière avec le ministre de la marine formerait l'historique le plus complet et le plus saisissant de cette seconde période de l expédition ; aussi c'est la correspondance du commandant en chef de l'escadre que nous suivons pas à pas dans ce récit.

L'ennemi cherche sur tous les points à entraver nos travaux qui l'enveloppent de plus en plus. — La batterie de la pointe du Carénage, dont on attend d'immenses résultats, n'a pu être construite et armée sans de cruels sacrifices ; les ouvrages du Nord, et du Sud n'ont cessé de faire pleuvoir sur elle des orages de projectiles. La batterie de la pointe Est de la Quarantaine est aussi accablée par les feux de l'ennemi.

« Le 11 août (écrit l'amiral Bruat), le tir du fort Constantin et celui des batteries beaucoup plus rapprochées, sont devenus si vifs que nos travailleurs ont été obligés de se retirer ; j'ai alors pensé que nos bombardes pourraient opérer une diversion qui apporterait quelque soulagement à cette batterie, sur laquelle les Russes avaient concentré leurs efforts. »

XXI. — Sur l'ordre de l'amiral commandant en chef, le capitaine de Frayssinet est chargé de faire mouiller des ancres à jet de vaisseau à 3500 mètres environ des ouvrages les plus avancés de la Quarantaine ; et *le Cassini*, que commande le capitaine de frégate Bachm, appareille pour aller s'embosser sur ce point. — Dans cette position sagement combinée, *le Cassini* se trouve à extrême portée de canon de la batterie qu'il doit bombarder, sans rien redouter des pièces du fort Constantin, ni de celles du fort Alexandre. Son tir pouvait donc conserver beaucoup d'efficacité, sans que celui de l'ennemi lui fît courir de grands dangers.

Aussitôt placé, *le Cassini* a commencé son feu, et ses bombes, lancées avec une grande précision, s'abattent sur la batterie de la Quarantaine dans laquelle elles causent de notables ravages; on voit une voiture emporter des morts; deux civières sont chargées de blessés. Sur 30 bombes, 24 avaient atteint le but. Alors ce que l'amiral avait prévu arriva; le feu, dirigé contre notre batterie en construction sur la pointe Ouest, se reporta immédiatement contre *le Cassini*, qui fut ainsi exposé aux projectiles ennemis pendant plus de deux heures, sans pourtant être atteint une seule fois; car l'amiral Bruat, avec une habile prévoyance, a choisi pour cette expédition l'heure à laquelle les canonniers russes, ayant le soleil en face d'eux, ne peuvent rectifier leurs coups. Toutefois le tir de l'ennemi commençant à prendre une certaine précision, l'amiral jugea utile de varier son mode d'attaque pour forcer les batteries ennemies à changer continuellement leurs directrices.

Le Ténare, envoyé le surlendemain dans l'après-midi pour bombarder les batteries de la Quarantaine, ne s'embossa point comme avait fait *le Cassini*, mais resta sous vapeur. Une ligne de bouées avait été mouillée à l'avance, et la bombarde prolongeant cette ligne, faisait feu de ses mortiers, aussitôt que la batterie ennemie se trouvait par son travers. — Ce tir au jugé a si parfaitement réussi que les Russes furent contraints de se reporter en arrière, dans les batteries attenant au fort Alexandre (1).

XXII. — Trois jours après, le lendemain du jour où la flotte et l'armée célébraient la fête de l'empereur Napoléon III, les Russes tentaient sur nos lignes avancées un nouvel Inkermann.

Cette fois, c'est sur les rives de la Tchernaïa, près du pont de Traktir, que la bataille sera livrée; c'est là que ce dernier effort désespéré des Russes viendra se briser contre les bataillons de l'armée française et de l'armée sarde.

Les flottes alliées reçurent la nouvelle de ce grand combat en même temps qu'elles en apprirent l'issue glorieuse (2).

Le lendemain, l'amiral Bruat, conduit par le général en chef lui-même, parcourait le champ de bataille de Traktir.

« La journée du 16 août (écrit l'amiral) a été bien moins une bataille qu'une immense sortie repoussée avec une incroyable vigueur. L'ennemi est rentré dans ses lignes et l'armée de secours reste paralysée.

---

(1) Correspondance de l'amiral avec le ministre de la marine, 14 août 1855.

(2) Voir pour tous les détails de la bataille de la Tchernaïa ou de Traktir, l'*Expédition de Crimée*, vol. II, page 383 et suivantes.

« La Russie, ajoute-t-il, n'aura point à se féliciter de la résistance prolongée de Sébastopol. Ses finances et ses armées s'épuisent à soutenir à l'extrémité de l'empire, une lutte dont les conditions sont toutes à notre avantage. Si Sébastopol était tombé après la bataille de l'Alma, ce n'eût été qu'une surprise : la Russie aurait perdu une flotte et un arsenal maritime, mais le prestige de sa puissance n'en eût point été sérieusement affaibli. Aujourd'hui, au contraire, ses forces se sont usées dans de longs et inutiles efforts; ses vieux soldats ont disparu.

« De plus, le gouvernement russe, privé des transports qui s'effectuaient par la mer d'Azoff, ne peut plus remplir ses magasins ; quand les pluies de l'automne viendront défoncer les routes, je ne sais comment l'ennemi pourra pourvoir au ravitaillement de son armée. Pendant ce temps, la nôtre reçoit des renforts et vit dans l'abondance. Les perspectives de l'avenir commandaient aux Russes un effort vigoureux; elles nous conseillent, au contraire, la prudence. »

XXIII. — Cette lettre du commandant en chef de la flotte résumait admirablement la situation des deux partis; elle touchait du doigt les plaies de l'un, et montrait les justes espérances de l'autre dans un avenir prochain.

En effet, Sébastopol, mutilé de toutes parts par nos projectiles, était à toute extrémité; les Russes se défendaient pour l'honneur de leur drapeau, bien plus que dans l'espérance de sauver la ville.

Ainsi s'écoulèrent les derniers jours qui précédèrent l'assaut général.— Il était de la dernière évidence pour tous, assiégés et assiégeants, écrasés mutuellement par des feux meurtriers, à une distance si rapprochée, que l'heure décisive allait bientôt sonner. On ne pouvait retarder plus longtemps ce redoutable assaut, pour lequel le général en chef eût voulu attendre l'arrivée des 400 mortiers monstres expédiés de France, et dont l'effet devait être formidable. Mais chaque journée coûtait une perte d'hommes cruelle toujours, et plus cruelle encore dans les circonstances présentes.

L'assaut fut donc décidé, en conseil, pour le 8 septembre.

CHAPITRE II.

XXIV. — Par crainte des espions, le secret le plus absolu fut gardé sur cette résolution arrêtée le 3.

Le 5, la canonnade devait commencer et les généraux commandant l'artillerie avaient proposé de donner à ce feu une allure irrégulière, dans le but de tromper l'ennemi jusqu'au dernier moment sur le jour et l'heure où l'assaut serait donné.

Le 4, dans la soirée, les commandants des batteries recevaient de l'amiral Rigault de Genouilly des instructions confidentielles que nous reproduisons ici.

« Un feu général doit s'ouvrir demain matin dans toutes nos batteries. L'ouverture du feu aura lieu probablement à 5 heures 30 minutes du matin ; le signal sera donné par la batterie 4, dans laquelle je me trouverai avant l'heure indiquée.

« Le feu devra être nourri, mais cependant le pointage très-précis, et on fera rectifier avec soin aux chefs de pièces leur tir, comme d'habitude.

« Ce tir aura lieu exclusivement sur les buts principaux indiqués pour chaque batterie, à moins de sortie de l'ennemi, auquel cas on dirigerait toutes les pièces sur les troupes. Les canons de 30, à moins d'un ordre spécial de moi, tireront à boulet plein, les obusiers de 22 enverront leurs projectiles creux, mais leur dépense ne devra pas excéder 100 coups par pièce. Le feu devant continuer pendant la nuit, on aura le soin, le soir, de bien régler le pointage. »

Il était enjoint en outre aux chefs d'attaque, de ne point faire mention de l'ouverture du feu, pour que rien ne pût transpirer au dehors. Ils devaient donner ordre, pendant la nuit, à tous les officiers de batterie d'avoir leurs hommes aux pièces, à 5 heures du matin, en leur disant : que l'on s'attend à une sortie de l'ennemi, mais que, dans tous les cas, ils doivent être prêts à suivre le mouvement de la batterie 4, et à tirer en même temps qu'elle.

« Il y aura probablement, dans la matinée, ajoutait l'amiral Rigault, vers 11 heures, une pause dans le feu, pendant une heure ou une heure et demie; des ordres ultérieurs fixeront complétement, à ce sujet, les chefs d'attaque. »

C'est la batterie 4 qui doit donner le signal.

XXV. — A 6 heures, le feu s'ouvre; il est formidable et se continue toute la journée avec le système adopté d'intermittences irrégulières. — Le tir de l'ennemi est vigoureux dans le commencement, mais ne tarde pas à faiblir : la ville et ses défenses sont écrasées de projectiles qui sèment de tous côtés la mort et la destruction. — Aux attaques de droite, aux attaques de gauche, et sur toute la ligne d'approches de nos alliés, ce sont des traînées de feu mugissantes qui, tout à coup, font silence pendant un temps donné, remplaçant par un calme inattendu cette tempête soudaine. — Mais combien ce calme recélait de menaces terribles dans son sein! L'ennemi trompé par cette suspension du feu s'élançait aussitôt des abris casematés, derrière lesquels il avait cherché pendant la canonnade un refuge contre la mort, et s'apprêtait à repousser l'assaut; alors au contraire toutes les batteries reprenaient à la fois leur tir, et décimaient les masses compactes disposées pour le combat (1). — Ce fut ainsi toute la journée.

Parmi les pertes les plus regrettables du corps de débarquement, il faut citer celle du capitaine Gouhot,

---

(1) Nous avons raconté le drame saisissant de la prise de Sébastopol dans l'*Expédition de Crimée*, vol. II, p. 405 et suivantes.

Nous ne faisons ici que le résumer, en nous arrêtant sur quelques détails se rattachant plus particulièrement à la marine.

de l'artillerie de marine, qui eut la tête emportée par un boulet, ainsi que celle du jeune lieutenant de vaisseau Gérard. Le capitaine d'Hornoy, frère du commandant de *la Ville de Paris*, officier plein d'avenir, avait été frappé mortellement par un éclat d'obus auprès de l'amiral Rigault, dont l'aide de camp, le commandant Ginoux, était blessé. Dans le même moment, l'enseigne de vaisseau Jehenne, fils du brave capitaine qui commandait *le Henri IV*, avait eu l'épaule fracassée ; mais la mort devait respecter cet énergique enfant et le conserver à son pays.

XXVI. — Le lendemain, le feu reprit avec les mêmes allures ; tantôt lent, tantôt rapide, tantôt s'arrêtant tout à coup.

Les Russes ont essayé de réparer les dégâts de la veille et de remettre en état leurs défenses mises à jour ; — efforts impuissants! bientôt nos projectiles comblaient de nouveau les fossés avec les terres des parapets ; les embrasures devaient à chaque instant être déblayées, et les servants de pièce périssaient en si grand nombre, qu'il était presque impossible de les remplacer (1).

Aux attaques de gauche, la marine comptait 15 batteries (87 canons, 17 obusiers, 4 mortiers) ; elle en comptait 3 à l'attaque de droite, et 2 d'observation (12 canons, 7 obusiers). C'était donc un total de 129 piè-

---

(1) Rapport du prince Gortschakoff.

ces (1). — Au milieu de cette formidable lutte de l'artillerie de terre et de mer, il est difficile de voir autre

(1) *Batteries de la marine au 8 septembre 1855.*

	Nos des batteries.	CANONS de 30.	OBUSIERS de 80.	OBJECTIFS.
SIÉGE DE GAUCHE. Toute la partie située à gauche du ravin des Anglais.	1	7	2	Bastion de la Quarantaine, mur crénelé et bastion Central.
	2	8	2	Bastion Central.
	3 (bis).	6	»	Mur crénelé.
	4	5	2	Bastion Central.
	7	9	»	Bastion du Mât.
	10	7	»	Bastion du Mât.
	11	2	5	Bastion du Mât.
	11 (bis).	6	»	Bastion du Mât.
	16	5	1	Bastion Central.
	17	6	1	Bastion Central.
	18*	6	»	Bastion du Mât.
	20	5	1	Bastion du Mât.
	26	6	et 4 mortiers.	Batteries du Piton et des Casernes.
	26 (bis).	9	1	—
	59	2	2	Batteries de l'Église-Verte.
		89	17 obusiers et 4 mortiers.	
SIÉGE DE DROITE. Attaques de Malakoff et côté d'Inkermann.	4	4	»	Attaque de Malakoff.
	6	»	5	Id.
	31	»	2	Id.
	Batterie du Phare.	4	»	Batteries de la rive Nord et du Phare.
	Batterie du 5 novemb.	4	»	Batterie d'observation (vis-à-vis des hauteurs d'Inkermann, établie après la bataille d'Inkermann sur le lieu même du massacre. Un matelot d'élite, muni d'une bonne longue-vue, était constamment en observation dans cette batterie comme un timonier de bord).
		12	7	

* La batterie 19 a été supprimée à cause des travaux d'approche qui se trouvaient dans son champ de tir.

chose que l'ensemble général : chacun concourt de tous ses efforts à l'accomplissement de l'œuvre commune.

XXVII. — Nuit et jour la ville assiégée est écrasée sans trêve ni repos par nos projectiles ; il n'est pas un recoin, si obscur qu'il puisse être, que ne fouillent nos boulets et nos obus.

Nous sommes à la veille du jour où l'assaut général doit être donné ; les instructions les plus précises ont été renouvelées.

A gauche, c'est le général Lebœuf qui commande le feu de toutes les batteries ; — à droite, c'est le général Beuret. — L'amiral Rigault de Genouilly surveille et dirige les batteries de la marine. Il sait qu'il peut compter sur ses chefs d'attaque, et sa confiance en eux est absolue.

Dans la nuit du 6 au 7 septembre, il leur a fait parvenir les ordres qui doivent régir les opérations du lendemain.

Les voici :

« Au jour, feu assez vif, mais réglé par les conditions d'un pointage précis, s'accélérant à 9 heures et demie pour atteindre un maximum d'intensité. — Arrêt brusque à 10 heures. — Silence absolu jusqu'à midi. — A midi, reprise très-vive, en commençant par une salve de toutes les pièces dans chaque batterie. — Puis pointage précis, feu modéré ; accélération vers 3 heures. — A 3 heures et demie, arrêt brusque, silence absolu. — A

5 heures et demie reprise générale et violente du feu jusqu'à 6 heures; puis pointage précis jusqu'à la nuit, en rectifiant les points de repère. »

XXVIII. — Certes, un des faits les plus remarquables à constater, c'est l'exécution précise des ordres accomplis avec ce calme de discipline que rien n'altère. — L'un des officiers supérieurs, chef d'attaque, a été désigné pour donner l'heure, et tous les autres ont réglé à la minute leurs montres sur la sienne.

« On comprenait si bien la portée de l'intention (écrivait l'un d'eux à cette époque), que l'on s'efforçait de la seconder même jusqu'à l'exagération. »

Certes, aucun, parmi les témoins de ce magnifique spectacle, n'oubliera l'impression profonde qu'il a ressentie devant cette obéissance ponctuelle d'une volonté unique sur l'immense développement de forces représenté par l'ensemble des batteries de siége. Ce fut un moment merveilleux, imposant pour ceux-là même qui, prévenus à l'avance, veillaient à la stricte exécution des ordres donnés.

Il est facile de comprendre combien ces brusques arrêts de feu, ces silences étranges, subits et pleins de menace, devaient dérouter et surprendre les assiégés qui, l'œil aux aguets, et l'attention perpétuellement en éveil, cherchaient, à l'abri de leurs casemates, à deviner le moment de l'assaut.. — Alors, de tous côtés, c'était un mouvement, une agitation que l'on suivait à l'aide de longues-vues; on apercevait les aides de camp courir en tous sens, et les troupes de la garnison quitter à la hâte leurs abris souterrains.

Aujourd'hui, il est prouvé que ce système de tir irrégulier, et à des heures différentes, a considérablement entravé la défense et facilité le premier effort de nos troupes assaillantes contre les formidables redoutes de Sébastopol.

XXIX. — Dans la matinée, l'amiral Bruat s'était rendu avec l'amiral Lyons au quartier général anglais où les attendait le général Pélissier.

Dans cette conférence, les généraux et les amiraux alliés arrêtèrent le concours d'action que les flottes devaient apporter le lendemain.

Malheureusement, les vents et l'état de la mer, dont l'apparence devenait de plus en plus mauvaise, devaient paralyser ces projets.

Le vent, qui avait soufflé du S. E. pendant toute la journée, passa au N. dans l'après-midi. La mer était très-forte, et l'amiral, craignant que, par suite du mauvais temps qui pouvait prendre tout à coup des proportions imprévues, il fût dans l'impossibilité d'appareiller, expédia vers minuit *le Cassini* dans la baie de Streletzka. — Au point du jour, *le Sésostris* et *le Ténare* y entrèrent. La batterie de mer de la Quarantaine leur tira quelques boulets, mais sans les atteindre.

« A sept heures et demie, écrit l'amiral Bruat au ministre de la marine (8 septembre), je me décidai à prévenir le général en chef de l'impossibilité dans laquelle se trouveraient probablement les escadres d'aller canonner les forts. — La mer continuait à grossir et la brise devenait à chaque instant plus fraîche. Deux embarcations, dont l'une appartenait au *Friedland* et l'autre à *la Calypso*, avaient sombré vers minuit, en voulant entrer dans la baie de Streletzka ; celle de *la Calypso* paraît malheureusement s'être perdue corps et biens.

« L'amiral Lyons me fit demander quelle était mon opinion sur ce qu'il convenait de faire ; je lui répondis, à onze heures vingt minutes par le télégraphe : « Je « pense qu'il serait inutile de faire appareiller les vais-« seaux avec le mauvais temps. »

« L'amiral Lyons me répondit immédiatement : « Je « suis complétement de votre avis. »

XXX. — Ainsi l'action des flottes était paralysée par un de ces hasards de la mer qui déjouent subitement les projets les mieux combinés.

Les quatre bombardes que commandaient quatre jeunes et intrépides officiers, *le Cassini* (commandant Bachm), *le Palinure* (commandant Moret), *le Sésostris* (commandant Saly) et *le Ténare* (commandant Krantz), purent seules participer aux combats du 8 septembre. — Mouillées dans la baie de Streletzka, ainsi que les bombardes anglaises, elles devaient ouvrir leur feu vers dix heures du matin, et à midi et demi, conformément aux conventions arrêtées avec les généraux, le concentrer sur le fort Alexandre et sur les batteries de mer de la Quarantaine.

Mais une remarque fort curieuse et qui nous paraît devoir être mentionnée ici, c'est que les vents et la violence de la mer, en empêchant les bâtiments à vapeur d'appareiller pour canonner les forts, favorisèrent l'attaque de nos troupes, en continuant de tromper l'ennemi sur nos véritables intentions. — En effet, plusieurs officiers russes prisonniers rapportèrent plus tard, que *prévenus* et convaincus qu'un mouvement important des vaisseaux serait le signe précurseur d'une attaque décisive, ils n'avaient pas cru à un assaut définitif, ne voyant pas les vapeurs venir s'embosser devant les forts. — Ainsi jusqu'au dernier moment, la Providence venait en aide aux armées alliées.

XXXI. — Pendant les trois jours de feu qui précédèrent cette grande journée, date éternellement glorieuse dans les annales militaires, notre artillerie avait acquis sur celle des Russes une telle supériorité que tous les feux qui voyaient directement nos attaques étaient éteints.

Le secret le plus absolu avait été gardé. — Dans la nuit du 7 au 8 septembre, les ordres sont donnés, mais nul cependant dans les batteries n'est instruit de l'heure où l'assaut sera livré.

Ces ordres portent : « A la pointe du jour reprendre le feu avec vivacité, mais en pointant avec soin aux embrasures. — Il n'y aura pas d'interruption ; on se conformera d'ailleurs dans toutes les batteries aux instructions détaillées qui seront données demain matin. »

Nous avons déjà décrit tout ce qui se rattache essentiellement à ce grand combat ; nous sommes entrés dans les moindres détails des dispositions prises, des faits accomplis ; nous avons cherché à peindre les nobles et mâles émotions de cette lutte héroïque (1) : il ne nous reste donc que quelques lignes à ajouter.

XXXII. — Dès le point du jour, le feu a repris avec une violence excessive, qui ne pouvait laisser croire à l'ennemi que nos munitions étaient près de s'épuiser. Il continue sans interruption.

A midi, du côté du bastion Malakoff les troupes s'élancent hors des tranchées et pénètrent dans les bastions ennemis qu'elles surprennent par cette attaque imprévue. — Les Anglais marchent sur le Grand redan, et le général de Salles, commandant le 1er corps, voit s'élever le signal qui lui dit de commencer l'assaut contre le bastion du Mât et le bastion Central.

Les batteries de la marine tirant d'en haut sur l'ennemi, et à distance assez grande pour que ses feux fussent très-courbes, avaient pu les continuer jusqu'au dernier moment, sans crainte d'atteindre les troupes massées dans le développement des tranchées. Le capitaine de frégate Bertier commande les attaques du bastion du Mât (celles servies et armées par la marine). — Le capitaine de frégate de Marivault les attaques du bastion

---

(1) *Expédition de Crimée*, vol. II, p. 411 et suivantes (dans la dernière édition de cet ouvrage, l'auteur a complété et considérablement augmenté le récit de ces combats multiples à l'aide de *nouveaux et nombreux renseignements puisés à des sources authentiques et officielles*).

Central. — L'amiral Rigault se tient dans la batterie 4 qui domine tout le siége.

XXXIII. — Le feu des batteries a cessé et chacun attend l'apparition de nos troupes sur les parapets ennemis.

Mais les Russes ont depuis longtemps pratiqué des mines. De toutes parts des explosions de fourneaux bouleversent les terres, au moment où nos têtes de colonne tentent de pénétrer dans les bastions et franchissent les fossés. — Les assaillants ne savent où poser le pied sur ce sol qui manque à chaque instant sous leurs pas. — De puissantes réserves ennemies se sont déjà concentrées sur les abords du bastion, et couvrent à rangs pressés les épaulements, faisant un feu roulant sur les glacis et dans les fossés.

C'était une cible magnifique offerte aux boulets des batteries de siége; mais l'ordre était donné de ne pas tirer. — Cependant il était évident que la première attaque avait échoué et qu'il fallait faciliter un second effort.

L'amiral Rigault de Genouilly envoie l'ordre aux batteries de la marine ayant vue sur le bastion Central, de reprendre leur feu; mais déjà le commandant de Marivault, chef d'attaque de ce côté, a prévenu la pensée de son chef et a dirigé le tir de ses pièces sur les bataillons russes.

Aussitôt notre artillerie de terre et de mer lance sur les Russes une grêle de projectiles. « Ce fut (écrivait un des officiers supérieurs commandant ces batteries) un beau spectacle où se déploya la bravoure de nos ennemis et leur ténacité au feu. Nos boulets, frappant les épaulements, faisaient de larges trouées au milieu des masses compactes, et de nouveaux soldats accouraient immédiatement pour les combler. — Pendant plus d'un quart d'heure ce feu fit un carnage d'autant plus affreux que les boulets, ricochant de l'épaulement, allaient ensuite traverser les bataillons placés en réserve derrière le bastion. »

XXXIV. — Le drapeau français tenait toujours dans Malakoff, et ce point important nous livrait la ville, que les Russes ne devaient pas tarder à évacuer, après en avoir incendié les parties que nos boulets n'avaient pas détruites.

En effet, avant l'entrée de la nuit, la frégate de grand'garde à l'entrée de la rade faisait prévenir qu'un mouvement inusité de troupes avait lieu sur le pont qui réunissait la partie sud de la ville à la rive nord. — C'était le général Gortschakoff qui abandonnait Sébastopol, conservant l'honneur de sauver son armée, après avoir vaillamment combattu jusqu'à la dernière heure.

Sébastopol a succombé!

Dieu enfin a permis que le but de tant d'efforts persévérants fût atteint! — Les drapeaux alliés flottent sur les bastions ennemis bouleversés par le combat!

C'est alors que du sein de ces défenses accumulées avec tant de persévérante opiniâtreté, on jette un regard d'étonnement et d'orgueil sur ces réseaux innombrables creusés dans le sol par les bras de nos soldats travailleurs, et qui sillonnent en tous sens l'aride plateau de la Chersonèse.

C'est alors que ce passé de souffrances endurées, de combats perpétuels, d'efforts infatigables, apparaît non comme un souvenir, mais comme une réalité vivante.

XXXV. — Ces impressions qui frappèrent toutes les pensées, l'amiral Bruat les ressentit, lorsque visitant le plateau de Malakoff, la ville et ses défenses, il parcourut les terrains dévastés, au milieu desquels les Russes avaient semé la destruction de leurs propres mains.

Dans une lettre qu'il adressait au ministre de la marine, le commandant en chef de la flotte résumait, avec cette chaleur de cœur qui lui était propre, les péripéties de cette grande épopée militaire et la part que la marine avait prise à ce triomphe si chèrement conquis.

« Hier (écrivait-il le 11 septembre), j'ai visité le plateau de Malakoff et fait le tour de Sébastopol. Les traces d'une résistance prolongée jusqu'à la dernière extrémité sont présentes partout. Les pertes subies par la garnison dépassent probablement nos calculs. La Russie n'a reculé devant aucun sacrifice pour défendre ce poste avancé d'une politique non moins avancée que prévoyante ; mais, dans la lutte d'opiniâtreté qui s'était engagée entre elle et nous, l'avantage devait rester aux puissances maîtresses de la mer. Nous avions, pour réparer nos pertes et pour amener nos forces sur le théâtre de la guerre, le chemin le plus prompt et le plus facile. Aussi, malgré les jours d'épreuve qu'il nous a fallu traverser, n'ai-je jamais douté de l'issue du siége. — De la flotte qui assurait à la Russie l'empire de la mer Noire, il reste à peine neuf navires à vapeur, que quelques batteries de mortiers auront bientôt détruits. Les équipages qui la montaient ont presque entièrement disparu. Les armées alliées ont payé chèrement ce triomphe, mais elles ont acquis par leur constance et leur intrépidité une gloire immortelle.

« Les marins débarqués ont eu leur part des fatigues, des dangers et des honneurs de ce long siége. Les services qu'ils ont rendus leur ont valu d'éclatants témoignages d'estime et de sympathie, dont les deux marines ont le droit d'être fières. Le combat du 17 octobre, en appelant nos vaisseaux à une lutte inégale contre des fortifications qui avaient été élevées dans l'espoir de rendre toute attaque maritime impossible, a plus directement encore associé les flottes alliées aux périls et à la gloire des armées qu'elles avaient portées sur le territoire ennemi. Un coup de vent inattendu n'a point permis que cette coopération de la marine se renouvelât au moment suprême ; mais il est de mon devoir, monsieur le ministre, de vous signaler l'énergique persévérance avec laquelle les bâtiments placés sous mon commandement ont secondé, pendant huit mois, les efforts héroïques de l'armée et l'ont aidée par une activité incessante à supporter les épreuves critiques de l'hiver. Si je ne le faisais pas, l'armée elle-même s'étonnerait de mon silence, et les généraux qui l'ont commandée le feraient à ma place.

« La confiance mutuelle que ce long échange de services avait créée entre les marins et les armées alliées a fait les succès de l'expédition de Kertch. Maîtres de l'entrée de ce détroit, nous avons pu pénétrer dans la mer d'Azoff, détruire les approvisionnements rassemblés par l'ennemi pour son armée de Crimée, et couper deux des routes que suivaient ses convois.

« Je connaissais depuis longtemps l'amiral Lyons; cette campagne n'a fait que fortifier les sentiments d'estime réciproque qui nous unissaient. La sûreté de nos relations a rendu faciles toutes les opérations que nous avons entreprises de concert. Nous avions le même objet en vue : le triomphe d'une cause que nous savions juste et à laquelle nous étions également dévoués. Ces sentiments ont été complétement partagés par les officiers qui nous secondaient, et je puis dire, qu'il n'y a jamais eu en face de l'ennemi, qu'une seule escadre naviguant sous deux pavillons alliés et ne connaissant plus d'autre rivalité que celle qui peut naître d'une émulation généreuse.

« Je n'ai point eu seulement, monsieur le ministre, l'heureuse fortune de rencontrer dans mon commandement un collègue tel que l'amiral Lyons; je dois aussi me féliciter d'avoir eu, pour me seconder dans la conduite de l'escadre, M. l'amiral Charner dont le concours dévoué m'a été si utile pour diriger nos marins à terre; M. l'amiral Rigault de Genouilly, qui a noblement justifié le choix de Votre Excellence. M. le contre-amiral Odet-Pellion, désigné pour succéder à l'amiral Charner, dont l'Empereur venait de récompenser les éminents services, a rejoint l'escadre la veille d'une action qui devait être décisive. Suivant les dispositions que j'avais arrêtées, le vaisseau à voiles que montait cet officier général devait rester en réserve, mais j'avais autorisé M. l'amiral Pellion à arborer, pour le jour du combat, son pavillon sur le vaisseau *l'Ulm*. Je savais que je pouvais compter sur lui pour me seconder, ou pour me remplacer au besoin.

« Entouré comme je l'étais et rencontrant le même zèle et le même dévouement chez tous les capitaines et dans tous les équipages, ma tâche ne pouvait qu'être facile. Qu'il me soit permis aussi d'adresser ici mes remercîments à Votre Excellence pour le bienveillant empressement avec lequel il a été pourvu à toutes les demandes de l'escadre et pour la précieuse confiance qui a daigné encourager toutes mes entreprises. »

Nous avons voulu reproduire cette lettre en son entier, car elle est pour la marine un beau souvenir.

XXXVI. — Celui qui avait exercé avec une si grande supériorité le commandement en chef de l'escadre française pendant l'année 1855, ne devait pas tarder à recevoir de son Souverain le témoignage éclatant de sa haute satisfaction. Le 15 septembre, le vice-amiral Bruat était élevé à la dignité d'amiral de France (1), et,

---

(1) Napoléon,

Par la grâce de Dieu et la volonté nationale, Empereur des Français, à tous présents et à venir, salut :

Vu la loi du 17 juin 1841 sur l'état-major de l'armée navale ;

le lendemain 16, la nouvelle en arrivait à Kamiesh par une dépêche télégraphique.

Par une heureuse coïncidence, le ministre qui contresignait la nomination de l'amiral Bruat était l'amiral Hamelin, qui, au mois de décembre 1854, appelait lui-même, comme commandant en chef de la flotte, l'attention toute spéciale de M. Ducos, ministre de la marine, sur cet éminent officier général :

« Je vous avoue avec franchise (lui écrivait-il alors) que j'aurais été heureux de voir accorder à l'amiral Bruat, dans la Légion d'honneur, un avancement qu'il a si dignement mérité (grand'croix). Cet avancement qu'il n'a pas encore obtenu, je le demande instamment aujourd'hui à votre haute justice. »

Cette nomination fut accueillie avec enthousiasme par les deux flottes et par les deux armées, qui virent dans cet insigne honneur le couronnement d'une vie tout entière vouée au service et à la gloire de son pays.

Considérant les éminents services rendus dans la mer Noire par le vice-amiral Bruat;

Sur le rapport de notre ministre secrétaire d'État au département de la marine et des colonies;

Avons décrété et décrétons ce qui suit :

Le vice-amiral Bruat (Armand-Joseph) commandant en chef de l'escadre de la Méditerranée est élevé à la dignité d'amiral;

Notre ministre secrétaire d'État au département de la marine et des colonies est chargé de l'exécution du présent décret.

Fait au palais des Tuileries, le 15 septembre 1855.

NAPOLÉON.

Par l'Empereur,
L'amiral, ministre secrétaire d'État et des colonies,

HAMELIN.

XXXVII. — La chute de Sébastopol n'a pas endormi dans l'oisiveté du triomphe les chefs des armées et des marines alliées. Le calme qui semble avoir succédé aux tempêtes des derniers jours n'est qu'un calme relatif; l'orage gronde encore dans son sein.

Le but principal de la guerre, c'était l'anéantissement de la puissance navale de la Russie dans la mer Noire. Sébastopol en tombant lui avait porté un coup mortel, il fallait achever l'œuvre sur le continent. — Après la mer d'Azoff, le Dniéper; après Kertch, Kinburn.

Dans la mer d'Azoff, les croisières continuent avec un plein succès; et les bâtiments alliés, dont la surveillance n'est jamais en défaut, causent à tout instant d'immenses dommages à l'ennemi, en détruisant ses ressources et ses approvisionnements. — Frapper son commerce sur toutes les côtes, c'est l'atteindre dans le présent et dans l'avenir.

Le capitaine de frégate Huchet de Cintré, commandant *le Milan*, dirige à la fois avec habileté et énergie ces explorations, auxquelles prennent part *le Caton* et *le Fulton*. Un grand nombre de pêcheries d'esturgeons sont détruites sur tout le littoral, soit à Tenriouk, soit à Dolgoat, ainsi que 127 bateaux et plusieurs milliers de filets. — La pêche de l'esturgeon donnait lieu à une exportation considérable qui s'étendait jusqu'en Pologne.

Pendant ce temps, *le Brandon*, sous les ordres du commandant Cloué, s'est joint au commandant Osborn, du *Vesuvius*, pour remonter avec des embarcations le golfe de Douklíouk et brûler des blés et des fourrages amassés en grande quantité sur la côte.

XXXVIII. — Ainsi se continuaient les poursuites les plus actives et les investigations les plus minutieuses le long de ces côtes, que l'ennemi avait dû sur tous les points abandonner à notre approche.

Toutefois, le ministre de la marine renouvelait au commandant en chef de l'escadre les ordres formels de l'Empereur, de respecter en toutes circonstances les propriétés et les entreprises privées qui ne devaient pas souffrir des malheurs de la guerre et des nécessités de destruction qu'elle entraîne malheureusement avec elle.

Cette pensée, qui avait sans cesse dirigé tous les actes du gouvernement français, fut pendant cette campagne sa préoccupation perpétuelle, et restera comme un des impérissables glorieux souvenirs de l'expédition de Crimée.

Ces ordres réitérés furent de nouveau transmis au chef de la station navale de Kertch et arrêtèrent des destructions, qui, tout en frappant selon les droits imprescriptibles de la guerre une branche importante du commerce de nos ennemis, atteignaient indirectement des entreprises particulières et des intérêts privés.

XXXIX. — Ce qu'il importait surtout dans les circonstances actuelles, c'était d'intercepter les communications de l'ennemi avec la Crimée et de le forcer ainsi à ne pas prolonger sa résistance dans les forts du nord de Sébastopol, où il s'était réfugié après la prise de la ville.

Les commandants de la station devant Kertch avaient pu constater d'une manière certaine par différents rapports dont la véracité n'était pas douteuse, et par l'étude même des lieux, que pendant les glaces de l'hiver le golfe de Taman, complétement gelé, servait à communiquer entre la côte de Circassie et la Crimée. Ils avaient aussitôt informé leurs amiraux respectifs de l'importance qu'il y aurait à détruire Taman et Fanagoria, qui servaient sur le littoral de bases au ravitaillement de l'armée russe. En effet, ces deux points, par leur excellente position, permettaient aux Russes, pendant l'hiver, de réunir et de baraquer en face de Yéni-Kalé et du cap Saint-Paul des forces considérables, qui devenaient par ce fait une menace perpétuelle contre les garnisons alliées. Leur destruction, en enlevant tout abri à un rassemblement de forces ennemies, était le complément naturel de nos heureuses opérations dans la mer d'Azoff.

Il fut donc décidé par les généraux et les amiraux en chef que les établissements de Fanagoria, ainsi que la ville de Taman, seraient rasés, et les matériaux susceptibles de servir à l'hivernement des troupes anglo-françaises, transportés au camp du cap Saint-Paul et de Yéni-Kalé.

XL. — Le siége de Sébastopol touchait à son dénoûment. — D'impérieuses nécessités modifièrent le projet primitivement arrêté, en ne permettant de distraire du corps de siége aucune nouvelle troupe.

Ce fut seulement vers la fin du mois de septembre que cette opération, qui devait se faire avec le concours de nos alliés, reçut enfin son exécution.

A cette époque, le commandant de la station navale de Kertch, le capitaine de vaisseau Bouët, reçut de l'amiral Bruat l'ordre de ne point attendre de nouveaux renforts et d'effectuer cette petite expédition avec les ressources qu'il avait à sa disposition. — La direction supérieure était laissée à la marine, et avec le consentement de l'amiral Lyons, le commandant Bouët auquel avait été adjoint le capitaine anglais Hall, en reçut le commandement. — La moitié environ de la totalité des troupes anglaises et françaises stationnées à Kertch devait prendre part à ce coup de main, l'autre moitié et le contingent turc en son entier restaient pour la garde de nos établissements.

L'expédition fut aussitôt organisée; et un ordre du jour du commandant Bouët, en date du 24 septembre, indiqua les dispositions que chacun devait prendre.

L'escadrille se composait de deux divisions. — La première de soutien, la seconde de transport. — *La Stridente* et *la Meurtrière*, canonnières françaises, ainsi que les canonnières anglaises *le Snake*, *la Flèche*, *l'Inx*, *l'Arrow*, composaient la première division. — *La Mitraille*, *l'Alerte*, *l'Alarme*, *la Bourrasque*, *la Rafale* et *la Mutine* formaient la seconde.

XLI. — Dès le 24 au soir, tous les bâtiments étaient prêts à appareiller, et le 25, à 6 heures du matin, les troupes désignées furent embarquées à bord des canonnières de la deuxième division.

A 8 heures, la petite escadrille levait l'ancre et se

mettait en marche. — La flottille anglaise formait l'aile gauche; la flottille française l'aile droite. Le temps était beau, quoique légèrement couvert.

Bientôt les côtes qui avoisinent Fanagoria furent en vue, et, à 10 heures du matin, les bâtiments qui devaient former la ligne d'embossage mouillèrent en présentant le travers.

Des vigies placées en tête de mât surveillaient les mouvements de l'ennemi. Les bâtiments, pour fouiller le terrain, lancèrent aussitôt des obus dans toutes les directions près de la redoute de Fanagoria. Quelques rassemblements avancés de cavalerie furent atteints par nos projectiles et ne tardèrent pas à se replier sur le gros de cavalerie ennemie, composé de 7 à 800 chevaux environ qui se tenait à distance dans l'intérieur des terres.

Pendant ce temps, les canonnières chargées du transport des troupes, avaient continué leur route jusqu'à 1 mille environ dans l'Est de la forteresse. — La plage était balayée, et les vigies attentives ne signalaient aucun corps russe.

XLII. — Comme il était à craindre que les Russes, réunis en grand nombre à Temriouk, ne se portassent en force sur Taman pour empêcher nos travaux de destruction, une attaque simultanée sur cette ville avait été combinée avec les bâtiments anglais et français en croisière dans la mer d'Azoff.

Pendant que le débarquement s'opérait sur la plage de Fanagoria, le bombardement effectué devant Temriouk y retenait 8 à 10000 Russes qui n'osèrent pas abandonner ce point, pour se porter sur Taman, éloigné d'une douzaine de lieues environ.

La mise à terre du corps de troupes expéditionnaire, sous les ordres du colonel anglais Ruddy et du colonel français Osmont, s'était opérée rapidement sur une belle plage, et la colonne, bientôt formée, était prête à se mettre en marche. — Un petit peloton de cavalerie, composé de 5 hussards anglais et de 5 chasseurs d'Afrique, formait l'avant-garde et sondait le terrain. Bientôt on atteignit la redoute de Fanagoria; cet ouvrage fort ancien, dont l'enceinte et les fossés existaient seuls encore, était entièrement évacué. Depuis longtemps les Russes ne l'entretenaient plus en état de défense, et l'avaient transformé en hôpital. — On y trouva de grandes salles, de vastes magasins, et de petites maisons qui servaient à loger les officiers malades et le personnel médical de l'établissement.

L'artillerie de Fanagoria, composée de deux mortiers et d'environ vingt pièces en fonte, la plupart hors de service et sans affûts, était rangée près des remparts. Les troupes alliées occupèrent la redoute, où elles trouvèrent un casernement immédiat.

XLIII. — Mais l'ennemi, retiré peut-être dans l'intérieur du pays, pouvait tenter une attaque; aussi des dispositions de défense furent organisées. Les Anglais prirent l'entrée à l'Est de la redoute, ainsi que les établissements qui s'y trouvaient; les Français s'installèrent dans ceux de l'Ouest, et eurent la garde de la porte de ce côté. — Des canons furent mis en batterie sur la partie des retranchements qui regardait la campagne.

Les canonnières anglaises et françaises continuaient pendant ce temps de lancer leurs volées contre le corps de cavalerie qui, se retirant d'abord peu à peu devant nos projectiles à longue portée, finit par disparaître derrière une chaîne de collines.

Les canonnières se placèrent alors de manière à tenir sous leur feu les terrains qui avoisinaient la redoute, prêtes ainsi à arrêter, au premier signal, toute tentative de l'ennemi.

En effet, dès que l'obscurité put cacher ses mouvements, un corps d'infanterie russe, suivant, pour se dérober à la vigilance des sentinelles, les ravins creusés par les pluies, essaya du côté des Anglais une attaque qui resta sans résultat. — Quelques obus lancés de la terre et de la mer suffirent pour l'arrêter, et bientôt tout rentra dans le silence.

XLIV. — Le lendemain, une reconnaissance importante fut dirigée par les colonels Reddy et Osmont sur Taman, situé à 2 kilomètres de Fanagoria. — Par suite des mouvements tourmentés du sol, on n'en apercevait de la mer qu'une portion; aussi cette ville, qui était bâtie sur un terrain inégal, s'étendait assez loin dans la campagne, et était beaucoup plus considérable qu'on ne l'avait supposé.

Taman était complétement évacué. — Les maisons étaient vides et les habitants en avaient emporté tout ce qu'ils avaient pu charger sur leurs arabas. — Quelques détachements furent envoyés dans différentes directions pour reconnaître le pays.

Après un examen sérieux des ressources que l'on pourrait tirer de cette ville pour le baraquement des troupes au cap Saint-Paul, le travail fut distribué et arrêté pour le lendemain. — Il fut décidé, en outre, que dans le même moment, les établissements de Fanagoria jugés inutiles seraient anéantis.

XLV. — Le 26, dès le point du jour, les travailleurs sont dirigés de nouveau sur Taman, conduits par le major Hunter et le commandant d'Arbaud, car les colonels Reddy et Osmont étaient retournés tous deux à la station de Kertch.

Des postes sont établis de distance en distance, et des patrouilles continuelles veillent aux alentours et donnent ainsi confiance entière aux travailleurs dont l'œuvre s'accomplit avec rapidité. — Sur aucun point l'ennemi ne se montrait, ce qui n'empêchait pas les mesures les plus vigilantes; car les terrains ravinés par les pluies abondantes s'entr'ouvraient parfois en sillons profonds et pouvaient dérober dans certains endroits l'approche des Russes à l'attention des vigies postées à la tête des mâts des canonnières, dont les signaux de convention communiquaient à tout instant avec les troupes débarquées à terre.

Pendant plusieurs jours, on transporta sur la plage tout ce qui était susceptible de servir. — L'embarquement s'opérait sur trois points différents avec un ordre et une célérité remarquables (1); des chaloupes canonnières chargées de tous ses matériaux et remorquant, en outre, des canots également remplis, faisaient le transport de Fanagoria au cap Saint-Paul. — Les canonnières anglaises se dirigeaient sur Yéni-Kalé.

Le 30 septembre, le travail était achevé; mais il fallait détruire tout ce qui n'avait pas été jugé susceptible d'être transporté, ainsi que les habitations pouvant encore, après notre départ, servir d'abris aux troupes ennemies.

XLVI. — Le 30 au soir, l'œuvre de destruction commença. Tout ce qui restait fut entassé pêle-mêle dans les maisons dont les toitures et les plafonds avaient été enlevés, et le feu y fut mis. — Bientôt les flammes eurent dévoré les derniers débris, et Taman ne présenta plus qu'un monceau de cendres. — L'incendie fut propagé sur tous les points.

Le 2 octobre, le commandant Bouët reçut l'ordre de renvoyer immédiatement à Kamiesh toutes les canonnières. Il prit sans délai ses dispositions de départ, et le 3,

---

(1) A Taman, sous la direction de M. Morier, capitaine de *la Flèche*, à Fanagoria, dans la partie occupée par les Français sous la direction de M. Guyon, lieutenant de vaisseau commandant les embarcations de *la Pomone*, qui avec ses matelots avait établi un pont de chevalets, et à l'Est par les Anglais.

après avoir fait sauter deux poudrières à Fanagoria et incendié les établissements où les troupes s'étaient casernées ; il rembarqua le corps expéditionnaire à 9 heures du matin, et atteignit Kertch à midi. — Le soir même, les canonnières faisaient route pour Kamiesh.

Ainsi se termina cette petite expédition faite, pour ainsi dire, sous les yeux de l'ennemi. — Elle avait atteint le double but d'enlever aux Russes des ressources précieuses, et de nous procurer les moyens de baraquer les divers corps de la station de Kertch pendant l'hiver, dont la rigueur prochaine s'annonçait déjà par des froids vifs et des vents très-violents.

XLVII. — Si l'amiral Bruat avait subitement rappelé toutes les canonnières occupées dans la mer d'Azoff, c'est qu'une nouvelle expédition maritime fort importante se préparait contre la forteresse de Kinburn.

Le ministre de la marine avait transmis à l'amiral, par dépêche télégraphique, la volonté de l'Empereur au sujet de l'enlèvement de ce fort, dont les différents ouvrages défendaient et commandaient la pointe de terre qui sépare de la mer Noire, le Liman formé par les eaux du Bug et du Dniéper.

Depuis longtemps l'attention des généraux en chef s'était fixée sur cette position, et ils en appréciaient toute l'importance.

Maître de Kinburn, on coupait les communications

de l'armée russe avec Nicolaïef, et l'on menaçait Kherson.

Déjà, d'un autre côté, le général d'Allonville s'était embarqué, le 18 septembre, avec une division de cavalerie, pour Eupatoria, afin d'y établir une base d'opération, et d'inquiéter sérieusement les communications de l'ennemi sur Pérécop. — Quelques jours plus tard, le brillant combat de Kanghil enregistrait un nom glorieux de plus sur nos drapeaux.

Les commandants en chef de l'armée d'Orient voulaient, avant l'approche imminente de l'hiver, entraver ainsi les principales voies de l'ennemi, et lui enlever une à une ses meilleures bases de ravitaillement.

XLVIII. — Le 29 septembre, le maréchal Pélissier réunissait, au grand quartier général français, le général en chef de l'armée anglaise, Simpson, l'amiral Lyons et l'amiral Bruat. Le but de cette conférence était d'examiner la possibilité d'enlever et d'occuper le fort de Kinburn ; et, si cette expédition était reconnue praticable, d'arrêter le chiffre des forces de terre et de mer qui devaient y concourir.

« Le maréchal (écrit l'amiral Bruat au ministre de la marine en date du 2 octobre 1855) me pria d'exprimer mon opinion. Je m'étais concerté la veille avec l'amiral Lyons, et j'étais autorisé à parler au nom de mon collègue, comme au mien, sur la possibilité et la convenance de l'expédition. Nous n'avions ni l'un ni l'autre aucun doute; nous pensions également tous deux que, pour en assurer le prompt succès, il fallait y employer des moyens formidables. Ces moyens nous les possédions (1).

« Je proposai de faire pénétrer d'abord des frégates et des bâtiments légers dans le golfe de Kherson, pour nous en assurer la possession, et empêcher ainsi le fort de Kinburn de recevoir des renforts de Nicolaïef. En même temps le débarquement des troupes s'opérerait dans le sud du fort, et hors de la portée de son canon, sous la protection des bâtiments qui resteraient en dehors du golfe. Aussitôt le débarquement effectué, nous prendrions position pour détruire la partie des fortifications qui pourrait être vue de la mer. »

XLIX. — Ce plan fut adopté sans aucune objection; il ne restait plus à décider que le chiffre des troupes affectées à cette expédition.

Le maréchal demanda à l'amiral ce qu'il pensait à ce sujet; celui-ci, tout en déclinant sa compétence sur une question dont les généraux en chef devaient rester les seuls juges, déclarait que 10 000 hommes, appuyés comme ils le seraient, du côté de la mer, sur un isthme de peu de largeur, lui semblaient composer un effectif suffisant.

Le maréchal, préoccupé des difficultés d'approvision-

---

(1) L'amiral Bruat présentait de son côté 4 vaisseaux à vapeur, 4 avisos, 8 batteries flottantes, 4 corvettes, 5 bombardes, 4 grandes canonnières, 7 chaloupes canonnières, 4 frégates à vapeur, en tout 31 navires.
Sauf les batteries flottantes qui leur manquaient, les Anglais pouvaient réunir des forces plus imposantes encore.

nement, offrait de donner 3000 hommes de troupes françaises. — Sur les observations de l'amiral Lyons, il porta ce chiffre à 4000 hommes. Le général Simpson devait en donner 3500 ; à la suite de cette conférence, il se décida à porter le contingent des troupes anglaises au même chiffre que le nôtre (1).

L. — Nous avons dit plus haut que le commandant en chef de la flotte avait rappelé du détroit de Kertch les canonnières à vapeur. — Il n'attendait que leur retour pour terminer tous ses préparatifs de départ.

Dans la crainte que les Russes, instruits de nos projets, ne renforçassent les défenses de Kinburn et ne portassent sur ce point des troupes considérables pour s'opposer au débarquement du corps expéditionnaire, le secret le plus profond avait été gardé sur le projet d'expédition ; et le général Bazaine (2), gouverneur de

---

(1) Correspondance de l'amiral Bruat avec le ministre de la marine, 2 octobre 1855.

(2)   LE GÉNÉRAL DE DIVISION BAZAINE.

Le général Bazaine, né en 1811 à Versailles, entrait au service comme soldat volontaire en 1831. En 1833, il était nommé sous-lieutenant dans la légion étrangère, et prenait part aux combats de nos possessions d'Afrique pendant les années 1833, 1834, 1835. Dans cette même année, il partait pour l'Espagne, où il devait remplir les fonctions de chef d'état-major de la division étrangère. Capitaine en 1839, il s'embarquait de nouveau en Afrique, en 1840, et pendant treize années ne cessait de prendre part à ces luttes incessantes contre les tribus révoltées. C'est en combattant que le jeune officier conquit tous ses grades. Cité quatre fois à l'ordre du jour, il comptait déjà parmi ceux auxquels étaient réservées les plus brillantes destinées. En 1835, c'était au combat de la Macta. — En 1840, lors de la première

Sébastopol, reçut, le 30 septembre, une dépêche qui lui donnait le commandement d'un corps expéditionnaire, sans lui indiquer le lieu où ce corps devait se rendre.

Le choix du maréchal tombait sur un des jeunes généraux qui s'étaient le plus distingués pendant la campagne de Crimée, et dont le nom avait toujours été associé aux combats de notre intrépide armée!

LI. — La dépêche du maréchal disait seulement :

« J'ai l'honneur de vous prévenir que je vous ai désigné pour prendre le commandement d'une division expéditionnaire anglo-française, qui va être expédiée sous peu de jours de Kamiesh. Avant de vous rendre à Kamiesh, vous voudrez bien vous présenter à mon quartier général, je vous donnerai alors toutes les instructions dont vous aurez besoin pour l'accomplissement de la mission que je vous ai confiée. »

---

occupation de Milianah. — En 1846, pour sa valeureuse conduite au combat d'Afir, où il arriva un des premiers sur l'ennemi à la tête de quelques cavaliers arabes. — En 1847, lors de la soumission d'Abd-el-Kader. Sa rare aptitude et son courage audacieux le mirent promptement au premier rang.

Le colonel Bazaine partait en 1854 pour l'Orient. C'est là qu'il devait encore attirer sur lui l'attention des chefs de l'armée et gagner sur les champs de bataille de Crimée, en deux années consécutives, les grades de général de brigade et de général de division, juste récompense de ses services signalés pendant cette mémorable expédition.

Le 2 mai il fut cité à l'ordre du jour. Immédiatement après la prise de Sébastopol, il fut appelé au commandement militaire de Sébastopol, puis à celui de la 2ᵉ division du 1ᵉʳ corps. — L'expédition de Kinburn devait de nouveau porter à l'ordre du jour de l'armée le nom de ce jeune et brillant chef, qui en vingt-quatre ans, était arrivé de simple soldat au grade de général de division.

Le chef d'escadron Faure, qui, pendant tout le siége, avait rempli avec une grande distinction et un zèle infatigable les fonctions de premier aide-major de tranchée auprès du colonel Raoult, était nommé chef d'état-major du général pour cette expédition, et chargé de l'organisation de l'embarquement (1).

Le général Bazaine, après avoir remis, selon les ordres du maréchal, le commandement supérieur de Sébastopol au général Levaillant, se rendit au grand quartier général, où il fut instruit que la forteresse de Kinburn était le but désigné au corps expéditionnaire dont il avait le commandement.

Tous les préparatifs de départ se font avec activité.

---

(1) *Dépêche du maréchal commandant en chef, au général Bazaine.*

« Sébastopol, 30 septembre 1855.

« Votre division expéditionnaire se compose d'une brigade anglaise et d'une brigade française. Vous aurez pour chef d'état-major le commandant Faure, auquel sera adjoint le capitaine d'état-major Lacroix, pour assurer le service des états-majors. La brigade française sera commandée par le général de Wimpfen ; elle comprendra le 14ᵉ bataillon de chasseurs à pied, le 95ᵉ de ligne et le régiment de tirailleurs algériens. La cavalerie vous fournira un peloton de 20 hussards du 1ᵉʳ régiment, commandé par un officier. L'artillerie fournira une batterie montée (17 voitures à 6 chevaux), avec un officier supérieur pour diriger le service de l'arme ; le génie fournira une compagnie organisée, plus un officier supérieur pour diriger le service....

« Tout ce monde devra se rendre mardi 21 octobre dans la journée à Kamiesh.... Les troupes auront 4 jours de vivres de réserve dans le sac et leurs munitions au complet. Elles n'emmèneront que des hommes susceptibles de marcher et de combattre. L'intendance embarquera 200 000 rations de vivres, dans lesquelles entreront 50 000 rations de viande fraîche et 150 000 rations de conserves de viande, ou de bœuf ou de lard salé ; 200 000 rations de chauffage, 1 mois d'orge et de fourrage pour 200 chevaux, un matériel complet d'ambulance avec 20 mulets de cacolets ou de litières, 100 tentes de campement. »

LII. — A la même époque, la brigade navale sous le commandement supérieur du contre-amiral Rigault de Genouilly (1), a reçu l'ordre de rejoindre ses bâtiments respectifs. Cette brigade avait rendu de

---

(1)   AMIRAL RIGAULT DE GENOUILLY.

L'amiral Rigault de Genouilly a le rare bonheur de compter dans sa carrière active un grand nombre de campagnes, dans lesquelles il a su développer les qualités les plus variées que puisse posséder un officier de marine.

Né le 12 avril 1807 à Rochefort, il était, en sortant de l'École polytechnique, enseigne de vaisseau en 1830. — Lieutenant de vaisseau quatre ans plus tard, il commandait le brick *la Surprise* sur les côtes d'Espagne, et croisait dans ces parages jusqu'en 1844.

Bientôt capitaine de frégate, il reçut le commandement de *la Victorieuse*, qu'il devait mener dans les mers de Chine, au milieu desquelles cet intrépide marin naviguait pendant quatre années consécutives. — L'affaire de Tourane lui fit le plus grand honneur.

Il était impossible que ces nombreuses et difficiles navigations dans les mers lointaines ne fussent pas signalées par des événements divers, imprévus, et le jeune marin y sut déployer un rare mérite qui appela sur lui l'attention de ses chefs et lui valut les sympathies de ses frères d'armes.

Il fait naufrage après avoir vainement signalé que la route suivie par les bâtiments dont il éclairait la marche était dangereuse et pouvait devenir fatale. Le sinistre qu'il avait pressenti vint donner raison à ses sages prévisions, et dans ces tristes circonstances, il sut allier à un rare degré le courage et le sang-froid, les deux qualités les plus rares et les plus précieuses.

Le grade de capitaine de vaisseau récompensa ses services en 1848.— Après avoir parcouru sur *le Vauban* les côtes d'Italie et tout le Levant jusqu'en 1851, il recevait le commandement important du premier vaisseau à hélice armé (*le Charlemagne*), et sillonnait en tous sens la Méditerranée sur ce puissant vapeur.

Il fit partie sur ce bâtiment de l'escadre d'évolutions jusqu'en 1853, époque où l'amiral Hamelin, nommé au commandement en chef de la flotte, l'appela comme capitaine de pavillon sur le vaisseau-amiral *la Ville de Paris*.

Dans ces nouvelles fonctions et sous les yeux de l'amiral en chef, le

trop grands services dans les batteries qu'elle avait construites et armées pour que le souvenir en fût effacé; et le maréchal Pélissier, digne interprète des sentiments de tous, mettait à l'ordre du jour l'ordre général suivant :

« Soldats,

« Les braves marins de l'escadre de l'amiral Bruat, descendus à terre pour partager nos travaux et nos dangers, vont nous quitter.

« Les marins russes de la mer Noire, qui n'avaient pas osé se mesurer avec eux sur leur propre élément,

commandant Rigault de Genouilly montra toutes les qualités dont il était doué, et cette active énergie qui domptait une santé cruellement altérée par les fatigues de ses longs voyages.

Lorsque l'armée débarquée en Crimée vint mettre le siège devant Sébastopol, ce fut sur lui que tomba le choix de l'amiral Hamelin pour commander le corps des marins débarqués qui devaient armer de si puissantes et de si nombreuses batteries. — Ce fut surtout dans ces difficiles et périlleuses fonctions qu'il sut se placer au premier rang par l'intelligence et l'énergie infatigable de son commandement. Adoré de ses marins qui avaient en lui la plus entière confiance, il ne cessa, au milieu des cruelles épreuves qu'ils eurent à subir, de les encourager sans cesse par sa présence, et de multiplier leur zèle par son exemple.

Au commencement de l'année 1855, il était élevé au grade de contre-amiral, digne récompense de ses nouveaux services.

Il est inutile de rappeler dans cette courte biographie les titres que devait encore acquérir l'amiral Rigault pendant le cours de ce long et mémorable siége. — Déjà nous l'avons suivi pas à pas, et son nom se retrouve à chaque page de notre récit. — La guerre respecta ce chef audacieux qui bravait la mort au milieu des hardis marins qu'il commandait, et le général en chef, juste appréciateur des vrais services, le signalait au ministre, qui, après la chute de Sébastopol, l'élevait dans la Légion d'honneur au grade de grand officier.

ont appris à les connaître devant les murs de Sébastopol.

« Pour vous, vous savez combien, pendant toute la durée de ce siége long et difficile, ils ont donné de preuves de courage, de constance, de résolution dans le service de leurs nombreuses et puissantes batteries.

« C'est avec plaisir et confiance que nous les avons reçus parmi nous; et c'est avec regret que nous voyons arriver le moment de la séparation.

« Une union et une estime réciproques formées sur le champ de bataille nous lient étroitement à ces braves marins, à leurs vaillants officiers, à leur digne chef, le contre-amiral Rigault de Genouilly. Nous les retrouverons, ayons-en l'espérance, et alors, comme aujourd'hui, la flotte et l'armée, la marine et le soldat n'auront qu'une même pensée, la gloire de la patrie, qu'un même sentiment, le dévouement à l'Empereur.

« Au grand quartier général, 5 octobre 1855.

« Le maréchal commandant en chef,
« PÉLISSIER. »

Ces paroles chaleureuses et pleines de cœur, étaient l'écho de toutes les pensées; car les deux armées de terre et de mer n'en avaient jamais fait qu'une seule, ayant dans leurs efforts communs un même but, le triomphe d'une noble cause.

LIII. — Le 6 octobre, la plupart des bâtiments qui devaient faire partie de l'expédition ayant rallié le vaisseau-amiral, les troupes commencèrent leur embarquement.

Le contre-amiral Pellion partit le même jour avec douze bâtiments ; il avait ordre d'en prendre trois autres à Eupatoria, de se rendre ensuite devant Odessa, et de mouiller sur cette rade, hors de portée du canon des forts. — C'était le point de rendez-vous général pour tous les bâtiments des deux escadres.

Le 7, l'amiral Bruat s'embarqua lui-même, emmenant 16 bâtiments et le corps expéditionnaire au grand complet (1).

La flotte anglaise appareillait, le même jour, sous les ordres de l'amiral Lyons.

---

(1) *Correspondance de l'amiral Bruat avec le ministre de la marine*, 6 octobre 1855.

« Les troupes s'embarqueront aujourd'hui sur les vaisseaux. Le temps est très-beau et promet de favoriser nos opérations.

M. le contre-amiral Pellion, dont le pavillon a été arboré sur *l'Asmodée*, partira ce soir avec le *Milan*, le *Vautour*, la *Flamme*, *l'Alarme*, la *Flèche*, le *Palinure*, la *Bourrasque*, la *Rafale*, la *Stridente*, la *Meurtrière* et la *Mutine*; il se dirigera d'abord sur Eupatoria, où le *Cassini*, la *Grenade* et la *Tirailleuse* ont ordre de l'attendre.

« D'Eupatoria, l'amiral Pellion se rendra devant Odessa. C'est le point général que j'ai assigné à tous les bâtiments de l'expédition.

« Je compte appareiller moi-même demain matin avec le *Montebello*, le *Wagram*, *l'Ulm*, le *Jean Bart*, le *Vauban*, le *Cacique*, le *Labrador*, la *Lave*, la *Dévastation*, la *Tonnante*, le *Primauguet*, le *Roland*, le *Lucifer*, le *Brandon*, le *Dauphin* et la *Mitraille*.

« Je dois être rallié devant Odessa par le *Descartes*, le *Berthollet* et la *Tisiphone*.

« L'amiral Lyons, que j'ai informé des dispositions que j'avais prises, vient de me faire savoir que de son côté il serait prêt à appareiller demain à midi. »

LIV. — Le lendemain, dans l'après-midi, l'escadre était devant Odessa. — Les amiraux alliés ont décidé qu'ils y attendraient le résultat des reconnaissances que devaient faire les chaloupes canonnières dans le détroit d'Otchakoff et le long de la presqu'île de Kinburn.

L'arrivée de la flotte alliée, aussitôt qu'elle fut signalée, frappa de stupeur la place d'Odessa, que nul renseignement n'avait instruite de cette expédition. — On vit aussitôt, à l'aide des longues-vues, accourir à la hâte des masses compactes; mises à l'œuvre avec cette célérité qui distingue les Russes, elles remuaient le sol, établissaient de nouvelles batteries, consolidaient les anciennes, et mettaient la ville en état de défense contre une attaque imminente.

Des camps étaient établis sur une des collines du nord; des nuées de Cosaques disposés de distance en distance, par groupes de deux ou trois, se reliaient à la station télégraphique, et des officiers d'état-major galopaient dans toutes les directions. — C'était enfin, de tous côtés, un tumulte de mouvement dont on suivait parfaitement l'ensemble, du haut des mâtures de nos vaisseaux. Une longue file de charrettes, des voitures de toutes sortes et des groupes épais évacuaient à la hâte la ville menacée.

Certes, cette flotte imposante eût pu facilement, sur son passage, bombarder et brûler Odessa, si, de même qu'en avril 1854, un ordre formel de l'Empereur n'avait interdit à l'amiral Bruat de rien entreprendre contre cette ville.

LV. — Les bâtiments envoyés en reconnaissance dans les parages de Kinburn revinrent en grande partie dans la journée du 9; mais avant le retour des avisos le vent changea tout à coup, et un brouillard épais s'abattit sur Odessa, enveloppant la flotte. — Pour ne pas s'aborder mutuellement, chaque bâtiment indiquait son mouillage par des batteries de tambour et des sons de cloche.

En attendant que le brouillard se dissipa et que les vents redevinssent favorables, les amiraux et les généraux se réunirent en conseil sur *le Montebello*, pour arrêter l'ordre du débarquement des troupes et le lieu le plus propice.

Le 14 au matin, l'escadrille put enfin quitter la rade d'Odessa et se diriger sur Kinburn (1) vis-à-vis la presqu'île, à une lieue marine environ (2).

« L'expédition que Sa Majesté m'a prescrit de diriger

---

(1) La navigation d'Odessa à Kinburn présentant des difficultés pour de gros bâtiments d'un fort tirant d'eau, la route de ces vaisseaux avait été soigneusement balisée par les frégates, les corvettes et les avisos à vapeur.

(2) Les eaux du Bug et du Dniéper aboutissent à la mer par une seule branche. Après avoir formé un lac où ils se confondent, les deux fleuves s'écoulent ensemble entre Otchakoff au nord, et Kinburn au sud, par un chenal étroit d'une profondeur variable (15 pieds minimum) beaucoup plus rapproché de Kinburn que d'Otchakoff.

Otchakoff sur la rive droite, est bâti au sommet d'une falaise d'une élévation moyenne, s'avançant en angle aigu droit au sud, et projetant une pointe basse sur laquelle s'élève un vieux fort d'origine génoise en assez mauvais état; une batterie construite sur la falaise en dehors du chenal le prenant d'enfilade, mais à grande portée, complète la défense de ce côté, sans présenter d'obstacles sérieux.

C'est sur la rive gauche, sur la langue de sable formée des alluvions des deux fleuves, qu'est bâtie la citadelle de Kinburn dominant le pas-

contre le fort de Kinburn (écrit au ministre l'amiral Bruat en date du 14), et à laquelle mon collègue l'amiral Lyons s'est empressé d'accorder son concours, quitte en ce moment la rade d'Odessa et fait route pour sa destination. — J'espère qu'avec l'aide de Dieu, l'attente de Sa Majesté ne sera pas trompée. »

Le soir même l'escadrille mouillait.

LVI. — « Je pus alors (écrit de son côté le général Bazaine, dans un rapport adressé au maréchal commandant en chef) reconnaître le terrain sur lequel nous allions avoir à agir. La presqu'île finit sur le détroit d'Otchakoff par une pointe de sable très-étroite, que les Russes ont fortifiée par trois ouvrages défensifs (1). »

Le village de Kinburn est à 600 mètres environ de la

---

sage de plus près, battant tant en dehors qu'en dedans, et constituant en un mot, la seule défense de l'embouchure du Dniéper.

La citadelle de Kinburn est un ouvrage à cornes en maçonnerie, avec parapets en terre, entouré d'un fossé, là où il n'est pas baigné par la mer, contenant des casernes et autres édifices dont les toitures et cheminées apparaissent au-dessus du rempart ; elle est armée sur toutes faces, offrant un étage de feux couverts casematés, surmonté d'une batterie à barbette, le tout pouvant présenter 60 bouches à feu environ, dont la moitié battant en dehors sur la mer, du sud-ouest au nord-nord-ouest.

Kinburn porte le pavillon de guerre toujours arboré, indice d'armement, et contient une garnison de 2000 hommes, sans compter les colons militaires établis dans un village bâti à portée du canon de la place.

Deux nouvelles batteries ont été élevées au nord-ouest de la forteresse. *(Rapport du général Bazaine.)*

(1) Le premier, le plus rapproché de la pointe, est une grande batterie blindée ouverte à la gorge ; les embrasures de cette batterie sont

forteresse qui s'étend de la mer au Dniéper, et est complétement battu par son feu ; à partir de ce point, la presqu'île s'élargit sensiblement. — Ce n'est toujours qu'une plaine de sable couverte d'herbes marines et de lacs salés ; mais à 5000 mètres environ du fort, la plaine se change brusquement en une suite de petites dunes qui couvrent toute la presqu'île sur une largeur de 2 kilomètres environ et s'étendent indéfiniment vers le sud. C'est ce point que, d'après l'avis de l'amiral, le général commandant supérieur avait choisi.

Dans la soirée du 14, toutes les dispositions furent prises par le chef d'état-major de l'amiral, Jurien de La Gravière, pour opérer dès le lendemain le débarquement des troupes.

Dans la nuit, une escadre légère composée de canonnières anglaises et françaises s'avança à la faveur de l'obscurité dans les eaux du Dniéper ; signalée au fort, elle fut accueillie par une violente canonnade, et, malgré les feux croisés des batteries de la pointe et des forts d'Otchakoff, elle continua victorieusement sa

---

tournées vers la passe et le Liman du Dniéper, et croisent leurs feux avec ceux des batteries d'Otchakoff.

Le deuxième ouvrage est à environ 800 mètres en arrière du premier, et communique avec lui par une longue caponière. Ce deuxième ouvrage est une grande batterie en terre, fermée à la gorge, armée dans toutes les directions, et renfermant un abri blindé pour les défenseurs.

Le troisième ouvrage, à 300 mètres en arrière, est un grand fort bastionné avec revêtements en maçonnerie, casemates, fossés, chemin couvert. Ce fort barre complétement la presqu'île, et s'étend de la mer au Dniéper.

route et parvint à forcer la passe (1). Au jour, elle était en position dans le Liman, de manière à prendre à dos les troupes qui voudraient s'opposer au débarquement. D'autres canonnières, se rapprochant de la côte, vinrent croiser leurs feux avec les chaloupes de l'autre rive, rendant ainsi à peu près impraticable toute sortie de la garnison, au delà du village.

LVII. — Dans la matinée du 15, le débarquement commença sous l'habile et active surveillance du chef d'état-major de la flotte.

Les troupes passèrent dans des canots remorqués par des petits vapeurs de l'escadre, et gagnèrent rapidement la côte.

Dans la prévision que l'ennemi pourrait vouloir s'opposer à notre opération, le premier convoi transportait le bataillon de chasseurs à pied et les tirailleurs, c'est-à-dire 2000 hommes avec deux pièces d'artillerie de campagne. — De son côté, le général Spencer débarquait en même temps sur la droite avec le même nombre d'hommes et de canons.

---

(1) *L'amiral au ministre de la marine. Dépêche télégraphique,*
17 octobre 1855.

« Dans la nuit, 4 chaloupes canonnières françaises, *la Tirailleuse, la Stridente, la Meurtrière* et *la Mutine*, expédiées par le contre-amiral Pellion, sous les ordres du lieutenant de vaisseau Allemand, du *Cacique*, ont franchi, avec 5 canonnières anglaises, la passe d'Otchakow, et sont entrées dans le Dniéper.

« Le lendemain, 15 octobre, dès le point du jour, les troupes ont été débarquées à 4500 mètres environ dans le sud de la place. »

La mer qui était très-agitée, gêna seule le débarquement. Les canots ne pouvaient toucher terre, et des matelots durent porter le général à dos jusqu'au rivage, pendant l'espace de 20 mètres. Dans la journée, la houle, devint de plus en plus forte, et donna le lendemain de grandes difficultés pour le transport de l'artillerie ; à tout instant les vagues embarquaient dans les chalands.

Les deux drapeaux alliés flottaient encore une fois sur la terre ennemie, et les deux nations, unies depuis une année, dans les mêmes combats et dans les mêmes épreuves, allaient attacher un nouveau titre de gloire à cette mémorable campagne de Crimée.

L'ennemi ne se montrait sur aucun point.

LVIII. — Aussitôt que le général Bazaine eut pris terre, il voulut aller lui-même reconnaître le terrain ; et prenant une escorte de 20 chasseurs à pied, il se dirigea vers le village de Kinburn, que les Russes avaient commencé à incendier ; deux compagnies l'appuyaient à distance. — Le général, s'étant avancé jusqu'aux premières maisons, les gardes russes s'éloignèrent à son approche et gagnèrent la forteresse, sans tirer sur ce petit groupe un seul coup de fusil, laissant ainsi toute facilité pour explorer le terrain et les approches du village.

Pendant ce temps les troupes débarquées avaient pris position sur les points qui leur avaient été désignés. Les Anglais appuyèrent leur droite à la mer, et barrèrent la presqu'île; la brigade Wimpffen s'appuya, la gauche à la mer, en rejoignant par sa droite la gauche du général Spencer.

Les Anglais avaient pour mission d'empêcher l'ennemi de venir par le sud; les Français avaient celle de refouler la garnison dans la place, si elle tentait d'en sortir.

LIX. — Dans la journée, on amena un juif que l'on avait trouvé rôdant sur la côte; il surveillait, disait-il, l'arrivée d'un petit bâtiment qui lui appartenait. — C'est de cet homme que l'on obtint les premiers renseignements.

Selon lui, la garnison du fort ne dépasse pas 1500 hommes, et il n'est point question de l'arrivée de nouveaux renforts; cependant il y a un camp retranché à Pérékop et des troupes dirigées sur ce point. C'est le général Kokonowitch (60 ans environ) qui commande depuis longtemps le fort de Kinburn. Notre présence devant Odessa avait été signalée, et chaque jour la garnison de Kinburn s'attendait à apprendre la prise de cette ville, et à nous voir arriver.

Vers le milieu du jour, malgré le mauvais état de la mer, les bombardes et les chaloupes canonnières, embossées à 2400 mètres environ, ouvrirent leur feu contre la forteresse qui répondit avec vivacité; mais la houle rendit le tir tellement incertain, que le feu dut être interrompu à l'approche de la nuit, sans avoir amené de résultats sérieux.

On ne put rien entreprendre dans la journée du 16, les vents étant entièrement contraires.

LX. — Du côté de terre, nos troupes commençaient à s'installer solidement. — Au centre de l'emplacement choisi pour le camp, le génie avait construit, dans la nuit du 15, une grande place d'armes appuyée à la côte, dans le but de renfermer nos magasins; le général Spencer fut chargé de couvrir son front par quelques ouvrages de campagne. Le terrain était sablonneux, ce qui rendait le travail très-facile; mais, dans certaines parties, presqu'à la surface du sol, l'eau ne tardait pas à s'infiltrer et à paraître.

Au jour, la plus grande partie de ces premiers travaux était suffisamment terminée. — Afin d'être sans inquiétude sur les tentatives de l'ennemi dans l'intérieur de la presqu'île, le général Bazaine envoya, le 16 au matin, son aide de camp, le capitaine Tordeux, avec un peloton de hussards, pousser une reconnaissance en avant des lignes anglaises. Le capitaine avança jusqu'à quatre ou cinq lieues dans les terres et ne trouva sur sa route qu'un grand village (Pokrovka) abandonné par ses habitants, et deux gardes-côtes qu'il ramena au camp. Ces deux hommes donnèrent des renseignements très-détaillés sur la presqu'île et sur toute l'étendue de la côte. Interrogés avec grand soin, ils répondirent: qu'il n'y avait point de troupes russes dans les environs, mais qu'ils avaient entendu parler de la marche d'une colonne. « La route de Kherson, ajoutaient-ils, est très-mauvaise; ce n'est que du sable; des renforts pourraient plutôt arriver par Otchakoff (1). »

LXI. — La mer étant devenue favorable, les amiraux s'occupèrent aussitôt de mettre à exécution le plan qui depuis la veille avait été arrêté sur les sondages pratiqués par le capitaine Spratt du *Spit-Fire*, et par le lieutenant de vaisseau Cloué, du *Brandon*, assistés de MM. Ploix et Manen, ingénieurs hydrographes.

L'attaque des escadres alliées contre le fort russe doit avoir lieu le 17. — L'amiral Bruat en fait prévenir de très-bonne heure dans la matinée le général Bazaine; de leur côté les commandants des bâtiments ont reçu du chef d'état-major de la flotte les dernières instructions; sur chaque navire, tout est déjà prêt pour le combat.

La division anglo-française avait profité de la nuit pour avancer sur la place par une tranchée d'investissement, ouverte à 900 mètres environ de la forteresse, en poussant les avant-postes jusqu'aux maisons du village incendié.

A la tombée de la nuit, quatre compagnies du 14ᵉ ba-

---

(1) Tout ce que l'on avait pu voir de la presqu'île paraissait complétement dénué de culture, et les différents rapports des prisonniers s'accordaient à dire que la plupart des vivres venaient d'Otchakoff, le bois de chauffage de Nicolaïef. Le village en avant du camp des Anglais ne se compose que de cinq ou six maisons; peut-être y trouverait-on un puits et quelque peu de foin et de blé. Pokrovka a une cinquantaine de maisons; il n'y a point de puits d'ici à ce village, qui est éloigné du camp de 20 verstes environ.

taillon de chasseurs à pied, sous les ordres du commandant Bordaz, se portent en avant du point désigné pour l'ouverture de la tranchée, afin de protéger les travailleurs, et se couchent à terre. Attentifs au moindre bruit, ils surveillent tous les abords, dans la crainte d'une sortie de la garnison. Vers deux heures du matin, le travail est terminé de manière à pouvoir être occupé; mais si, comme nous l'avons dit plus haut, la composition sablonneuse et humide du sol avait aidé au travail, l'eau gênait fort les soldats, qui souvent en avaient jusqu'à mi-jambe.

LXII. — Les quatre compagnies de chasseurs des avant-postes s'installent dans la tranchée, dont elles occupent tout le développement. 30 hommes sont mis en vedette dans les maisons ruinées du village, pour observer une porte de la forteresse qui avait été signalée; une autre compagnie, placée en réserve derrière une maison également en ruines, est prête à se porter rapidement sur les points menacés, en cas de sortie de la garnison.

« La nuit fut tranquille (dit le rapport du colonel de tranchée); vers sept heures, le fort ouvrit un feu d'obus et de pièces à longue portée sur nos tranchées; ils tirèrent une trentaine de coups environ, et ne nous firent aucun mal. »

Dans la matinée, le général Bazaine donna ordre au général Wimpffen de faire avancer le 95ᵉ dans la plaine à la hauteur des travaux d'investissement, de façon à appuyer les gardes de tranchée au besoin, et à être prêt à contenir la garnison, si celle-ci, dans un moment désespéré, au lieu de mettre bas les armes, tentait par un suprême effort de remonter vers Pérékop et de gagner la grande route de Kherson. — Le 95ᵉ avait en outre mission de lancer des détachements à l'assaut, si le fort refusait de se rendre.

LXIII. — A 9 heures 20 minutes, les trois batteries-flottantes, *la Dévastation* (commandant Montaignac de Chauvance), *la Lave* (commandant de Cornulier-Lucinière), *la Tonnante* (commandant Dupré), prennent leur poste sans remorqueur. Par une bonne brise, elles s'avancent rapidement, et la couleur grisâtre dont ces batteries sont revêtues leur donne un aspect terrible et sinistre. — Arrivées à une portée de 900 et de 1200 mètres, elles ouvrent aussitôt leur feu.

Trois quarts d'heure après (9 heures 45), les bombardes françaises et anglaises viennent en ligne, et leur tir, rectifié par les signaux des avisos, ne tarde pas à être admirablement réglé (1). Cinq canonnières fran-

---

(1) *Dépêche de l'amiral Bruat au ministre de la marine.*

« Le succès que les batteries flottantes ont obtenu dans cette journée a répondu aux espérances de l'Empereur. Le rempart qu'elles battaient a présenté très-promptement et sur plusieurs points des brèches praticables.

« J'attribue aux bombardes françaises et anglaises une grande part dans la prompte reddition de la place. Les 5 canonnières françaises, *la Grenade*, *la Flèche*, *la Mitraille*, *la Flamme* et *l'Alarme*, soutenues par 6 canonnières anglaises, ont pris leur poste en même temps que les bombardes. »

çaises, *la Grenade* (commandant Jauréguiberry), *la Flèche* (commandant Morier), *la Mitraille* (commandant Bouchet-Rivière), *la Flamme* (commandant Palasne de Champeaux), et *l'Alarme* (commandant Hulot d'Osery), ont pris leur poste de combat à peu près en même temps, soutenues par les canonnières anglaises; elles ricochent sur les batteries à barbette que combattent les batteries-flottantes.

La forteresse, de son côté, répond énergiquement à notre feu; bientôt une épaisse fumée enveloppe le lieu du combat et dérobe aux regards la pointe de la presqu'île et le fort que nos boulets commencent à ébranler. — Déjà les canonnières des deux nations ont quitté leur première position et se sont portées à la hauteur des batteries-flottantes pour les soutenir plus énergiquement encore. — Le tir de la place semble diminuer de vivacité.

LXIV. — Il est midi; les vaisseaux suivis par les frégates, les corvettes et les avisos ont mis sous vapeur; en tête s'avancent *le Montebello*, qui porte l'amiral Bruat, et *le Royal-Albert*, qui porte l'amiral Lyons. — Les vaisseaux formés sur deux lignes, se sont embossés à 1600 mètres des forts.

Dans le même moment, 6 frégates anglaises conduites par le contre-amiral Stewart, et 3 frégates françaises, *l'Asmodée* (commandant Cosnier), *le Cacique* (commandant Guesnet), *le Sané* (commandant Delapelin), sous les ordres du contre-amiral Pellion, forcent la passe d'Otchakoff, à travers une nuée de projectiles, afin de prendre à revers les forts de Kinburn. Le vaisseau anglais *l'Hannibal* s'est avancé jusqu'au milieu de cette passe.

C'est alors que retentissent de foudroyantes détonations. — Les flancs de tous les vaisseaux embossés beaupré sur poupe, vomissent à la fois un orage de fer ; de tous côtés les forts sont brisés par les boulets, incendiés par les obus ; les flammes dévorent les casernes, ainsi qu'une partie des bâtiments à l'intérieur.

Le salut n'est nulle part, le désastre est partout ; car du côté de terre le général Bazaine ne restait pas inactif. Toutes les dispositions, nous l'avons dit, avaient été prises pour arrêter la garnison, si, abandonnant les forts à l'action de la flotte, elle eût voulu se frayer un passage vers la route de Kherson.

LXV. — En avant de la tranchée d'investissement, sur le littoral de la mer Noire, il y avait sur différents points de grands tas de bois ; d'habiles tireurs, choisis parmi les chasseurs à pied, se glissèrent derrière ces abris, aussitôt que la flotte eut ouvert son feu, et, à 400 mètres de la place, prirent d'écharpe les artilleurs qu'ils frappaient dans leurs embrasures. Sur la gauche, un autre poste de tireurs également d'élite, dont quelques-uns avaient pu avancer jusqu'à 300 mètres de l'ennemi, atteignaient aussi avec une précision de tir très-remarquable les canonniers à leurs pièces ; celles-ci étant à barbette, les chargeurs et les pointeurs étaient obligés de se découvrir. Ces tireurs firent tant de mal à l'ennemi, qu'il dut partager son feu et chercher à écraser nos chasseurs, auxquels il ne put faire grand dommage (1).

LXVI.— Pendant près de cinq heures, la garnison résista avec un grand courage, mais elle devait succomber; depuis longtemps des brèches praticables avaient troué les murailles du fort principal (2).

---

(1) *Rapport du chef de bataillon, de tranchée, Bordaz*, commandant le 14ᵉ bataillon de chasseurs à pied (nommé lieutenant-colonel pendant l'expédition).

« Aussitôt que le feu de la flotte fut ouvert, j'envoyai le capitaine de Courcy avec une vingtaine de ses meilleurs tireurs s'abriter près des piles de bois à brûler, pour faire feu sur les canonniers qui servaient une pièce de gros calibre placée en capitale sur le bastion. Ils ont ouvert leur feu à peu près à 500 mètres et avec succès, car, au bout d'une demi-heure, les canonniers gênés par les tireurs partageaient leur feu; les piles de bois portent de nombreuses traces de boulets et de mitraille.

« A la gauche du fort j'ai envoyé, sous le commandement du lieutenant de Montille, un même nombre de chasseurs conduits par les sergents du tir pour démonter les canonniers de trois pièces. Le tir fut efficace, car on remarqua un ralentissement notable dans le service des pièces; plusieurs de ces tireurs étaient à 300 mètres du fort, et les pièces étant à barbette, obligeaient les chargeurs et les pointeurs à se montrer.

« Tous les tireurs employés à ce service sont d'une adresse remarquable et ont dû faire éprouver de grandes pertes à l'ennemi. »

(2) *Correspondance de l'amiral Bruat avec le ministre de la marine*, 18 octobre 1855.

« Ce fort réduit, les deux autres ouvrages que les Russes avaient construits plus au nord et armés, le premier de 10 bouches à feu, le second de 11, ne pouvaient prolonger qu'inutilement leur résistance. Leur construction, plus moderne et mieux entendue, leur eût permis

La position n'est plus tenable; partout le feu se déclare; une partie de la garnison, sentant toute résistance inutile, se met à couvert dans les fossés extérieurs qui regardent le Liman et la pointe de la presqu'île, pendant que les batteries du fort essayent contre cette tempête de feu un dernier et suprême effort. Le général Bazaine fait alors avancer deux pièces de campagne; masquées par la dernière maison du village, elles envoient à bonne portée des boulets et des obus dans les fossés.

La place ne répondait plus que faiblement au tir redoutable des deux flottes.

« A une heure vingt-cinq minutes (écrit l'amiral Bruat au ministre de la marine), remarquant que le fort de Kinburn ne tirait plus, bien que les ouvrages du nord continuassent à se servir encore de leurs mortiers, l'amiral Lyons et moi, nous avons pensé qu'il convenait de respecter le courage des braves gens que nous combattions; nous avons en conséquence fait le signal de : *cessez le feu*, et nous avons arboré le pavillon parlementaire, en envoyant à terre une embarcation française et une embarcation anglaise (1). »

LXVII. — Les stipulations touchant la reddition de la

---

cependant de soutenir assez longtemps le feu des vaisseaux et des autres bâtiments de l'escadre, mais pris à revers par les frégates et les canonnières qui avaient franchi la passe d'Otchakoff, ils devaient également succomber sous la nombreuse artillerie qui les foudroyait. »

(1) Dépêche en date du 17 octobre 1855.

place avaient été arrêtées d'avance en conseil, et signées par les amiraux et le général Bazaine.

Les honneurs de la guerre devaient être accordés à la garnison, si elle se rendait à la première sommation.

Voici les conditions qui lui étaient imposées :

1° Il est accordé 15 minutes à la garnison pour amener le pavillon russe en signe de reddition de la place.

2° La garnison sera prisonnière, mais elle sortira avec les honneurs de la guerre et déposera ses armes sur les glacis.

3° Les officiers conserveront leurs épées et pourront, ainsi que les soldats, emporter leurs bagages.

4° Les familles des prisonniers seront libres de les suivre ou de se retirer sur le territoire russe.

5° Si, après les 15 minutes, le pavillon du fort n'est pas amené en signe de reddition, les feux de la flotte et les opérations du corps d'armée alliée recommenceront immédiatement.

6° La place devra être remise, avec le matériel qu'elle renferme, dans l'état où il se trouvait au moment de la rencontre des parlementaires.

LXVIII. — Pendant que les canots portant les pavillons parlementaires abordaient devant le fort, le général envoyait par le bord du Liman son aide de camp, le capitaine Tordeux, qui se mit aussitôt en communication avec un officier russe.

La garnison avait été entièrement démoralisée par le

feu redoutable des flottes et par les travaux si rapidement exécutés devant la place, dans la nuit du 16 au 17 ; ces travaux en effet eussent permis d'établir une batterie de brèche, dans la nuit du 17 au 18. — De plus, la passe d'Otchakoff, que les vaisseaux alliés avaient si audacieusement franchie, complétait l'investissement des forts.

« En résumé (écrit l'amiral Bruat dans sa correspondance, en date du 18 octobre), j'attribue le prompt succès que nous avons obtenu, en premier lieu, à l'investissement complet de la place par terre et par mer, en second lieu, au feu des batteries-flottantes qui avaient déjà ouvert dans les remparts plusieurs brèches praticables, et dont le tir, dirigé avec une admirable précision, eût suffi pour renverser de plus solides murailles. » On peut donc tout attendre de l'emploi de ces formidables machines de guerre, quand elles sont conduites au feu par des officiers aussi distingués que ceux auxquels l'Empereur avait confié le commandement de *la Dévastation*, de *la Lave* et de *la Tonnante*. »

LXIX. — Bien que l'impossibilité d'une plus longue résistance fût matériellement démontrée, et que le refus de se rendre n'eût amené que de sinistres et inévitables résultats, les chefs hésitèrent à accepter les conditions offertes, et voulaient s'ensevelir sous les ruines de la forteresse ; mais du côté de terre, bon nombre de soldats de la garnison sortaient déjà par une des portes du fort, hésitant toutefois à se mettre en marche vers le camp des alliés. Ces soldats étaient sans officiers. Le capitaine Tordeux s'avança pour les rassurer et les engager à venir en toute confiance vers nous.

Dans le même moment, un signal du vaisseau-amiral annonçait à l'armée de terre que les conditions de la capitulation étaient acceptées par les Russes, et le commandant Lejeune débarquait à la hâte pour avertir le général Bazaine de cesser les hostilités.

Parmi les soldats qui se dirigeaient vers le camp français, beaucoup jetaient à terre leurs armes et leurs fournimens militaires. Après les compagnies, vinrent les officiers, mais isolément, ou par groupes de quatre ou cinq. Puis arriva le vieux général Kokonowicth; il marchait lentement; son mâle visage, dont les traits étaient profondément altérés, exprimait le plus amer découragement; ses yeux étaient fixés à terre. Lorsqu'il fut devant le général Bazaine, il jeta avec douleur ses armes à ses pieds; le général français reçut dans ses bras le vieux prisonnier, qui avait si énergiquement soutenu, jusqu'à la dernière heure, l'honneur du drapeau russe, et le consola, dans ce moment cruel, par de nobles et touchantes paroles.

Après le général, arriva le chef du génie de la place, énergique soldat, qui jusqu'à la fin s'était opposé à la reddition de la forteresse.

Sur les glacis de la presqu'île, que l'épaisse fumée des canons enveloppait encore, comme un souvenir vivant du combat, c'était une scène empreinte d'un véritable cachet de grandeur.

LXX. — « Au milieu de tout cela (écrit un officier), un spectacle vraiment touchant est venu nous émouvoir. Nous avons vu déboucher du fort une trentaine de soldats avec une partie des officiers de la garnison; par ordre du général, une escorte française les accompagnait; ils portaient des tableaux d'église, des bannières religieuses et des coffres, où sans doute étaient enfermés des ornements et des reliques. Le sentiment religieux dominait tout le monde. Sur le chemin suivi par cette procession, les Russes s'arrêtaient baisant les tableaux du Christ aux plaies des mains et des pieds, et faisant le signe de la croix. Tous ces objets, laissés en leur possession ont été portés par eux à notre camp. »

Les compagnies réorganisées, furent dirigées vers le point de débarquement, et les drapeaux unis de la France et de l'Angleterre flottèrent victorieux sur les remparts ennemis.

Déjà des chirurgiens des deux escadres, envoyés par les amiraux, abordaient la côte et venaient donner leurs soins aux blessés russes.

LXXI. — Il était six heures, lorsque le major de tranchée Troussaint, nommé par le général Bazaine commandant intérimaire du fort de Kinburn, en prit le commandement. — Son premier soin fut de s'assurer que les abords de la forteresse étaient solidement gardés, et d'aviser à la police intérieure; des postes furent placés aux portes et aux poternes, de nombreuses sentinelles empêchèrent toute circulation étrangère au service, et des rondes et des patrouilles furent chargées de veiller à la stricte exécution des consignes. — Mais la tâche la plus importante et la plus difficile était d'arrêter le progrès de l'incendie qui, à chaque instant, favorisé par un vent assez vif, élevait de tous côtés ses gerbes enflammées, et menaçait d'envahir la partie du fort que le feu de la flotte n'avait pas atteint. Dans ce danger imminent pour tous, chacun rivalise de zèle, de courage et de dévouement. Sous la direction du major de tranchée, une brigade de sapeurs du génie, commandée par le lieutenant Serval, fait avec le concours de la garnison la part du feu. — Grâce aux efforts de tous, une poudrière placée sur la droite de la forteresse est isolée du foyer de l'incendie. A l'autre extrémité du fort, les travailleurs parviennent à sauver des flammes un grand magasin de farines.

« Vers onze heures (écrit le major de tranchée dans son rapport au colonel Danner), le commandant Lejeune, aide de camp de M. l'amiral Bruat, arriva, et nous apporta le concours actif de ses 300 marins et de ses pompes. Leur jeu, habilement dirigé, joint au travail opiniâtre des sapeurs du génie, assura définitivement la concentration du feu sur les points qui depuis le matin étaient la proie des flammes. »

Le lendemain de violentes et successives détonations nous annoncèrent que les Russes faisaient sauter toutes les fortifications d'Otchakoff, qui devaient inévitablement tomber en notre pouvoir.

LXXII. — Le maréchal Pélissier, instruit de l'heureuse issue de cette expédition, envoyait au ministre de la guerre la dépêche télégraphique suivante :

« Le 21 octobre, cinq heures du soir.

« 1420 prisonniers, dont le général Kokonowitch et 40 officiers, 174 bouches à feu, des munitions de guerre et autres, l'occupation d'une importante position : tels sont pour les alliés les résultats de cette heureuse entreprise (1).

« Les Russes les ont complétés en faisant sauter, le 18 octobre, les fortifications d'Otchakoff. — Je vous enverrai le drapeau aux armes de Russie qui flottait sur Kinburn. »

« La nouvelle de la prise de Kinburn, (écrivait-il au général Bazaine) a soulevé dans toute l'armée une véritable joie. Je vous félicite cordialement de ce beau succès, et je vous prie de vouloir bien être l'interprète de ma satisfaction auprès des troupes sous vos ordres. »

LXXIII. — L'amiral Bruat, de son côté, faisait lire devant les équipages assemblés l'ordre du jour suivant du maréchal commandant en chef l'armée d'Orient :

« L'armée apprendra avec joie ce nouveau succès. Les drapeaux d l'Angleterre et de la France flottent depuis le 17 octobre sur les murs de Kinburn. — Du côté de la mer, par les escadres des amiraux Bruat et Lyons, et

(1) Les prisonniers russes ont été répartis également entre les deux escadres ; il nous en est échu 698, et parmi eux le général Kokonowitch.

du côté de la terre, par la division anglo-française du général Bazaine, le fort de Kinburn a capitulé après cinq heures de bombardement.

« La journée du 17 octobre, dans laquelle la flotte et l'armée ont été si heureuses d'associer de nouveau leurs efforts pour le même but, ajoute encore à la gloire et à la renommée des armées alliées. »

LXXIV. — Aux félicitations du maréchal se joignent celles du commandant en chef de la flotte à l'escadre placée sous ses ordres :

« La cordiale union des deux escadres alliées, disait-il, la rapidité avec laquelle la marine et l'armée ont appris à combiner leurs efforts, l'habitude qu'elles ont acquise depuis qu'elles ont eu à concourir à un but commun, ont assuré l'heureuse issue de toutes les expéditions qu'elles ont entreprises de concert. — La prise de Kinburn est un lien de plus entre les escadres et les vaillantes troupes qui les ont secondées. — La date du 17 octobre sera consacrée désormais dans la marine française par un double souvenir.

« Il y a un an les flottes alliées bravaient pendant six heures le feu des redoutables batteries de mer de Sébastopol.

« Hier, le fort de Kinburn et les ouvrages élevés pour la défense d'Otchakoff, réduits par l'artillerie qui les foudroyait, acceptaient la capitulation que les amiraux leur faisaient offrir.

« Le feu écrasant des batteries-flottantes et des bombardes a tellement précipité le dénoûment de l'action, que les autres bâtiments de l'escadre n'ont pu prendre à ces glorieux combats toute la part qui leur avait été promise; mais, par la précision des manœuvres, par leur ardeur à se porter au feu, les canonnières, les vaisseaux, les frégates, les corvettes et les navires à vapeur ont montré tout ce que l'on pouvait attendre d'eux, si la lutte se fût prolongée davantage. »

LXXV. — Le 21 octobre, le commandant en chef de l'armée d'Orient écrivait au général Bazaine :

« Je reçois de M. le ministre de la guerre la dépêche télégraphique suivante :

« Pendant que nous sommes à Kinburn, faites exami-
« ner si la presqu'île peut être occupée avantageuse-
« ment par nos troupes, après avoir coupé l'isthme dans
« sa partie la plus étroite, et à une dizaine de lieues de
« Kinburn par un fossé, de manière à avoir un vaste em-
« placement à notre disposition, une grande place d'ar-
« mes d'où l'on pourrait partir plus tard et agir offen-
« sivement. Sommes-nous assurés de pouvoir tenir à
« Kinburn pendant l'hiver ? — La mer y gèle-t-elle ? —
« Entrez dans des détails. Cette dépêche a été lue par
« l'Empereur, et approuvée. »

LXXVI. — Dès que nous fûmes en possession de la forteresse de Kinburn, l'amiral Bruat fit passer à l'est de la flotte toutes les canonnières et chaloupes-canonnières qui faisaient partie de l'expédition.

Le contre-amiral Pellion, sous les ordres duquel furent placés ces bâtiments, les divisa en deux colonnes, et prit lui-même le commandement de celle qui devait remonter le Bug. — S'étant avancé jusqu'à la pointe de Volojsk, l'amiral signala une batterie récemment élevée, armée de 8 pièces ; à mi-hauteur de la falaise une deuxième batterie de 3 pièces tira sur nos bâtiments dès qu'ils furent à portée. — Quelques bordées sans résultat furent échangées, et les canonnières reprirent leur route vers le sud. — Pendant ce temps, la seconde colonne, dirigée par M. de Kersauson, premier aide de camp de l'amiral Pellion, allait reconnaître les bouches du Dniéper.

Cet amiral, forcé de retourner sur la rade de Kinburn, laissa nos bâtiments de flottille sous la direction supérieure de l'amiral anglais Stewart dont les dispositions habilement combinées amenèrent de très-heureux résultats.

LXXVII. — Pendant que les divisions de canonnières gardaient ainsi l'entrée du Bug et du Dniéper, des embarcations fouillaient les canaux que forment, à la hauteur de Stanislaff, des îlots boisés et coupés dans tous les sens par les branches du Dniéper.

Après plusieurs jours de recherches, on captura un immense radeau destiné à l'arsenal de Nicolaïeff (ce radeau avait 854 pieds de long, sur 60 de large et 6 de profondeur). La présence de ce radeau d'une si grande dimension dans les canaux du Dniéper démontrait clairement que c'était principalement par ce fleuve que le port de Nicolaïef recevait ses approvisionnements : aussi, l'occupation de Kinburn, coupant toute communication entre le Bug et le Dniéper, séparait le grand arsenal maritime de la Russie, dans la mer Noire, d'une des routes fluviales qui faisaient son importance (1).

LXXVIII. — De tous côtés, sur les rives des deux fleuves, les reconnaissances signalaient des corps de troupes considérables accompagnés de batteries de campagne.

Dans l'intérieur, le général Bazaine se portait au grand village de Pokrovka, distant d'environ trois lieues, et y établissait son quartier général, dans le but de rayonner et de pousser des reconnaissances en avant jusqu'à Redowska. Sur aucun point l'ennemi ne se présenta : seulement, en rentrant à Kinburn, on aperçut le matin environ 400 chevaux de uhlans, qui, très-probablement, n'étaient que l'avant-garde d'un corps plus considérable en marche sur la presqu'île. Le général Bazaine fit aussitôt faire halte et prit ses dispositions de combat; mais cette cavalerie se maintint à longue distance, montrant une très-grande réserve dans tous ses mouvements.

La prise de Kinburn et l'anéantissement des ouvrages defensifs d'Otchakoff étaient un fait de guerre important qui jeta la consternation parmi les Russes; car ils comprenaient que les alliés y formeraient un établissement

---

(1) Correspondance de l'amiral Bruat avec le ministre de la marine, 27 octobre 1855.

solide, et qu'ils tenaient ainsi en leur pouvoir la clef des embouchures du Bug et du Dniéper.

En effet, l'occupation de Kinburn avait été décidée et une station navale devait y séjourner pendant l'hiver.

Les soldats de terre et les marins de la flotte avaient travaillé avec activité à replacer tous les ouvrages en bon état de défense. — Les revêtements du fort étaient réparés, les parapets consolidés, les pièces remises en batterie; les traces destructives de la journée du 17 avaient disparu.

La forteresse de Kinburn reprenait son aspect vigilant et armé. Une garnison française (le 95ᵉ), sous le commandement du colonel Danner, l'occupait avec une compagnie de pontonniers et une section du génie; — nos alliés étaient établis dans les ouvrages de la pointe.

LXXIX. — L'amiral Bruat écrivait au ministre de la marine, en date du 28 octobre 1855 :

« Je débarque, pour compléter l'armement, 6 pièces de 50 et 6 de 30. Un ouvrage avancé renfermera le faubourg dans la défense, sous la protection du canon de la place. Outre la garnison, il restera à Kinburn, sous les ordres du commandant Pâris, 1500 marins embarqués sur trois batteries flottantes, 4 canonnières, 2 chaloupes-canonnières et 1 corvette de charge, sans compter une division anglaise de 5 frégates à vapeur et 1 frégate française qui ne s'éloigneront qu'à l'approche des glaces. 2 avisos à vapeur mouillés à l'ouest de la flèche établiront la communication avec Varna, Kamiesh et Constantinople. Les vivres de cette division vont être assurés jusqu'au 15 mars (1). »

Telles étaient les dispositions prises pour notre établissement dans la presqu'île de Kinburn qui devenait entre nos mains (pour nous servir de l'expression du maréchal Pélissier dans son ordre du jour) une menace importante contre Nicolaïef et Kherson.

CHAPITRE IV

LXXX. — L'hiver est venu, et les généraux commandant en chef, ont arrêté en conseil que les opérations actives seront suspendues jusqu'au retour de la bonne saison. Aussi l'amiral Bruat reçoit-il l'ordre de rentrer à Kamiesh pour y prendre la garde impériale et la ramener en France.

Le contre-amiral Pellion sera chargé du commande-

---

(1) *Correspondance de l'amiral avec le ministre*, 22 octobre 1855.

« Il m'a paru indispensable de réunir tous les bâtiments français sous un commandement supérieur. L'occupation de Kinburn pendant l'hiver ne doit point présenter de difficultés dont une volonté ferme et une activité industrieuse ne puisse triompher ; mais il importe de confier ce soin de surmonter les embarras à un homme pénétré de l'importance du but, et qui sache répandre autour de lui la confiance dont il sera lui-même animé.

« J'ai fait choix, pour occuper cette position, d'un officier qui ne trompera pas mes espérances. J'ai nommé le capitaine de vaisseau Pâris, commandant supérieur de la marine à Kinburn et commandant de la division destinée à concourir à la défense de cette place. »

ment provisoire de la portion de l'escadre destinée à rester dans la mer Noire.

L'amiral Bruat termina aussitôt d'une manière complète les différents détails de l'établissement de Kinburn, et le 1ᵉʳ novembre, à 6 heures du matin, il signalait d'appareiller, aux vaisseaux qui devaient partir avec lui.

A 8 heures, la route est donnée à l'escadre. *Le Dauphin* prend les devants et sonde les fonds. — L'amiral a arboré son pavillon sur *le Montébello*.

A midi l'escadre est en vue d'Odessa, et bientôt elle a dépassé ce port, après l'avoir fait soigneusement observer par ses vigies. Le 3 novembre, à 9 heures et demie du matin, l'amiral était de retour à Kamiesh, et le débarquement du corps expéditionnaire commençait à midi.

LXXXI. — Les préparatifs de l'embarquement des troupes de la garde impériale se font avec activité.

Le 6, la première brigade (général Cler) s'embarquait sur *le Montébello, le Friedland, l'Alger, le Fleurus, le Magellan, l'Albatros, le Roland* et *le Primauguet*. — Le lendemain, la 2ᵉ brigade prenait passage avec l'artillerie et le génie sur *l'Ulm, le Saint-Louis, le Jean-Bart, le Cacique* et *l'Asmodée*.

Le 7 est le jour fixé pour le départ.

Chacun veut faire ses adieux au digne amiral qui toujours en tout lieu, en toutes circonstances, a porté si haut le pavillon national.

De toutes parts le canon retentit, saluts militaires faits au commandant en chef de la flotte, et que rend *le Montébello*.

Il est une heure 47 minutes, quand le vaisseau amiral lève l'ancre. — *Le Napoléon*, qui porte le pavillon du contre-amiral Pellion, a tous les hommes de son équipage montés dans les vergues ; et au milieu de leurs acclamations enthousiastes se mêlent les cris de : *Vive l'Empereur !* pour que le digne amiral rapporte en France, comme un écho lointain, la pensée et les vœux des combattants de Crimée.

Partout sur le passage du *Montébello*, les équipages des vaisseaux anglais et français étagés dans les mâtures agitent leurs bras avec des cris et des hurrahs répétés. — Le commandant et les officiers du bord se tiennent sur la dunette de ces bâtiments, et tous saluent une dernière fois ce chef illustre qui a su conquérir, à un si haut degré, l'estime et l'entier dévouement de chacun.

Lorsque *le Montébello* est arrivé près du vaisseau amiral anglais il s'arrête, et l'amiral Bruat se rend à bord du *Britannia* pour faire ses adieux à son collègue de la flotte britannique avec lequel il n'a cessé d'être un seul instant du plus parfait accord, et pour lequel il professe la plus haute estime et la plus sympathique affection.

LXXXII. — A la nuit seulement, *le Montébello* fit route pour le Bosphore. — Sur tous les bâtiments les feux sont allumés, et, une fois encore, les acclamations saluent le vaisseau amiral qui, bientôt, n'est plus qu'un point lumineux, disparaissant peu à peu au milieu des ténèbres de la nuit.

L'expédition de Crimée est terminée.

Bientôt un armistice va faire rentrer les armes au fourreau; de cet armistice la paix sortira, et les armées ennemies fraterniseront sur les ruines de Sébastopol.

Suivons donc *le Montébello* qui ne doit, hélas! rapporter en France que le corps inanimé du commandant en chef de la flotte. — Il semblait que la mort, pour saisir sa proie, eût attendu la fin de cette glorieuse campagne.

LXXXIII. — Déjà, depuis longtemps, la santé de l'amiral Bruat inspirait les plus vives inquiétudes à ceux qui l'approchaient journellement. Mais, esclave jusqu'au dernier jour de son devoir et des fatigues auxquelles l'assujettissait l'important commandement dont l'avait investi la confiance du souverain, il ne pouvait se résigner à voir son ardeur trahie par ses forces. Chaque fois qu'un retour de la maladie qui le minait devenait un obstacle à cette activité incessante qui était sa vie, il avait recours à des moyens énergiques qui ne lui rendaient, hélas! que des forces factices dont il dominait par sa seule volonté l'épuisement trop rapide.

Étrange rapprochement avec la fin si désolée du maréchal de Saint-Arnaud qui sentait la mort s'emparer de lui, alors que son armée avait encore à combattre.

La lutte de l'amiral Bruat fut plus calme, plus intérieure, si on peut le dire, plus dissimulée, car le mal avait des atteintes moins violentes et moins douloureuses : le mourant marchait pied à pied avec cet ennemi mortel qui ne le quittait pas, et cherchait à tromper ceux qui l'entouraient par une gaieté sous laquelle il cachait ses souffrances.

Mais, à son insu, depuis l'expédition de Kertch même, il ne cessa de s'affaiblir, et le changement de sa physionomie devint frappant pour le petit nombre de personnes composant sa famille militaire, qui le voyaient chaque jour.

LXXXIV. — Le 10 novembre, *le Montébello* descendait le Bosphore et mouillait à 2 heures devant le palais de Tchéragan.

Le 13 novembre est le jour fixé par le Sultan pour recevoir en audience solennelle l'amiral, son état-major et les commandants des bâtiments.

Dans la matinée, l'amiral entouré de tous ses officiers aborde devant le palais.

Introduit avec le cérémonial d'usage, il fut reçu par Sa Majesté Impériale avec une distinction toute particulière. — Le sultan, auquel Fuad-Pacha, ministre des affaires étrangères, servait d'interprète, remercia en termes chaleureux l'amiral Bruat de ses services et de la part glorieuse qu'il avait prise à la défense de l'empire ottoman. Les paroles du Souverain étaient empreintes de ces sentiments de noble gratitude qui honorent, si haut qu'ils soient placés, la bouche qui les prononce et le cœur qui les dicte.

Quoique la santé de l'amiral pendant son séjour à Constantinople fût meilleure qu'elle ne l'avait été depuis longtemps, il refusa toutes les fêtes qui lui furent offertes, et employa les quelques jours qui lui restaient avant son départ, à parcourir à cheval les quartiers musulmans et les édifices impériaux. — Partout il était l'objet d'une respectueuse sympathie, dont il était à la fois heureux et fier.

Le vapeur *le Roland* désigné pour indiquer l'entrée des Dardanelles, descend le Bosphore le 14 novembre et se rend à son poste.

C'est le 15 que l'escadre doit partir pour la France, ramenant 11 562 hommes de la garde impériale.

Dès le 15 au matin, *le Montebello* a fait ses préparatifs d'appareillage; à midi, il se met en route. — A la nuit, la terre de Marmara est en vue.

La sortie de l'Archipel avec une escadre exigeait une grande surveillance, et l'amiral ne voulait se reposer sur personne du soin de l'exercer.

Déjà les nuits étaient froides et humides; en vain les officiers qui l'entouraient lui conseillèrent de ne pas s'exposer à ce froid et à cette humidité, il passa près de deux heures sur le pont, observant avec soin le mouillage de tous ses bâtiments, et donnant lui-même les ordres nécessaires.

Le 16 à midi, l'escadre sort des Dardanelles et gouverne pour passer entre Ténédos et la terre. *Le Pri-*

mauguet se tient par le travers du vaisseau amiral pour répéter les signaux. — Bientôt la passe de Ténédos est franchie.

LXXV. — L'amiral n'a pas cessé un instant de dicter des ordres et de s'occuper dans les plus minutieux détails du mouvement des navires qui l'entourent; mais son activité incessante, multipliée, a quelque chose de fébrile et d'étrange. — Chacun le remarque, et personne n'ose encore chercher à s'en rendre compte. Sans se la communiquer, tous ont la même impression, et il semble à chacun qu'elle cache un douloureux mystère, dont la solution n'appartient qu'à Dieu seul.

Mais l'amiral a été bien des fois dans un état semblable! Depuis longtemps, il est habitué à lutter contre la souffrance; souvent son front a pâli sans que ses forces aient failli, et souvent déjà le mal s'est éloigné vaincu devant cette énergie morale qui ne se dément pas un instant! — Cependant son chef d'état-major sent un sinistre pressentiment s'emparer de lui.

LXXXVI. — Le 18 au soir, on venait de doubler le cap Matapan. La mer large et libre était devant l'escadre. — Toutes les difficultés de navigation avaient disparu. L'amiral cependant s'aperçoit que la route qu'il a signalée le matin n'est pas la meilleure, et veut aussitôt la rectifier. — L'obscurité ne permet déjà plus de communiquer par signaux, et *le Brandon* est chargé de parcourir la ligne pour faire connaître à chaque bâtiment le changement de route. — L'amiral est inquiet, préoccupé; à cette activité fiévreuse a succédé une agitation qui se décèle dans chacun de ses mouvements, et dont le timbre de sa voix sec et saccadé porte, pour ainsi dire, l'empreinte. Il quitte sa chambre et va dans sa galerie jeter un dernier coup d'œil à l'escadre, voulant encore s'assurer par lui-même que tous les navires font bonne route.

Tout à coup il ressent l'atteinte d'un mal soudain, indescriptible, qui lui tord affreusement les entrailles; il laisse échapper un faible cri, chancelle, s'appuie à sa galerie, et, pâle, écrasé par les souffrances qu'il endure, il regagne sa chambre avec peine, en s'appuyant aux murailles du navire. — Le médecin est aussitôt appelé; le commandant Jurien accourt plein d'anxiété; mais l'amiral, avec cette aménité qui était dans son caractère, lui tendit la main et le rassura en lui disant : « Je vais beaucoup mieux; mais un instant, j'ai cru que j'allais mourir. »

Cependant ce calme apparent n'a pas trompé l'œil exercé du docteur Marroin, qui depuis longtemps n'a pas quitté l'amiral; il exige que celui-ci prenne un repos absolu, et remette à son chef d'état-major le soin entier et exclusif de la navigation de l'escadre.

LXXXVII. — Quand la maladie nous frappe mortellement combien elle marche à pas rapides ! — c'est une atteinte violente du choléra qui a subitement altéré les principes de la vie dans cette organisation déjà si épuisée. — A voir ce visage subitement décomposé, ces yeux dont le regard a quelque chose du froid de la mort, qui dirait que tout à l'heure encore la vie et le mouvement animaient ce corps maintenant abattu et sans forces?

Le docteur ne cache pas ses sérieuses inquiétudes au commandant Jurien; cependant il espère, car la forte constitution de l'amiral l'a habitué à des miracles. — Il recommande le plus grand silence autour de lui; un sommeil réparateur viendra peut-être arrêter la gravité de la crise.

Cette triste nouvelle se répand bientôt parmi les matelots dont le digne amiral était l'idole; la tristesse est peinte sur tous les visages, et on entend à chaque instant sur le pont cette question passer à demi-voix de bouche en bouche : « Comment va l'amiral. »

LXXXVIII. — Pendant la nuit, le mal s'est encore aggravé. L'amiral ne peut rester couché; ses douleurs sont atroces. — Soutenu par deux de ses canotiers qui lui étaient si dévoués, il essaye en vain de faire quelques pas dans sa chambre. — Triste et douloureux spectacle! — Mais la marche ne soulage pas le malade, et bientôt il est forcé de se recoucher; cependant sa physionomie a une sérénité qui fait mal.

Quelle cruelle souffrance pour un homme de guerre arrivé à l'apogée de sa carrière par une longue suite d'éclatants services, de se voir ainsi arraché à la vie, lorsqu'elle apparaissait avec son couronnement de gloire et d'insignes honneurs ! — Quelle force il faut que le chrétien puise dans sa foi religieuse, pour ne pas sentir ses derniers moments empoisonnés par la plus poignante amertume !

La mort marche à pas précipités. Le visage de l'amiral Bruat a déjà cette expression sinistre à laquelle l'épidémie du choléra avait appris chacun à reconnaître l'approche certaine d'un danger imminent. Les yeux bleuissaient, et pour ainsi dire de minute en minute, les joues se creusaient davantage. A peine si le mourant laissait échapper quelques plaintes que son énergie cherchait aussitôt à étouffer.

LXXXIX. — C'est un triste récit que nous avons entrepris, mais il nous a semblé que, dans ce livre consacré à la marine, c'était rendre un dernier devoir et un dernier hommage au marin éminent dont la France a pleuré la perte.

Le 19 à midi, toute illusion était impossible à conserver. L'aumônier du *Montébello*, l'abbé Bellé, était près de l'amiral et lui parlait de Dieu. Le mourant le remercia du regard, et, ne pouvant plus prononcer une parole, penchait vers le prêtre son visage pâle et décomposé.

Ce fut une scène touchante et solennelle.

A cette heure de la mort, toute la famille militaire de l'amiral avait silencieusement pénétré dans sa chambre et s'était agenouillée autour du lit (1). — La mer était calme ; à peine si ses flots imprimaient quelques mouvements à ce puissant navire. — Aucun bruit ne venait du dehors ; on entendait seulement la voix grave et lente du ministre de Dieu donner au mourant l'absolution et prononcer les dernières prières pour cette âme chrétienne qui allait remonter au ciel.

Par un singulier prodige, l'amiral sembla un instant se ranimer et revenir à la vie, mais ce fut un de ces éclairs rapides et trompeurs qui presque toujours précèdent les derniers instants.

XC. — A 3 heures, l'amiral Bruat s'éteignit sans douleur apparente.

Son capitaine de pavillon, le commandant Dieudonné, monta quelques instants après sur le pont et fit rassembler l'équipage du *Montébello* auquel il apprit le malheur inattendu qui venait de frapper la France. Tous les matelots, jusqu'au dernier, adoraient l'amiral, type énergique du vrai marin. — A cette nouvelle, ils baissèrent tristement la tête et retournèrent silencieusement à leurs manœuvres.

Pendant ce temps, un signal faisait grouper les bâti-

---

(1) C'étaient le capitaine de vaisseau Jurien de La Gravière, chef d'état-major général ; le sous-chef d'état-major Lejeune ; le capitaine de pavillon Dieudonné ; M. Thomasset, commandant en second ; M. Freycinet, 1er aide de camp ; M. Bruat, 2e aide de camp ; M. Giovannetti, sous-officier d'ordonnance ; M. Boutet, commandant de l'escadre, qui le suivait depuis Taïti ; M. Filleau, son secrétaire, et le patron de l'amiral.

ments de l'escadre autour du vaisseau amiral, et apprenait à la fois à chacun cette mort si soudaine.

Aussitôt, tous les pavillons furent amenés en berne jusqu'au coucher du soleil. — La chambre mortuaire fut convertie en chapelle ardente; l'amiral fut placé sur son lit, recouvert du pavillon national. L'aumônier se mit en prières, et deux canotiers, qui se relayaient d'heure en heure, veillèrent debout près du lit funèbre jusqu'au lendemain.

Au moins l'amiral était mort sur son champ de bataille à lui, sur la mer! — Il était mort sur ce bâtiment qu'il avait conduit au combat, et qui, depuis plus de deux ans, n'avait pas cessé de porter son pavillon de commandement.

Mystérieuse volonté du destin, qui encadrait ainsi cette mémorable expédition entre trois illustres cercueils : — celui du maréchal de Saint-Arnaud, celui du feld-maréchal lord Raglan, celui de l'amiral Bruat, tous trois morts de la même maladie.

XCI. — Un cercueil en cuivre fut construit à bord, et l'on y déposa le lendemain le corps de l'amiral, en présence de tout son état-major. Un cénotaphe érigé dans la chambre même où il avait cessé de vivre, fut recouvert d'un drap mortuaire sur lequel on plaça les insignes de son grade, son épée et ses décorations. Tout autour du cénotaphe des lumières brûlaient, et des matelots, le sabre à la main, veillaient nuit et jour sur les dépouilles mortelles de leur amiral.

Le Montebello continua sa route vers la France.

LXXXII. — Le lendemain, *l'Ulm* quittait l'escadre avec le lieutenant de vaisseau Bruat chargé de porter au ministre de la marine la nouvelle de ce fatal événement.

LXXXIII. — Le chef d'état-major tint à honneur que le vaisseau qui avait toujours porté le pavillon de l'amiral rapportât son corps en France.

Le 31 novembre, *le Montebello* aborda à Toulon avec *le Friedland*, *le Fleurus* et *le Jean-Bart*. Le pavillon-amiral était en berne au grand mât du *Montebello*.

Aussitôt son arrivée en rade, l'escadre entière avait mis aussi, en signe de deuil, ses pavillons en berne; elle les conserva jusqu'à ce que le cercueil de l'amiral eut quitté son vaisseau.

Le lendemain, 1ᵉʳ décembre, le corps, accompagné de tout l'état-major, fut embarqué dans le canot même de l'amiral Bruat, celui avec lequel ce chef intrépide avait fait ses audacieuses reconnaissances sous les forts de Sébastopol. — Remorqué par des embarcations et suivi par tous les canots de l'escadre, il portait à sa poupe le pavillon qui flottait sur *le Montebello* au combat du 17, et qui avait été déchiré par plusieurs boulets.

Le vice-amiral Dubourdieu, préfet maritime à Toulon, entouré des autorités civiles et militaires, reçut solennellement les restes mortels sur le quai de la darse de l'arsenal, et les honneurs dus à la haute dignité d'amiral de France leur furent rendus.

LXXXIV. — Le jour de la cérémonie religieuse, *le Montebello* tira un coup de canon d'heure en heure ; tous les pavillons furent hissés à mi-mât, les bâtiments mirent les vergues en pantenne ; les compagnies de débarquement prirent les armes, et il fut fait trois salves de 17 coups de canon.

Le corps fut ensuite transporté à Marseille sur *le Primauguet*, et se dirigea vers Paris, où le gouvernement français, pour rendre un dernier honneur à l'amiral Bruat, avait voulu se charger des frais de ses funérailles.

Il semblait que ces dépouilles glacées apportassent avec elles les germes de la paix.

Au mois de février 1856, un armistice arrêtait l'effusion du sang et faisait taire, sur le plateau de la Chersonèse, le retentissement du canon.

Après l'armistice vint la paix, franche et loyale réconciliation entre les nations belligérantes, qui terminait cette grande épopée militaire, glorieuse à la fois pour les vainqueurs et pour les vaincus.

Nous complétons les notes biographiques des officiers généraux de la marine qui ont pris part à la guerre d'Orient par celles des deux contre-amiraux Lugeol et Pellion, qui se sont succédé dans le commandement en sous-ordre de l'escadre.

LE CONTRE-AMIRAL LUGEOL.

Il n'est pas donné à tous les marins d'avoir à enregistrer dans leur carrière active des batailles navales. La vie s'écoule dans des voyages lointains, dans des luttes souvent terribles avec les éléments. Celle du contre-amiral Lugeol s'est passée sur la mer. Né à Bordeaux en 1799, il est entré à l'École spéciale de Toulon en 1813. Dès les premières années, le jeune Lugeol montrait un goût prononcé pour les études sérieuses, et une rare aptitude dans les connaissances nautiques. Il comprenait qu'en dehors des soins journaliers auxquels l'astreignaient les devoirs de son service, il pouvait être utile à la marine. Ses travaux consciencieux et approfondis ne furent pas sans résultats. On leur doit un nouveau système d'arrimage fort avantageux pour les bâtiments de guerre.

En 1837, sur les côtes d'Espagne, il commandait *la Volage* comme capitaine de frégate; puis il allait à la Havane, où il restait jusqu'en 1840. Déjà il avait su appeler sur lui l'attention de ses chefs, qui l'avaient plusieurs fois signalé dans leurs rapports au ministre de la marine. Chevalier de la Légion d'honneur en 1830, il était élevé au grade d'officier dans cet ordre en 1840.

Bientôt il part pour la campagne du Texel, parcourt les États-Unis, et navigue sur les côtes du Portugal de 1841 à 1842. Puis on le retrouve au Brésil. Après cette série de longues navigations, il est nommé capitaine de vaisseau en recevant le commandement du *Jupiter*, et fait partie de l'escadre d'évolutions. En 1852, M. Ducos, appréciant les qualités du capitaine de vaisseau Lugeol, le désigna pour prendre le commandement du vaisseau *le Napoléon*, lorsque ce beau navire fut lancé et armé pour la première fois à Toulon. La distinction avec laquelle cet officier supérieur s'acquitta des fonctions qui lui furent confiées, lui valut le grade de contre-amiral, auquel il fut nommé le 2 décembre 1852.

Lorsque la guerre contre la Russie appela nos vaisseaux dans les mers d'Orient, l'amiral Lugeol reçut le commandement en sous-ordre de l'escadre de la Méditerranée, et rendit jusqu'en 1855, dans l'expédition de Crimée, les services que l'on était en droit d'attendre d'un officier actif, intelligent, et dont les longs voyages et les profondes études avaient fait un des navigateurs les plus expérimentés de notre marine.

Au combat du 17 octobre 1854, devant Sébastopol, le contre-amiral Lugeol montait le vaisseau à trois ponts *le Valmy*, qui prit une part brillante à ce périlleux bombardement.

LE CONTRE-AMIRAL ODET-PELLION.

Le contre-amiral Odet-Pellion est un des noms les plus justement estimés de la marine; caractère froid, sérieux, résolu, il a su pendant une vie toujours active, remplir dignement les différentes fonctions auxquelles l'appela la confiance de ses chefs.

Né à Gray le 30 septembre 1796, il entrait en 1812 à l'École spéciale de Toulon, et commençait, en 1817, à bord de *l'Uranie*, un long et pénible voyage de circumnavigation. Ce fut là son apprentissage sur la mer : il dura trois années consécutives. En 1823, le jeune enseigne parcourt l'hémisphère austral et reste dans ces lointains parages jusqu'en 1827, croisant sur toutes les côtes, et apprenant ainsi, dès le début, à vivre de cette vie animée, imprévue, qui constitue la vie du marin. Le cœur et la pensée se forment vite dans ces grandes luttes avec les éléments, aussi Pellion montra de bonne heure ce que l'on devait attendre de lui. A bord du vaisseau *le Triton*, où il exerce les fonctions de commandant en second comme capitaine de frégate, il parcourt pendant deux ans les mers du Levant. Puis il reçoit le commandement du brick *le Cygne*, et navigue dans la Plata.

Bientôt il est nommé capitaine de vaisseau, et sur *l'Océan*, il fait partie de l'escadre d'évolutions. Dans ce nouveau poste, le commandant Pellion montra par son intelligente activité et la lucidité de son jugement, qu'il était un véritable officier de mer. Déjà commandeur dans l'ordre de la Légion d'honneur, il reçoit peu après le commandement supérieur de la station navale des côtes occidentales de l'Amérique, où il reste jusqu'en 1853. C'est pendant le cours de cette station qu'il est appelé au grade de contre-amiral, pleinement justifié par de longs services et par une carrière toujours active. L'année suivante, il exerce les fonctions de préfet maritime à Cherbourg, et reste à ce poste important jusqu'en 1855.

Le ministre de la marine ne pouvait manquer d'utiliser en Orient les services de cet éminent officier général. Il arrive devant Sébastopol, mais quelques jours seulement avant la prise de cette ville, et part bientôt avec l'amiral Bruat pour l'expédition de Kinburn. Le digne amiral savait qu'il pouvait compter sur le contre-amiral Pellion *pour le seconder* ou *pour le remplacer au besoin*, comme il le dit lui-même, aussi lui donne-t-il la mission difficile de forcer, avec les frégates et les corvettes à vapeur, l'entrée du Dniéper, manœuvre hardie qui contribua beaucoup à la reddition du fort de Kinburn. A cette occasion, il fut nommé grand officier de la Légion d'honneur; peu après il était *investi temporairement du commandement en chef de l'escadre* dans la mer Noire, par suite du retour en France de l'amiral Bruat. Le contre-amiral Pellion resta en Crimée jusqu'au jour ou la paix fut signée, et dirigea avec une haute intelligence les opérations multiples du rembarquement des troupes, et de l'évacuation de tout notre matériel de guerre devant Sébastopol.

AMIRAL PARCEVAL-DESCHÊNES

LIVRE III

CAMPAGNES DE LA BALTIQUE

1854-1855

LIVRE III.

CHAPITRE PREMIER.

I. — Dans ce livre où nous avons retracé tous les faits qui concernent la marine française pendant la guerre d'Orient, les deux campagnes maritimes de la Baltique devaient naturellement y prendre leur place. Chacune d'elles, souvenir glorieux, porte le nom d'une victoire :

BOMARSUND, — SWEABORG.

Bien qu'il fût dès l'abord facile de prévoir que la guerre provoquée par les entreprises de la Russie contre l'empire ottoman aurait son principal théâtre, ou sur les rives du Danube ou sur les extrêmes limites de l'Europe et de l'Asie, les puissances alliées ne pouvaient négliger de porter leur sérieuse attention sur les plages de la mer Baltique. Une escadre dirigée de ce côté avait donc pour double objet de diviser par une puissante diversion les forces de l'ennemi et de le menacer au siége même de son empire.

II. — Dès le 25 février 1854, l'Empereur, sur la proposition de M. Ducos, ministre de la marine, approuvait la composition d'une 3ᵉ escadre mise sous le commandement en chef du vice-amiral Parseval-Deschênes (1),

---

(1)   L'AMIRAL PARSEVAL-DESCHÊNES.

L'amiral Parseval-Deschênes est un des noms les plus justement estimés de la marine française. Pendant sa longue carrière, il s'est trouvé mêlé aux drames maritimes qui signalèrent les premières années de ce siècle, et ce fut à l'école des grandes batailles navales, que le jeune marin apprit le difficile métier de la mer.

Né à Paris, en 1790, il entra de bonne heure au service sous le patronage de l'amiral Latouche-Tréville. Embarqué sur *le Bucentaure* en qualité d'enseigne provisoire, il fit partie de l'escadre qui allait combattre l'amiral Nelson, et reçut le baptême du feu à la bataille de Trafalgar. *Le Bucentaure* y soutint une lutte héroïque contre des forces supérieures, et jusqu'à la dernière heure résista glorieusement.

En 1809, il assistait au brillant combat des Sables d'Olonne qui prouva à nos adversaires qu'ils n'étaient pas invincibles. — Nommé enseigne de vaisseau en 1810, il s'embarquait sur l'escadre de l'Escaut commandée par le vice-amiral Missieny, et continuait pendant les années suivantes un service très-actif au milieu des commotions politiques qui ébranlèrent la France.

Peu après il reçut le commandement de la Guyane française, poste difficile, où il montra les précieuses qualités qui devaient, plus tard, l'élever aux plus hautes dignités. La confiance du ministre l'appela bientôt à d'autres missions importantes sur les côtes du Brésil, dans l'Amazone, aux Antilles, à la Guyane hollandaise, où il fit naufrage et n'échappa à la mort qu'après avoir couru les plus grands dangers.

Lieutenant de vaisseau, il assistait en 1824 au siége de Barcelone; il s'y distingua brillamment par son audacieuse intrépidité et obtint, sur la proposition de l'amiral Rosamel, la décoration de l'ordre de la Légion d'honneur.

Comme capitaine de frégate, il faisait partie de l'escadre que la France envoyait en 1830 contre le dey d'Alger. Commandant *l'Euryale*, il appela de nouveau sur lui l'attention de ses chefs.

En 1833, continuant ses services en Afrique, le commandant Parseval assistait au siége de Bougie. Monté sur la frégate *la Victoire*, et chargé avec les autres bâtiments formant la division navale, de protéger le débarquement des troupes sous le commandement du général Trézel, il ouvrit le premier le feu contre la place, qui fut bientôt enqui comptait dans la marine de longs et beaux services.

L'amiral se rendit aussitôt à Brest pour activer l'ar-

levée par nos marins et nos soldats. Cité avec honneur en cette occasion, il obtint le grade de capitaine de vaisseau.

Peu de temps après, il faisait partie de l'expédition dirigée contre la république argentine pour obtenir satisfaction du président Rosas qui fut obligé de s'humilier devant la puissance qu'il bravait depuis si longtemps.

En 1836 eut lieu l'expédition contre le Mexique, sous le commandement en chef de l'amiral Baudin. Dans cette nouvelle campagne, le capitaine de vaisseau Parseval trouva encore l'occasion de se distinguer. — Commandant de *l'Iphigénie*, frégate de 60 canons, il prit part à l'attaque de la forteresse d'Ulloa. — Dans le débarquement devant Vera-Cruz, il marcha à la tête d'une des colonnes d'assaut contre le fort de Saint-Iago, et s'empara d'un bastion armé de 8 bouches à feu. Le commandant de *l'Iphigénie* avait partout fait preuve du plus brillant courage, et l'amiral Baudin le cita en première ligne comme un des officiers *auxquels il devait des remerciments pour le dévouement cordial qu'il avait trouvé en eux, leurs habiles et énergiques dispositions, et l'excellent esprit qu'ils avaient su inspirer à leurs équipages.* Tels sont les termes de ce rapport.

Nommé contre-amiral en 1840, il remplissait les fonctions de préfet maritime à Cherbourg en 1841, et recevait en 1844 le grade de grand officier de l'ordre de la Légion d'honneur.

Enfin, en 1846, il était élevé au grade de vice-amiral.

Membre de la commission mixte des travaux publics, il fut appelé à la préfecture maritime de Toulon en 1847, et, en 1848, il reçut la mission d'inspecter les équipages de ligne pour les ports de Cherbourg, Brest et Lorient.

Il faisait partie du conseil de l'amirauté depuis 1851, lorsqu'il fut appelé au commandement de l'escadre française destinée à agir de concert avec l'escadre anglaise contre les forces russes dans la Baltique.

La confiance de l'Empereur ne pouvait s'adresser à un marin plus éprouvé, l'amiral Parseval-Deschênes devait rester à la hauteur de la tâche qui lui était imposée, et des souvenirs d'une carrière toujours vouée au service de son pays.

Bientôt la haute dignité de grand'croix de la Légion d'honneur, puis celle d'amiral, prouvait au vice-amiral Parseval, qu'en France, les vrais services et les nobles caractères sont dignement récompensés.

mement des vaisseaux placés sous son commandement.

Le 1ᵉʳ avril, il arbora son pavillon sur le vaisseau *l'Inflexible* au bruit de l'artillerie qui saluait de ses canons l'arrivée à bord du commandant en chef de l'escadre.

Le Tage, *le Jemmapes*, *le Breslaw*, et la frégate *la Poursuivante* étaient en rade. Tous les équipages de ces bâtiments, montés sur les vergues et dans les haubans, firent retentir à trois fois les cris de : vive l'Empereur !

La foule accourue pour assister à ce spectacle joignit ses acclamations à celles de ces braves marins qui allaient bientôt glorieusement montrer le pavillon national dans les mers ennemies.

La nouvelle escadre chargée d'opérer dans la Baltique était composée de bâtiments à voiles armés dans tous les ports de France et qui devaient rallier Brest successivement. Ces navires rapidement organisés avaient néanmoins de bons équipages, pris généralement parmi les hommes de seconde levée ; aussi, ne tardèrent-ils pas, sous l'habile et ferme direction du vice-amiral Parseval, à acquérir cette unité d'ensemble, force première de toute escadre, élément indispensable dans lequel elle puise sa véritable valeur militaire et le gage assuré du succès.

III. — Le jour même où il avait arboré son pavillon, l'amiral commandant en chef visita tous ses vaisseaux avec le soin d'un chef expérimenté; chacun des officiers sous ses ordres avait rivalisé d'ardeur pour mettre les bâtiments armés au complet en état de prendre immédiatement la mer.

Depuis le commandant de chaque navire, jusqu'au dernier matelot tous brûlaient du désir impatient de rejoindre l'escadre anglaise; mais celle-ci presque toute à vapeur, n'avait pas à se prémunir contre les dangers inséparables d'une navigation entreprise dans une saison encore mauvaise.

L'amiral Parseval mettait utilement à profit le temps qu'il lui fallait forcément passer à attendre, soit l'achèvement de travaux indispensables, soit les différents navires partis des ports maritimes de Toulon, de Lorient ou de Rochefort et que les vents contraires retardaient dans leur marche. — Les matelots s'exerçaient journellement aux manœuvres de voiles et à l'exercice du tir.

IV. — *Le Duguesclin* est arrivé le premier et reçoit immédiatement à son bord le contre-amiral Pénaud, commandant en second de l'escadre, un des officiers généraux de la marine les plus distingués et qu'accompagnait à Brest une vieille réputation de courage, d'énergie et d'activité.

Bientôt les autres bâtiments arrivent à leur tour. Ce sont *le Duperré*, *l'Hercule*, les frégates *la Sémillante*, *la Virginie*, et *l'Andromaque*. Quelque activité que purent mettre ces bâtiments, ils ne pouvaient être prêts à partir avec le gros de l'escadre, et l'amiral commandant en chef se décida à mettre à la voile le 20 avril, en leur laissant l'ordre de le rejoindre sur la rade des Dunes d'abord, et, en cas de départ, à Kiel, en passant par le grand Belt.

Six compagnies d'infanterie de marine et deux batteries d'artilllerie de la marine sont embarquées sur les vaisseaux, sous le commandement du colonel Fiéron.

V. — Le 20, à six heures du matin, le vaisseau-amiral *l'Inflexible*, commandant Pironneau, lève l'ancre et signale l'ordre de départ aux vaisseaux *le Tage*, commandant Fabvre, *le Breslaw*, commandant Bosse, *le Jemmapes*, commandant Robin du Parc, les frégates *la Poursuivante*, commandant Preudhomme de Borre, *la Virginie*, commandant Séré de Rivières, et *le Darien*, commandant Didelot.

Les instructions que l'amiral Parseval avait reçues étaient :

1° D'établir un blocus rigoureux dans le golfe de Finlande et dans la mer Baltique; d'empêcher la flotte russe de rallier ses éléments épars dans les différents ports de l'empire et de chercher à la combattre; d'intercepter tous les secours du continent aux îles d'Aland, d'explorer et de sonder les abords de ces îles;

2° De s'assurer de la force militaire de Cronstadt, de Sweaborg, de Revel, d'Hango, et de Bomarsund; de juger s'il pourrait être tenté une opération sérieuse sur ces places fortes; d'étudier de concert avec l'escadre anglaise les moyens de frapper un coup dont le retentissement se fît sentir au cœur de la capitale ennemie ;

3° D'atteindre la Russie dans sa flotte ; de détruire ses forts, d'intercepter ses convois ; mais de s'abstenir autant que possible d'attaquer les villes ouvertes, les places sans défense. Enfin d'épargner aux propriétés privées tout dommage qui n'aurait pas pour objet direct de réduire les ressources navales et militaires de l'ennemi, et de respecter partout les devoirs sacrés de l'humanité.

Tel était le résumé des volontés de l'Empereur.

VI. — Le même jour, le contre-amiral Pénaud avait rallié l'escadre avec *le Duguesclin*.

Mais nos vaisseaux devaient rencontrer dès leur départ les difficultés et les obstacles sans nombre de navigation, compagnons inséparables des bâtiments à voiles.

Pendant cinquante-trois jours, l'escadre de la Baltique, relâchant de port en port, fut contrainte à s'arrêter, à attendre, et vit son impatience maîtrisée par la force indomptable des vents contraires.

Le vaisseau à vapeur *l'Austerlitz*, commandé par le capitaine de vaisseau Laurencin, avait rejoint dès son départ l'escadre anglaise, avant qu'elle n'eût franchi les Belts, et s'était rangé sous le commandement de l'amiral Napier, pour que les mers ennemies vissent flotter ensemble les pavillons réunis des nations alliées.

Comment l'escadre de la Baltique avait-elle mis si

longtemps à atteindre le mouillage où les deux flottes devaient se réunir? — Il n'est point sans intérêt de suivre l'amiral Parseval et de l'accompagner jusqu'à Barosund.

VII. — Les vents, d'abord favorables au départ, tombèrent tout aussitôt, et après avoir amené le calme, devinrent parfois ensuite très-violents. Pendant quelques jours, l'escadre louvoya entre les côtes de France et les côtes d'Angleterre, marchant peu, et fort heureuse de ne pas être rejetée en arrière par la grosse mer et les courants.

Le 27, elle mouillait enfin dans la rade des Dunes, n'ayant, par suite de ce coup de vent, aucune avarie à constater.

Sur cette rade se trouvait le vaisseau à trois ponts anglais *le Saint-Georges*, et le vaisseau à deux ponts à hélice *le Majestic*, de la même nation, en partance pour la Baltique.

Presque aussitôt arrivèrent l'aviso français *le Lucifer*, qui, avec *le Darien*, devait composer, pour quelque temps encore, les seules ressources à vapeur de notre escadre.

La Baltique pour nos marins était l'inconnu(1); ils

(1) Il n'est pas sans intérêt, pour suivre facilement notre escadre sur ces eaux qu'elle va bientôt sillonner dans toutes les directions, de jeter un coup d'œil rapide sur les contours qui les bordent.

Quand on quitte la mer du nord pour pénétrer dans la mer Baltique, on rencontre d'abord un vaste détroit, le Skagerack, qui court du sud-ouest au nord-est, entre la côte méridionale de la Norvége et la côte orientale du Jutland, sur une longueur d'environ 150 mètres.

n'avaient, pour les guider sur cette mer pleine de difficultés sans cesse renaissantes, hérissée d'écueils cachés

Au Skagerack succède le Cattegat, autre détroit d'une longueur à peu près égale, qui suit, du nord au sud, les côtes de la Suède à l'est, et du Jutland à l'ouest. Deux îles considérables, celle de Zélande à l'orient et celle de Fionie à l'occident, sans compter une multitude de petites îles moins importantes, et qui toutes, comme les deux premières, appartiennent au Danemark, ferment ce détroit à son extrémité méridionale et le séparent de la mer Baltique. Trois passages formés par ces deux îles et par les continents voisins, établissent la communication entre le Cattegat et la mer Baltique. A l'est, entre la Zélande et la Suède, est *le Sund*, le plus considérable d'entre eux, très-rarement fermé par les glaces, et seulement dans les hivers les plus rigoureux; c'est sur ce détroit que sont bâtis Elseneur ou Helsingœr, et Copenhague. Le canal du milieu, qui coule entre les deux îles est le *Grand-Belt*. Le *Petit-Belt*, le plus resserré des trois, se fraye un passage entre l'île de Fionie et le Sleswig. Au fond de la vaste baie qui s'étend à l'embouchure de ces deux derniers détroits on rencontre Kiel, ville du Holstein, que nous aurons plus d'une fois l'occasion de nommer. C'est seulement après avoir franchi l'une de ces trois passes dangereuses, parsemées d'îles et d'écueils, qu'on arrive dans la mer Baltique. Celle-ci d'abord se dirige vers le sud-est, le long des côtes de la Suède et de la Poméranie, puis, à partir de Carlskrona, en Suède, et du golfe de Dantzig, en Prusse, elle s'infléchit et court du sud au nord. La Suède la borde toujours à l'ouest, mais c'est la Russie désormais qui forme sa limite orientale. Après avoir rempli de ses eaux le golfe Riga ou de Livonie, et avoir dépassé les îles d'Ösel et de Dago, elle se partage en deux branches, dont l'une poursuit sa route au nord, (le golfe de Bothnie) long de 400 milles et dont l'entrée se détourne à l'est, (le golfe de Finlande) sur une largeur de 280 milles. Nous aurons plus d'une fois à parler de ces deux golfes devenus célèbres. Ajoutons seulement, pour préciser les idées, que de Copenhague à Saint-Pétersbourg on compte 800 milles, et que 900 milles séparent Stettin de l'embouchure de Tornéa, au fond du golfe de Bothnie. En remontant la mer Baltique vers le nord, presque au fond de ce golfe, on ne rencontre plus à sa droite que des terres nues, d'abord la Courlande, puis la Livonie et l'Esthonie. Enfin la Finlande elle-même, dont la côte méridionale se baigne dans le golfe qui porte son nom, et dont la côte occidentale borne le golfe de Bothnie.

et dont les dangers se multipliaient à tout instant sous les pas des navigateurs, aucun document digne de quelque confiance ; aussi l'amiral avait-il reçu l'ordre de se rendre à Deal pour y prendre des pilotes pratiques de la Baltique.

Malheureusement, ces pilotes appartenaient à la marine marchande de l'Angleterre, et bien qu'ayant souvent navigué sur la Baltique, ils n'apportaient que des observations superficielles et une connaissance de cette mer peut-être fort inexacte ; les uns l'avaient parcourue sur des bâtiments à vapeur, d'autres s'étaient servis eux-mêmes de pilotes pour se diriger. A l'exception d'un fort petit nombre, on ne pouvait donc avoir pleine confiance en eux. Toutefois, dans la pénurie où l'on était de navigateurs connaissant ces parages, il n'était pas sans importance d'utiliser leur concours et leur bon vouloir. — L'escadre anglaise en avait pris deux par bâtiments ; l'escadre française allait en prendre le même nombre.

VIII. — Aussitôt l'arrivée de l'amiral Parseval, en rade des Dunes, le capitaine Washington fut envoyé par l'amirauté anglaise, avec un empressement digne de la courtoisie de nos alliés, pour mettre ces pilotes à la disposition de la France.

Les vents continuaient à souffler avec une violence extrême, et non-seulement ne permettaient à aucun bâtiment de quitter le mouillage, mais interrompaient souvent les communications avec la terre. — En vain *le*

Majestic crut pouvoir tenter, grâce à la puissance de sa machine, de prendre la mer, il ne put tenir contre la tourmente et rentra en rade le lendemain.

Le 3 mai, on put faire route pour le cap Skagen (1); les calmes vinrent de nouveau contrarier la marche, et, le 8 mai, l'escadre mouillait devant la petite ville de Frédérikshavn, près du cap Skagen.

Mais là, comme partout, les vents opposés apportèrent des obstacles insurmontables. — A ce mouillage, le vapeur anglais *le Bull-Dog*, après avoir remorqué *le Saint-Georges*, vint, sur l'ordre de l'amiral Napier, se mettre à la disposition de l'escadre française.

IX. — Bientôt nos navires allaient s'engager dans un des passages qui du cap Skagen conduisent dans la mer Baltique; ces passages étroits sont parsemés de basfonds et fermés par des terres peu élevées, dont l'aspect uniforme et sombre n'offre aucune saillie indicatrice. — Les tours et les balises qui facilitaient, en temps de paix, la navigation de ces parages, n'avaient pu cependant empêcher de fréquents désastres. Les courants venus de la Baltique dans la mer du Nord, par suite de la grande masse d'eau que les fleuves y déversent, bouillonnent resserrés dans ces passes et pren-

---

(1) L'escadre alors était ainsi composée :

L'inflexible, *le Tage*, *l'Hercule*, *le Duguesclin*, *le Jemmapes*, les frégates *la Zénobie*, *la Poursuivante*, *la Virginie*, *le Darien*, suivis de près par *le Breslaw*, *le Trident*, *l'Andromaque*, *le Lucifer* et le vapeur *le Souffleur*.

nent parfois une grande violence. — C'est à travers ces canaux tortueux que l'amiral français allait, sans l'aide de remorqueurs, conduire son escadre.

Le 11 mai il appareille définitivement, après avoir vainement tenté la veille de se mettre en marche.

Dès lors commence une nouvelle succession de calmes et de courants contraires, qui se renouvellent chaque jour avec une cruelle persévérance, comme pour épuiser dans d'inutiles efforts la patience de cette escadre; les commandants se demandent parfois s'ils parviendront enfin à atteindre le but depuis si longtemps désiré (1).

(1) *Journal du bord.*

« 9 *mai*. La brise de sud-ouest, très-faible, force l'escadre à rester au mouillage devant Frédérishavn.

10. La brise ayant un peu fraîchi à 7 heures du matin, l'escadre appareille, mais le vent tombant peu à peu, elle est obligée de jeter l'ancre.

« L'amiral profite de ce calme pour faire un exercice à feu. Un bâtiment de commerce danois, chargé de curieux, vient faire le tour des vaisseaux, et par des hurrahs nous indique les sympathies des populations au milieu desquelles nous allons passer.

« 11. La brise s'étant faite au nord-ouest, l'escadre met sous voile, et se forme sur la ligne de convoi; à 1 heure elle est à un câble dans l'Est du feu de Trindelin; à 5 heures elle double l'île de Lessoë, et se trouve par le travers des trois feux flottants, qui indiquent l'extrémité sud des récifs de cette île.

« 12. Prise par les courants et les calmes, l'escadre ne gouvernant plus, est obligée de mouiller dans le sud de l'île d'Anholt, à petite distance.

« 13. Les vents sont au nord. L'amiral essaye d'appareiller, et est obligé de mouiller peu après. A 7 heures du soir la même tentative est renouvelée sans plus de succès.

« 14. La brise fraîchissant un peu du nord-ouest, la flotte fait route pour le Grand-Belt. Jusqu'à 10 heures du soir, le vent se maintient, puis il tombe tout à fait, ce qui force encore l'amiral à faire le signal de mouiller. Impossible de prévoir l'époque de la jonction des deux escadres. »

X. — Que de cruelles préoccupations dévorèrent les esprits pendant cette lutte stérile! — L'escadre anglaise avait-elle commencé ses opérations? Arriverons-nous trop tard pour prendre part aux combats?

« Il est impossible d'exprimer les angoisses qui nous assiégeaient (écrit un officier supérieur de l'escadre); mais nous étions sans force pour agir; le vent n'était pas pour nous. Nous avions bien, à force de persévérance et de fatigue, atteint le phare de Forness : on apercevait Samsöe dans le lointain; mais là, il fallait contourner des terres. — Le vent le permettrait-il, ou faudrait-il attendre qu'il changeât? »

Si les craintes que ressentaient nos intrépides marins de ne pas partager de glorieux dangers ne devaient point se réaliser, l'escadre toutefois avait encore bien des lenteurs à supporter. — Ce fut le 20 mai seulement, dans la matinée, que les premières voiles débouchant du grand Belt furent signalées à Kiel. L'escadre avait mis neuf jours à franchir ce passage, et pas une minute, pas un souffle de brise n'avaient été perdus.

Le 21, les remorqueurs conduisirent dans le port les navires l'un après l'autre. — A midi, l'escadre, au grand complet, y était mouillée. Cette relâche était absolument nécessaire, car le scorbut et la petite vérole s'étaient déclarés sur plusieurs bâtiments, et il était urgent de remplacer l'eau, de faire des vivres frais et de donner aux équipages maladifs le repos que leur état réclamait.

XI. — A Kiel, l'escadre fut l'objet de touchants témoignages d'estime et de sympathie ; elle mit à la voile seulement le 30, après avoir attendu pendant quelques jours une brise favorable. Les calmes devaient, dès le lendemain de son départ, entraver encore sa marche. — Elle fut obligée de mouiller. — Le premier et le 2 juin, même retard.

Enfin, le 3, les vents permettent de faire route pour l'île de Gottland où l'amiral espère pouvoir se procurer des renseignements précis sur la position de l'escadre auxiliaire. En effet, le 6, après avoir reconnu la veille l'île de Gottland, on apprend que le gros de l'escadre de nos alliés se tient au mouillage de Barosund et que l'amiral Napier est dans le golfe de Finlande.

C'est au milieu de la nuit du 11 juin que l'escadre française pénètre enfin dans ce golfe. Les bâtiments marchaient sur trois longues files, au milieu d'une dangereuse obscurité, précédés par les vapeurs qui dirigeaient leur marche.

XII. — Il était deux heures du matin, lorsqu'on signala la côte. Nos marins, si longtemps retenus par des calmes désespérants ou par des vents contraires, apercevaient les terres de Russie. Chacun était sur le pont, interrogeant du regard les premières clartés du jour naissant ; une légère brise se faisait à peine sentir. — Sur le fond gris du ciel un phare se dessinait ; ses feux étaient éteints, car les Russes connaissant les dangers de navigation le long de cette côte féconde en écueils, avaient depuis la déclaration de la guerre éteint partout les feux et enlevé les balises.

Quand le jour se leva, le ciel était d'une pureté admirable. — Déjà l'on peut distinguer la petite ville de Port-Baltique, groupée autour de son clocher, à l'Est d'une baie et sous l'abri d'un fort. Son port semble entièrement désert, mais bientôt on reconnaît une batterie flottante mouillée en avant sur rade pour en défendre l'approche.

L'escadre avançait toujours.

Dès que les habitants l'aperçurent naviguant ainsi majestueusement sur trois colonnes, une profonde terreur s'empara d'eux, mais ils se rassurèrent bientôt en voyant cette imposante force navale traverser le golfe et continuer sa route. Malheureusement nos vaisseaux n'avaient encore atteint que le milieu du golfe de Finlande, lorsque la brise qui les avait à peine soutenus tomba tout à coup, et le calme, cet ennemi implacable de la navigation à voiles, enchaîna de nouveau leurs mouvements.

XIII. — Chacun aussitôt, pour tromper son impatience, se mit à explorer l'horizon.

« La largeur du golfe, en cet endroit (écrivait un officier de l'escadre), n'atteint pas neuf lieues. On apercevait facilement les deux rives également basses, demi-noyées et bordées de hauts sapins, dont les tiges enlacées plongeaient leur ombre dans la transparence de l'eau et prenaient à cette distance une proportion gigantesque.

Pas un souffle, pas une voile ne troublait au loin la surface du golfe qui semblait dormir. Aussi le soir on put distinguer dans le sud, malgré les roches du rivage, les blanches maisons et les tours de Revel que frappait d'un dernier éclat le soleil couchant. — La nuit, la première qu'on passait au milieu des forts russes, fut admirable. »

Le lendemain, l'escadre met sous voiles et cherche à s'élever dans le vent qui vient du nord, lorsque tout à coup les vigies signalent de forts navires à vapeur faisant route sur nous.

Peu d'instants après, l'horizon tout entier sembla couvert de vaisseaux ; la brume qui se levait montrait au nord le mouillage de l'escadre anglaise, et au-dessus des îlots une forêt de mâts que la mer balançait doucement sur ses flots. — Plus de vingt navires de guerre y stationnaient en ligne.

XIV. — Quelle plume pourrait retracer les émotions de cette journée si impatiemment attendue et le saisissant tableau qui s'offrait aux regards !

L'escadre formait une colonne de dix-huit voiles évoluant avec ordre ; en face d'elle, s'avançaient parfaitement distincts huit superbes vaisseaux à hélice qui d'une marche rapide couraient toutes voiles serrées, jetant au vent et dispersant dans le ciel de longues et épaisses lignes de fumée. — Au milieu d'eux flotte le pavillon français : c'est *l'Austerlitz* qui, sous le commandement du capitaine de vaisseau Laurencin, navigue de concert avec l'amiral anglais, sous les ordres duquel il est venu se placer.

Les deux vaisseaux de tête viennent de se reconnaître. — D'un côté, c'est *l'Inflexible* portant le pavillon de l'amiral Parseval ; de l'autre, c'est *le Duc de Wellington*, la merveille des chantiers d'Angleterre, portant le pavillon amiral de sir Charles Napier.

Ordre est aussitôt signalé à l'armée française d'arrêter sa marche, car plusieurs bâtiments sont à l'entrée des passes vers lesquelles se dirigent les vapeurs alliés. Comme par un mouvement électrique et spontané, les deux escadres, mues par un même sentiment et obéissant à une même pensée, ont échangé leurs pavillons.

C'était la France et l'Angleterre se donnant la main et unissant leurs couleurs en face de la Russie.

XV. — Quoique plus ancien de grade, l'amiral Parseval voulut, par courtoisie, devancer son collègue et saluer le premier de son canon le pavillon de l'Angleterre ; mais aussitôt l'amiral Napier a donné le signal et les deux salves se confondent, enveloppant un instant les vaisseaux dans les tourbillons d'une fumée blanche et compacte. — Un autre salut vint se joindre aussitôt à ceux qu'échangeaient les deux commandants en chef, et le vaisseau à hélice français *l'Austerlitz* voulut, lui aussi, rendre honneur au pavillon de la France et au digne amiral qui commandait l'escadre. — Jamais on ne vit spectacle plus beau, plus grand, plus émouvant. Pendant que le canon faisait retentir de ses détonations répétées les échos du golfe de Finlande, à travers les nuages de fumée qui parfois se séparaient, on apercevait la division à vapeur anglaise défilant lentement avec ses huit vaisseaux devant l'amiral français. — Alors notre escadre, sur le signal de son chef, virant de bord et courant dans le fond du golfe, se trouva, par un mouvement exécuté avec une précision remarquable, dans les eaux de l'escadre alliée.

Les deux amiraux échangent en ce moment de leurs pavillons un nouveau salut.

Les musiques des bâtiments jouent les airs nationaux de France et d'Angleterre; et c'est ainsi que, précédées par la voix du canon et accompagnées par les accords harmonieux des instruments, les deux escadres réunies entrent dans la baie de Barosund.

XVI. — La côte de Finlande, depuis le fond du golfe jusqu'aux îles d'Aland, est masquée par un rideau de roches jetées sans ordre à plusieurs milles au large. Ces roches, à fleur d'eau, d'un granit très-dur, sont tantôt séparées par d'étroits canaux nommés *fiords*, et tantôt servent d'abris à de magnifiques rades.

Les îlots les plus avancés vers le large ont un aspect froid et désolé; ce sont des masses granitiques grisâtres que la mer dans ses tourmentes frappe et balaye sans cesse; elles n'offrent point d'arêtes saillantes, comme ces grands rochers de l'Océan que la mer a coupés à pic à force de les battre de ses vagues; là, elle les use lentement sans les entamer. — Quelquefois, à leur sommet, une triste et sombre végétation a essayé de naître et semble y vivre à regret. — Sur quelques-uns, des sapins et des bouleaux forment une forêt dont les racines descendent jusqu'au rivage; leur verdure récrée les regards.

Au milieu d'eux parfois se trouvent de grands étangs aux eaux glaciales, alimentés par des neiges fondues.

Barosund est une des grandes baies; elle est située dans la partie Ouest du golfe de Finlande. — Fermée à l'Est, à l'Ouest et au Sud par ces roches pelées, elle offrait un abri sûr et mettait les escadres au centre des opérations qu'elles pouvaient vouloir entreprendre.

XVII. — De ce mouillage on commandait l'entrée du golfe; on voyait dans le lointain l'île de Nargen, à l'entrée de Rével; les îles d'Aland en étaient très-rapprochées, et nul bâtiment ennemi ne pouvait sortir de Cronstadt ou de Sweaborg sans que nos éclaireurs ne l'eussent signalé aux flottes.

Dans la partie Nord, la végétation couvre les îles; l'eau y est abondante. — Sur la pointe de l'île Rouskar, et comme pour donner un peu d'animation à cette nature morte, s'élève un phare dont les Russes ont eu soin d'enlever l'appareil; près de là sont de pauvres cabanes, que les habitants effrayés ont précipitamment abandonnées, laissant leurs filets encore pendus au mur. Mais leur terreur fut de courte durée, et ils reparurent aussitôt qu'ils apprirent que leurs maisons et toutes celles du littoral seraient scrupuleusement respectées.

Au milieu de cette baie, naguère presque déserte, trente vaisseaux étaient à l'ancre. — Les Anglais sur plusieurs colonnes dans le Nord, les Français parallèlement au Sud. — Autour de ces vaisseaux se groupait une innombrable quantité de frégates, de corvettes et d'avisos à vapeur. — Spectacle grandiose qui animait ces froids climats d'une vie inaccoutumée (1).

XVIII. — Chaque jour c'était un mouvement continuel de vapeurs et d'embarcations. — Des sillons de fumée couraient comme des êtres vivants à travers le golfe, à plusieurs lieues de distance. — Lorsque la nuit était venue, tout mouvement cessait. — C'était la veille vigilante et le silence interrompu seulement par le bruit lointain des canots de ronde qui se hélaient et se répondaient mutuellement.

Tel était l'aspect à la fois sévère et animé que présentait la baie de Barosund.

Des navires mouillés dans les *fiords* surveillaient les îles situées entre la Finlande et les escadres. — En face de nous, les Russes occupaient la terre ferme avec un corps d'armée, mais ne s'aventuraient pas sur les îles qu'ils savaient gardées avec vigilance. Du haut d'un monticule, des vedettes surveillaient les mouvements

---

(1) C'était un total de 47 bâtiments de toute sorte, rassemblés dans cette étroite enceinte. 19 portant le pavillon français. 27 appartenant à l'Angleterre.

des flottes, et des Cosaques à cheval entretenaient la communication avec l'armée.

Peut-être nous sommes-nous un peu longuement étendu sur l'étude de ce terrain, mais il nous a semblé que pour bien comprendre la position des escadres et suivre leurs mouvements ultérieurs, il n'était pas sans intérêt de se rendre un compte exact de l'aspect général du golfe dont les vaisseaux alliés avaient pris possession.

XIX. — L'escadre anglaise, sous le commandement de l'amiral Napier, pouvait être considérée comme le résumé de toutes les perfections navales de cette époque. — L'Angleterre avait choisi dans ses arsenaux les vaisseaux qui, par leur construction, la force de leurs machines et leur installation perfectionnée, réunissaient le plus d'avantages (1). Presque toute à vapeur, elle

(1) Outre 6 vaisseaux à voiles, 12 frégates ou corvettes à hélices, 15 frégates ou bâtiments inférieurs, soit à roues, soit à aubes et 1 frégate à voiles, l'escadre anglaise comptait 13 vaisseaux de ligne à hélice, en tête desquels il faut citer *le Duc de Wellington*, portant le pavillon de l'amiral commandant en chef; ce superbe navire, armé de 131 canons, avait une force de 700 chevaux. Alors, par sa vitesse, la puissance de son artillerie et sa beauté, il n'avait point d'égal. Ensuite venaient *le James-Watt*, de 600 chevaux, armé de 91 canons; *le Saint-Jean-d'Acre*, de 600 chevaux, 101 canons; *le Nile*, 500 chevaux, 90 canons; *le Blenheim*, 450 chevaux, 60 canons; *l'Edimburg*, 450 chevaux, 60 canons; *l'Ajax*, 450 chevaux, 60 canons; *le Hogue*, 40 chevaux, 60 canons; *le Royal-Georges*, 400 chevaux, 102 canons; *le Cæsar*, 400 chevaux, 90 canons; *le Cressy*, 400 chevaux, 80 canons; *la Princesse-Royale*, 400 chevaux, 91 canons; *le Majestic*, 400 chevaux, 80 canons.

A ces bâtiments de combat, il faut ajouter la frégate à vapeur *le Vulcano*, que l'on avait transformé en atelier, et qui était comme une vaste usine flottante destinée à pourvoir à la réparation des machines de la flotte.

n'avait pas à redouter les dangers et les lenteurs d'une navigation entreprise dans une saison encore mauvaise. Les vaisseaux à voiles, peu nombreux, avaient chacun leur remorqueur.

Celui qui commandait cette flotte jouissait, comme homme de guerre et comme marin, d'une grande réputation. — C'était un des noms les plus populaires de la marine anglaise.

L'amiral anglais était à la baie de Kiöge, près de Copenhague, lorsque la guerre fut déclarée. Il envoya aussitôt en avant une escadrille de 5 bâtiments sous les ordres de l'amiral Plumridge, pour visiter les côtes russes et constater l'état de la mer. — Le 12 avril, il se dirigeait lui-même vers le golfe de Finlande, pendant que des bâtiments détachés croisaient sur les côtes. — Déjà quelques prises avaient été faites par des navires anglais.

L'amiral Napier trouva le golfe de Finlande fermé par les glaces.

Arrêté par elles et puis ensuite par des bancs épais de brouillards, il jetait, le 20 mars, l'ancre devant le cap Hango, au point où se rencontrent les golfes de Finlande et de Bothnie, y restait jusqu'au 9 juin, et envoyait les stéamers reconnaître les îles d'Aland et de Bomarsund. — Enfin, le 12 juin, un mois après que l'empereur Nicolas avait visité lui-même Sweaborg pour en apprécier et en accroître les défenses, l'escadre anglaise laissait enfin tomber l'ancre dans la baie de Barosund, lieu de rendez-vous des flottes alliées.

Une tentative armée devant la pointe d'Hangod, la reconnaissance de Sweaborg, le blocus sévère des côtes, et la prise de quelques riches navires russes, tel est le résumé rapide des opérations qui avaient précédé l'arrivée de l'escadre française.

XX. — Le lendemain de la réunion des deux flottes, les commandants des divers bâtiments de l'escadre française se réunirent à bord de *l'Inflexible* pour y recevoir l'amiral Napier qui venait avec son état-major, les amiraux et les commandants de son escadre rendre visite à l'amiral Parseval. Tous les équipages, rangés sur les vergues et dans les haubans, accueillirent l'amiral anglais avec des acclamations joyeuses auxquelles se mêlaient les cris répétés de : *Vive l'Empereur!*

Cette entrevue pleine de cordialité montra, dès le début, l'entente heureuse qui ne devait pas un seul instant cesser de régner entre les amiraux en chef, tous les deux chargés de commandements également indépendants.

Le lendemain 15 juin, l'amiral Parseval se rendait à bord du *Duc de Wellington* accompagné de son état-major, de l'amiral Pénaud et des officiers supérieurs de son escadre.

A la suite de cette première conférence, il écrit au Ministre de la marine « interrogé par l'amiral Napier sur l'opinion que je m'étais formée, et sur les projets que j'avais pu concevoir contre la Russie dans le golfe de Finlande, j'ai répondu et fait dire autour de moi :

que j'arrivais sans avoir jamais navigué dans la Baltique, que je n'avais encore rien vu, que l'escadre anglaise plus favorisée par un séjour de deux mois, qui lui avait permis de parcourir les points principaux de cette mer difficile, avait dû se former une opinion que nous étions prêts à accepter, comme nous le serions à coopérer franchement aux plans d'attaque qui en seraient la conséquence. »

Telles étaient les dispositions dans lesquelles l'amiral français, esprit droit et élevé, s'était réuni à son collègue. Déjà l'escadre française, dans la prévision d'un appareillage prochain, avait fait tous ses préparatifs et complété ses approvisionnements.

XXI. — Le 20, les amiraux en chef se réunirent à bord du *Duc de Wellington*. — Cette conférence avait pour but de décider les opérations à entreprendre sur-le-champ, car tous deux brûlaient du désir d'entrer en action.

L'amiral Napier proposa à son collègue de prendre immédiatement position aux îles d'Aland pour agir contre Bomarsund. — L'amiral Parseval ne repoussa point ce projet, mais objecta qu'il croyait indispensable de reconnaître avant tout les abords de Cronstadt, comme l'escadre anglaise l'avait déjà fait pour ceux d'Helsingfors et de Sweaborg; et puisque, dans l'opinion de l'amiral anglais, rien de décisif ne pouvait être tenté contre cette place redoutable avec les moyens dont on disposait et sans le secours de canonnières et de batteries flottantes, il était important que les flottes combinées se présentassent au moins réunies devant elle. — Cette opération maritime avait le double résultat d'offrir la bataille à la flotte russe et de mettre les amiraux en chef à même d'apprécier par leurs propres yeux les défenses formidables de cette île, et les possibilités ou les impossibilités d'approche. — En tout cas, l'apparition des escadres à l'ouvert de Cronstadt à quelques lieues de la capitale de l'empire moscovite avait, dans les circonstances présentes, une grande signification politique. Les amiraux mettraient ce temps à profit pour faire part à leurs gouvernements, du projet d'attaque contre Bomarsund.

XXII. — L'amiral Parseval, on le sait, n'avait encore rien pu juger par lui-même et il écrivait à ce sujet au Ministre de la marine, en date du 18 janvier :

« Par les instructions adressées à l'amiral Napier et les lettres qu'il reçoit fréquemment de l'amirauté, il est facile de se rendre compte que le gouvernement anglais poursuit le désir de s'emparer des îles d'Aland. Bomarsund, point principal le mieux fortifié, paraît difficile à réduire avec l'artillerie des vaisseaux, puisque 2 ou 3 seulement pourraient en approcher; mais l'accès de ces îles, malgré tous ces dangers, n'étant point impossible, on pourrait en débarquant, attaquer cette forteresse par terre. Je n'ai pas de données assez certaines pour affirmer qu'avec les troupes dont nous disposons, nous puissions enlever cette position ; il faudrait être fixé sur la force de la garnison russe. Nous sommes convenus de nous rendre prochainement au mouillage dans ces îles, afin d'étudier cette sérieuse entreprise. »

L'amiral Napier hésita quelque temps avant d'abandonner sa pensée primitive d'une expédition immédiate dirigée contre les îles d'Aland, mais se rangea enfin de l'avis de son collègue; et il fut décidé que douze vaisseaux anglais à vapeur, plusieurs frégates de la même nation, et six vaisseaux français avec leurs remorqueurs composeraient la flottille d'exploration. — Le nombre des vaisseaux qui devaient opérer dans les eaux de Cronstadt fut ainsi limité à 18, parce que les rapports ayant fait connaître que 25 vaisseaux environ composaient la flotte russe ancrée à l'abri dans ce port, les amiraux pensaient provoquer ainsi, par l'infériorité de leur nombre, la sortie de l'escadre ennemie.

Cette nouvelle causa une grande joie parmi les marins des deux nations, que ces longues croisières et ces navigations accompagnées de périls sans gloire rendaient impatients de combattre et de se mesurer contre un ennemi jusque-là invisible.

XXIII. — Les amiraux s'empressent d'arrêter le dispositif de leurs dernières instructions pour les bâtiments qui ne doivent point fait partie de la reconnaissance projetée.

Le capitaine de vaisseau Pénaud (frère du contre-amiral), commandant *le Duperré*, devait être rallié par *le Jemmapes*, *le Breslaw* et la frégate *la Vengeance*. — Cette division navale avait pour mission de se réunir à celle de l'amiral anglais Corry pour bloquer étroitement les bâtiments russes renfermés dans Sweaborg, tandis que le commandant Hérail de *la Zénobie* ralliait de son côté les navires en croisière devant Revel. — De plus, les trois frégates *l'Andromaque*, *la Virginie* et *la Poursuivante* se réunissaient aux six frégates à vapeur du contre-amiral anglais Plumridge, dans le golfe de Bothnie, mission difficile pour des bâtiments à voiles dans une mer inconnue et parsemée d'écueils. Depuis un mois, ces six frégates surveillaient de très-près la côte; elles avaient détruit plusieurs établissements publics, ruiné des magasins d'approvisionnements et incendié des navires en construction.

Le chef d'état-major de l'escadre française, le capitaine de vaisseau Clavaud, s'occupa aussitôt des dernières dispositions à prendre sur les navires et en surveilla l'exécution avec une intelligente activité; il entrait avec soin dans tous les détails de service; car cette escadre, formée à la hâte, était, on le sait, composée d'équipages nouveaux exercés seulement, depuis leur départ de Brest, aux exercices et aux manœuvres navales.

XXIV. — Enfin, le 22 juin, l'ordre est donné aux vaisseaux d'appareiller, et ce signal est aussitôt exécuté sur tous les navires désignés.

Les escadres se sont formées sur trois colonnes. Les

bâtiments anglais, à gauche, sont sur deux colonnes ; les bâtiments français, à droite, sur une seule (1). Les frégates à vapeur éclairent la marche. En tête marche *le Lightning* que monte l'audacieux capitaine Sullivan, hydrographe de la marine anglaise et qui, pendant tout le cours de cette campagne, rendit avec son léger bâtiment de constants et importants services ; il pratique les sondages nécessaires et indique la route pour franchir les passes dangereuses de la baie de Barosund en se dirigeant sur Cronstadt.

Depuis plusieurs jours toute brise avait entièrement cessé.— La chaleur, très-grande, avait atteint 25 degrés environ et révélait déjà, après les brumes des jours précédents, ce que pouvait être l'été dans ces parages.

A quatre heures du soir, les escadres reconnaissaient les frégates qui croisaient devant Sweaborg et atteignaient l'île Hogland : cette île, la plus grande du golfe de Finlande, n'est qu'un âpre rocher dont la crête ondulée domine les flots à une grande éléva-

---

(1) Ordre de marche des bâtiments français:

L'Inflexible, commandant Pironneau, remorqué par *le Darien*, commandant Didelot.

L'Hercule, commandant Larrieu, remorqué par *le Phlégéton*, commandant Coupvent-Desbois.

Le Tage, commandant Fabvre, remorqué par *le Souffleur*, commandant Moulac.

Le Duguesclin, commandant Lacapelle, remorqué par *le Bull-Dog*, steamer anglais.

Le Trident, commandant Maussion de Candé, remorqué par *le Lucifer.*

L'Austerlitz, commandant Laurencin, remorqué à la vapeur.

tion ; l'on n'y distingue aucune trace d'habitations, on pourrait presque dire aussi de végétation, car ce n'est qu'un fond sec et aride de granit, parsemé de sapins sauvages qui croissent au hasard dans les fissures des rochers, et dont les racines sont perpétuellement baignées par les neiges qui en découlent.

Sur toute la côte les feux étaient éteints, les tours ruinées, les balises déplacées ; aussi les escadres, pour ne pas se briser à des écueils mortels, naviguaient-elles avec une grande précaution, en suivant les sillons des éclaireurs qui n'avançaient que lentement et la sonde à la main.

XXV. — Le 24 juin, après une marche pénible et périlleuse, l'escadre alliée mouilla devant la petite île de Seskar, à 38 milles de Cronstadt environ.

Aussitôt les bâtiments légers se détachent et vont fouiller les côtes environnantes ; toutes étaient désertes.

La ville de Seskar était aussi abandonnée. — A mesure que l'on avançait, des bateaux chargés d'une population épouvantée, sortes de villages flottants, fuyaient devant nous.

Partout le vide se faisait ainsi à notre approche ; quelques caboteurs s'aventuraient seuls hors des îlots et étaient capturés.

Aussitôt que cette reconnaissance des différents points rapprochés de la côte fut terminée, les amiraux décidèrent de continuer leur marche sur Cronstadt. — Seulement, dans l'hypothèse d'un combat que chacun appelait de tous ses vœux, le *Souffleur* et le *Lucifer* furent remplacés, dans les remorques qu'ils donnaient aux vaisseaux, par deux frégates anglaises plus puissantes, la *Pénélope* et la *Magicienne*.

A 5 heures du matin, les escadres lèvent l'ancre et se dirigent sur Cronstadt.

CHAPITRE II.

XXVI. — Plus on avoisine cette baie, plus les précautions des éclaireurs redoublent, car l'on sait que, dans les principaux points du golfe que doivent nécessairement traverser les navires, des machines infernales sous-marines peuvent subitement éclater sous leurs flancs.

A dix heures du matin, le 26, les vigies signalent trente bâtiments russes paraissant mouillés sur une seule ligne perpendiculaire à la route que suivent les escadres alliées.

Aussitôt l'amiral Parseval télégraphie à ses vaisseaux : *Branle-bas de combat.* — L'aviso *le Souffleur*, avec ces signaux en tête de mâts, parcourt rapidement les deux colonnes, annonçant à l'armée entière la vue de trente bâtiments ennemis dans l'Est.

Il est impossible de chercher à retracer l'enthousiasme qui se répand aussitôt comme une étincelle électrique dans tous les équipages. —Ce ne sont plus ces matelots novices qui, il y a un mois à peine, ignoraient la manœuvre d'un canon ; la pensée de combattre en fait en un instant de vieux marins.

Déjà les batteries sont transformées en champ de bataille, les cloisons enlevées : c'est un mouvement subit, intelligent, raisonné, du fond de la cale au sommet des mâtures.—Tout ce qui peut gêner les manœuvres disparaît comme par enchantement. Sur le pont la mousqueterie s'arme ; par tous les panneaux on hisse les boulets, les obus, les poudres ; et les hommes, immobiles aux pièces, attendent le signal du combat. Sur *l'Inflexible*, l'amiral en chef descend dans les batteries, inspecte tout par lui-même et est reçu par les équipages avec ce mâle et calme enthousiasme que donne la confiance dans sa force.

Sur les autres vaisseaux, le même ordre, la même discipline, le même spectacle imposant et solennel.

XXVII. — A bord du *Duguesclin*, le contre-amiral Pénaud a su communiquer à son équipage le bouillant courage qui l'anime.

L'escadre alliée marche toujours, avançant sur trois colonnes. — Déjà l'on aperçoit le phare qui s'élève à la pointe occidentale de l'île où est situé Cronstadt. — D'instant en instant le golfe se rétrécit, et l'on distingue les sommets des mâts de l'escadre russe, ainsi que les batteries supérieures des forts auxquels le mirage donnait une forme irrégulière. — On ignore encore quelle est la position réelle des vaisseaux ennemis.—Peut-être sont-ils embossés en dehors de leur port, attendant le combat.

L'amiral Parseval signale à l'amiral Napier qu'il croit nécessaire de se former sur une seule ligne, dont son intention est de prendre la tête : car selon la règle habituelle, et ainsi qu'il en a été convenu avec son collègue, il doit, par ancienneté de grade, prendre au moment du feu la direction supérieure. — Celui-ci répond qu'il va se rendre à bord du vaisseau-amiral français, et, en effet, il l'accoste quelques instants après.

Les deux amiraux, qu'anime une égale ardeur, arrêtent entre eux les derniers détails du combat, mais bientôt les vigies annoncent que tous les vaisseaux russes sont mouillés en dedans du port et de ses puissantes batteries, protégeant ainsi avec elles les passes de Cronstadt.

XXVIII. — Le doute n'était plus permis : la flotte ennemie, loin d'accepter le combat, suivait devant Cronstadt cette règle dont elle ne devait jamais se départir, et indiquait clairement, par la position qu'elle avait prise, l'intention bien arrêtée de rester à l'abri des forts.

Dès lors les escadres combinées n'avaient aucun intérêt à s'avancer davantage. L'armée fit halte, en repliant chacune de ses colonnes sur elle-même, et jeta l'ancre en travers du golfe, à quelques milles en arrière, manœuvrant pour mouiller sur une ligne.

Ainsi placés, les vaisseaux alliés se trouvaient à sept milles des fortifications, barrant le golfe et laissant aux Russes assez d'espace pour déployer leur escadre, s'ils avaient eu l'intention de tenter sur nous une attaque que les vents favorables ne cessèrent jamais de rendre possible.

L'espérance de combattre s'étant évanouie, l'attention des chefs de la flotte fut vivement attirée sur l'île de Cronstadt, sentinelle avancée de Saint-Pétersbourg, que Pierre le Grand fonda à la fois pour servir d'abri à ses flottes et défendre l'entrée de la Néva. Cette position, sur laquelle avaient été accumulées par son fondateur, et plus encore par l'empereur Nicolas, de formidables défenses, avait été, dans la pensée du célèbre marin qui commandait l'escadre anglaise, le but principal de ses espérances. Mais les différentes reconnaissances qu'il avait envoyées aux alentours de cette baie lui avaient démontré, même avant qu'il s'y rendît en personne avec son collègue l'amiral Parseval, que tout effort devait être impuissant de ce côté.

XXIX. — En effet, sir J. Graham, premier lord de l'amirauté, en répondant à une lettre adressée de Barosund à l'amirauté par sir Charles Napier, en date du 20 juin, disait :

« Le cabinet a pris en considération le contenu de votre lettre particulière à mon adresse. Vous étiez sur le point de partir pour Cronstadt avec l'intention d'offrir la bataille à la flotte russe, sans beaucoup d'espoir de la voir accepter et sous l'impression arrêtée que l'entrée de ce port serait reconnue inaccessible. En conséquence, votre retour à Barosund était probable. »

On voit, par les termes de cette lettre, quelle était l'impression sous laquelle l'amiral anglais entreprenait la reconnaissance de Cronstadt; l'exploration approfondie des lieux devait réaliser ces justes appréhensions.

XXX. — Quelques mots sur Cronstadt (1), sa position,

---

(1) *Cronstadt.*

Cronstadt est situé à environ 14 milles à l'ouest de la pointe occidentale de Vasilijostrof, une des îles de Saint-Pétersbourg. Sa longueur est d'environ 8 milles du nord-ouest au sud-est. Sa largeur variable n'excède pas 3 milles. Le phare Tolboukin, qui avait été abandonné par les Russes, s'élève sur la pointe occidentale. La ville et le port occupent l'extrémité orientale, la ville au nord, le port au sud.

Les navires qui veulent dépasser l'île et gagner Saint-Pétersbourg trouvent deux passages, l'un au nord, l'autre au sud. Celui du nord, au milieu d'une mer parsemée de récifs, se tient constamment à une distance considérable de l'île; des forts construits autrefois sur quelques-uns de ces rochers, élevés sur l'île elle-même, défendaient cette passe, mais elle a été depuis obstruée par des navires coulés bas à la hauteur du cap Lisi-Ness, et ces fortifications ont été abandonnées. Le chenal du sud est donc aujourd'hui le seul qui soit praticable, et c'est celui aux abords duquel ont été naturellement groupés tous les travaux de fortification. Le canal lui-même est long, sinueux, et si étroit qu'un navire seul peut y passer à la fois. 7 ou 8 forts en défendent l'accès; les principaux sont construits sur des rochers qui surgissent au fond du golfe, tout en allant de l'Ouest à l'Est : le fort Constantin, le fort Alexandre, le fort Pierre Ier, qui suivent à distances presque égales les rivages de l'île, le fort Risbank qui s'en éloigne, le fort Kronslot qui s'en rapproche et fait face au port. Sur l'île même s'élève le fort Menschikoff, en face du fort de Kronslot, et, autour de la ville et du port, du côté de l'ouest et du côté du sud une redoutable enceinte. Le fort Alexandre, qu'aucun

et ses défenses ne seront pas ainsi sans intérêt ; ils permettront d'apprécier les résolutions définitives que devait amener cette reconnaissance maritime.

L'île de Cronstadt, située à 15 milles dans l'ouest de Saint-Pétersbourg, est, nous l'avons dit, sa sentinelle avancée. Elle s'étend dans une direction parallèle aux côtes ; c'est un fort détaché dont il faut s'emparer pour arriver à la capitale. Cronstadt défend aussi Peterhof, château de plaisance de l'empereur, et étend sa surveillance jusqu'à Viborg, dont on aperçoit les approches.

La ville et tous les établissements maritimes sont situés dans la partie la plus large de l'île, et l'on ne peut y parvenir que par une passe semée de forteresses puissamment armées. — L'autre partie, séparée de la première par des fortifications régulières, se prolonge dans l'ouest et se termine par une pointe, à 2 milles de laquelle a été construit le phare de Tolboukin. De loin,

---

autre n'égale dans le monde, selon l'expression de quelques-uns, à coûté 32 millions, et a été achevé en 1848. Il est de forme cylindrique, et il est percé pour 128 pièces, rangées en quatre étages ; ses feux se croisent avec ceux du fort Risbank, placé à 1400 yards, qui est percé pour 120 pièces, et qui, en 1854, en présentait 190 à l'ennemi. Il a eu au mois de juin de cette même année le nom de fort Paul Ier. Il contient 3 batteries casematées et une en barbette. Le fort Pierre-le-Grand avait été muni de 85 bouches à feu, le fort Kronslot en avait reçu 80 et pouvait en armer 250, le fort Menschikoff en portait 48 ; et si l'on y joint celles du Môle, de l'Enceinte et de la flotte, on trouve que la citadelle de Cronstadt, la mieux défendue qu'on connaisse, pouvait répondre avec plus de 3000 pièces à une attaque de vive force. Ce vaste établissement militaire, où la force défensive a été prodiguée, n'a pas coûté moins de 200 millions.

à l'aide de la longue-vue, on pouvait distinguer les campements d'un corps d'armée considérable.

L'escadre alliée a jeté l'ancre; une ligne de frégates à vapeur stationne en vue des forts ennemis. Ces steamers surveillent les mouvements qui se font dans le port et les signalent aussitôt aux vaisseaux. Les plus grandes mesures de prudence sont ordonnées, toutes les dispositions de surveillance prises pour parer aux brûlots, et dès le lendemain de nombreux croiseurs ont mission d'aller reconnaître la place et d'en sonder les approches. A la suite de leurs rapports, les deux amiraux en chef décident qu'ils pousseront eux-mêmes une reconnaissance devant la place ennemie.

XXXI. — Le 28, l'amiral Parseval met son pavillon sur *le Phlégéton*, que commande le capitaine de frégate Coupvent-Desbois, et se rend à bord de ce bâtiment avec tout son état-major et les officiers qu'il a désignés pour l'accompagner. — C'est sur le *Bull-dog* que flotte le pavillon de l'amiral Napier.

Afin de vérifier dans leur ensemble les renseignements qu'ils ont reçus, les amiraux se portent sur Cronstadt dans des directions différentes.

L'amiral français reconnut tout d'abord que, sans s'occuper même de la puissance des forts, comme artillerie, les passes n'avaient point assez d'eau pour que les vaisseaux pussent s'y engager : à peine si l'on signalait quatre à cinq brasses d'un fond qui diminuait en approchant. Les sondes furent pratiquées avec grand soin, aussi près que possible, en dedans même de la portée des forts, qui firent feu à plusieurs reprises.

Après avoir terminé cette partie de son exploration, il se porta vers le phare de Tolboukin, abandonné par les Russes. De son sommet, élevé de 35 mètres, il put constater que la partie ouest de l'île quoique moins protégée, avait cependant des ouvrages défensifs sérieux ; et en supposant même qu'on les eût réduits, le corps d'armée qui l'occupait était assez nombreux dans les conditions actuelles, pour s'opposer à un débarquement. En outre, la ville de Cronstadt, protégée de ce côté par des fortifications régulières, eût forcé à un siége qui eût demandé un déploiement de ressources militaires considérables. — Pénétrant plus avant dans la partie nord, l'amiral reconnut que le fond diminuant progressivement, devenait inaccessible aux grands navires, à une distance de deux milles environ de la côte : et que, de plus, afin de rendre le passage vers Saint-Pétesbourg tout à fait impraticable, des blocs de granit et une estacade de navires joignaient l'île à la terre ferme.

Entre la côte sud et le redoutable fort Risbank, l'eau est peu profonde, et des obstacles y sont entassés de telle sorte qu'ils interceptent le passage même aux plus petits bâtiments.

Tels étaient les résultats des investigations les plus consciencieuses. Les deux amiraux se trouvaient d'accord sur les mêmes appréciations et les mêmes impossibilités d'attaque.

XXXII. — Lorsque la reconnaissance exacte de l'île de Cronstadt fut terminée, l'amiral Napier se rendit à bord du navire que montait l'amiral français, et les deux commandants en chef, après s'être transmis mutuellement les détails de leur examen et en avoir pesé les chances, tombèrent d'accord sur les points suivants :

« Que le seul résultat immédiat et sérieux possible à obtenir consistait à forcer le passage entre les forts; et cette passe impraticable aux vaisseaux par le peu de profondeur de ses eaux ne pouvait être tentée. »

« Que l'attaque par la partie nord demandait des troupes et des moyens d'action en dehors des ressources de l'escadre combinée. »

« Que le bombardement ne pouvait se faire, faute de mortiers et de navires installés dans ce but. »

« Qu'en un mot, constituée comme elle l'était, la flotte alliée ne pouvait rien tenter de décisif, et qu'une lutte contre les puissantes défenses de Cronstadt, entreprise dans de semblables conditions, compromettait sans résultats possibles le sort des bâtiments. »

Quelle qu'ait été l'issue de cette reconnaissance audacieusement poussée par les amiraux au fond du golfe, et à l'ouvert même de Cronstadt, on devait se féliciter de la portée morale que devait avoir ce stérile défi jeté à la marine russe, en face du palais même des Czars, par un ennemi inférieur en nombre.

XXXIII. — Le but était atteint; ce but était de montrer les escadres alliées naviguant de conserve, d'offrir ensemble la bataille à la flotte russe, d'explorer ensemble les approches de cette place importante; et l'exploration terminée, si l'ennemi n'acceptait pas le combat naval, de se retirer ensemble, montrant ainsi l'union cordiale des deux pavillons de la France et de l'Angleterre.

Un séjour plus prolongé dans ces insalubres parages devenait inutile. Le peu de temps même que nous avions passé au fond du golfe avait suffi pour mettre nos bâtiments sous la fatale influence de l'épidémie qui décimait la garnison de Cronstadt. — De nombreux cas de choléra s'étaient déjà produits, et ne pouvaient manquer d'augmenter dans une grande proportion par suite de la température lourde et chargée d'humidité du fond du golfe. — Malgré les ordres les plus précis et les défenses les plus formelles, les hommes des équipages, rationnés d'eau, buvaient, sous l'impression d'une ardente chaleur, l'eau saumâtre qui sortait de Cronstadt, et dont les effets étaient mortels.

Les escadres appareillèrent le 2 juillet, se dirigeant vers le mouillage de Seskar, où elles jetèrent l'ancre dens la même journée.

A Seskar, l'amiral Napier apprit que les gouvernements alliés approuvaient l'expédition contre les îles d'Aland, et qu'un corps expéditionnaire considérable allait être dirigé sur ce point, pour que cette opération fût entreprise sans retard et pendant la durée de la bonne saison.

XXXIV. — Le premier lord de l'amirauté adressait à l'amiral Napier la dépêche suivante :

« Nous avons conclu de différents de vos rapports qu'avec 10 000 hommes Bomarsund et les îles d'Aland peuvent être pris, et pensant que la présence des flottes alliées dans la Baltique doit être signalée par quelque résultat important, nous nous sommes décidés à proposer à l'empereur Napoléon d'envoyer 6000 hommes, qui, joints à vos marins et aux troupes des vaisseaux français, mettront à votre disposition une force effective d'environ 10 000 hommes. Cette proposition a été communiquée à l'Empereur le 27, par lord Cowley et M. Drouin de Lhuys. »

« Le 28, lord Cowley recevait une réponse, de la main même de l'Empereur, dont je vous envoie un extrait ci-joint :

« Les deux gouvernements ont pris leurs mesures en conséquence, et, le 14 de ce mois, 6000 soldats français, avec 10 canons, 50 chevaux et 5 caissons, seront embarqués sur des vaisseaux de guerre et transports anglais, pour être portés à Bomarsund.

« Nous penchons pour cette destination, une attaque contre Bomarsund étant le principal but. »

XXXV. — Voici la lettre que l'empereur Napoléon adressait à l'ambassadeur d'Angleterre, lord Cowley :

« Saint-Cloud, 28 juin 1854.

« Drouin de Lhuys a dû vous faire savoir que je suis

complétement d'avis d'envoyer des troupes de débarquement dans la Baltique, car sans cela nous risquerions de perdre de notre influence dans le Nord.

« D'après les avis que j'ai reçus, on peut, avec 10 000 hommes, prendre trois points importants :

« 1° Les îles d'Aland ;

« 2° La presqu'île d'Hango, sur la côte de Finlande, où il existe un bon mouillage ;

« 3° Enfin même Sweaborg, si, en laissant de côté toutes les principales fortifications, on s'empare du petit fort de Langorn, qui, dit-on, ne peut pas être défendu et qui, étant pris, serait la clef de Sweaborg.

« Je vais donner des ordres pour que 6 à 8000 hommes soient prêts à être embarqués à Boulogne.

« Napoléon. »

XXXVI. — L'amiral Napier s'empressa de communiquer ces nouvelles à l'amiral Parseval, qui ne devait recevoir qu'à Barosund la dépêche de son gouvernement. Cette dépêche, en date du 2 juillet, était ainsi conçue :

« Monsieur le vice-amiral,

« J'ai reçu la lettre que vous m'avez fait l'honneur de m'écrire le 18 du mois dernier, pour m'informer de la jonction des deux escadres alliées et de vos premières conférences avec le vice-amiral Napier, au sujet des opérations que vous devez entreprendre en commun.

« Aujourd'hui que la réunion des escadres permet de frapper quelques coups importants, l'Empereur, d'accord avec S. M. la reine de la Grande-Bretagne, a résolu d'agir vigoureusement dans la Baltique et de s'emparer des îles d'Aland, dont l'occupation vous assurera une position tout à la fois, militaire et maritime, pendant l'hivernage.

« Dans ce but, dix mille hommes commandés par le général Baraguey-d'Hilliers, vont être transportés dans la Baltique. La plus grande partie de ces troupes sera enlevée par des bâtiments de la marine britannique auxquels j'adjoindrai, *l'Asmodée, le Laplace, le Fulton* et *le Daim* qui doivent rallier votre pavillon. Le départ de ce corps expéditionnaire appartenant à l'armée française aura lieu de Calais, vers le 15 de ce mois.

« Ces dix mille hommes réunis aux deux mille cinq cents d'infanterie et d'artillerie de marine qui sont à bord de vos bâtiments, aux garnisons des vaisseaux anglais et aux compagnies de débarquement des deux escadres, composeront un effectif d'environ dix-huit mille hommes, qui permettra d'entreprendre des opérations sérieuses contre certains points fortifiés des côtes ennemies.

« Vous aurez à vous concerter avec l'amiral Napier et le général Baraguey-d'Hilliers sur les positions qui devront être l'objet de vos attaques, telles que Hango, Langorn, Sweaborg; vous ne devez pas, toutefois, perdre de vue que la possession des îles d'Aland doit être, en quelque sorte, le prélude de vos efforts.

« *Le ministre de la marine,*

« Théodore Ducos. »

XXXVII. — Les amiraux avaient résolu de quitter Seskar pour réunir à Barosund tous les bâtiments des escadres et prendre de concert les dispositions en vue de l'expédition projetée (1).

L'escadrille alliée s'était donc mise en route le 5 juillet, conduite à la remorque par les frégates à vapeur. Elle

(1) Une seconde dépêche du ministre de la marine, en date du 10 juillet, disait :

« En me déférant à ma dépêche confidentielle du 20 de ce mois, j'ai l'honneur de vous informer que la division française, forte de 9552 hommes et de 118 chevaux, dont je vous ai annoncé le départ prochain pour la Baltique, sera embarquée le 14 et le 15 de ce mois, en rade de Calais, sur des bâtiments des deux pavillons alliés. »

Après l'exposé de la répartition des troupes sur les différents navires et des envois d'approvisionnements, le ministre ajoutait :

« Il me reste, monsieur le vice-amiral, à vous donner quelques instructions précises relativement à la situation dans laquelle vous allez vous trouver vis-à-vis le général Baraguey-d'Hilliers, commandant en chef du corps expéditionnaire.

« Vous aurez soin de placer sous ses ordres les 2500 hommes d'infanterie et d'artillerie de marine qui sont déjà répartis sur les bâtiments de votre escadre, auxquels vous ajouterez, au besoin, les marins formant vos compagnies de débarquement, sous la réserve que ces marins vous seront rendus, aussitôt que les opérations qui auront momentanément nécessité leur présence à terre, seront accomplies.

« Vous apprécierez avec toutes vos forces navales les entreprises de débarquement qui vous seront demandées par le général Baraguey-d'Hilliers. Vous aurez soin de vous concerter avec lui à cet égard ; et s'il lui appartient, selon les ordres qu'il aura reçus de l'Empereur, de fixer les lieux et les moments où devra s'effectuer ce débarquement, vous devez à votre tour, sous votre responsabilité personnelle, demeurer juge de l'état de la mer et du temps, ainsi que des possibilités nautiques, afin d'apprécier si les débarquements peuvent s'accomplir sans compromettre le salut de vos vaisseaux, ou l'existence de vos équipages, qui doivent toujours être maintenus en situation de se présenter devant l'ennemi pour provoquer ou pour accepter le combat. »

ne pouvait se servir de ses voiles pendant sa navigation dans le golfe; les brises folles qui s'élevaient le matin duraient à peine quelques heures.

Le 6, on aperçut au mouillage, devant Sweaborg, les vaisseaux *le Duperré*, *le Jemmapes*, la frégate *la Vengeance* et l'aviso *l'Aigle*, arrivé de France depuis le départ de l'amiral pour Cronstadt. — Sur le signal qui leur fut fait, ces bâtiments se joignirent à l'escadre et firent route pour Barosund.

Le choléra continuait à sévir sur les bâtiments. Ce fléau fatal, qui devait, quelques semaines plus tard, exercer de si terribles ravages sur notre armée et sur notre flotte d'Orient, frappait un grand nombre d'hommes, notamment sur *l'Austerlitz*. — Plusieurs vaisseaux de nos alliés furent également si gravement atteints, que l'amiral Napier les fit appareiller pour qu'ils cherchassent au large l'influence d'une brise plus fraîche et d'un air plus pur.

Les préparatifs de l'expédition se continuaient, et l'amiral français profitait du temps où il était encore retenu au mouillage de Barosund pour exercer ses équipages et ses compagnies de débarquement, afin que, le cas échéant, elles figurassent avec honneur partout où leur concours serait jugé nécessaire.

Le 18 juillet, dans la matinée, l'escadre française sortit de la baie naviguant à la voile, et se dirigea sur les îles d'Aland.

Le même jour, l'escadre britannique appareilla de

son côté et fit route, sous vapeur, pour la même destination.

Le lendemain, une brume épaisse enveloppe les bâtiments. — Pour éviter le danger d'abordage, l'escadre mouille à douze lieues environ des îles.

La baie de Ledsund ayant été fixée comme point de réunion, l'amiral Parseval envoie, dès le lendemain, des steamers chargés de reconnaître et de sonder les abords de cette baie.

Le 21 et le 22, après une navigation difficile, les escadres alliées se rejoignent à ce mouillage et y jettent l'ancre.

Une division de huit vaisseaux anglais sous les ordres du commodore Martin, auxquels s'était joint *l'Austerlitz*, sont restés dans le golfe de Finlande pour continuer le blocus étroit de ce golfe et empêcher la jonction, du reste peu probable, des vaisseaux de Sweaborg et de Cronstadt.

XXXVIII. — Aussitôt l'arrivée des escadres à Barosund, des frégates et des bateaux à vapeur cernent les îles d'Aland, pour empêcher toute communication avec la Finlande, et intercepter les secours que les ennemis pourraient recevoir de ce côté.

La baie de Ledsund, semblable à celle de Barosund sous le rapport des difficultés de la navigation et par l'ensemble des côtes environnantes, est située dans le sud-ouest des îles d'Aland et fermée par la côte sud de la plus grande de ces îles. — L'archipel qui prolonge la côte de Finlande depuis Cronstadt jusqu'à Abo, remonte ensuite pour former le groupe des îles d'Aland. — Ces îles, dont quelques-unes sont assez grandes, se trouvent donc vis-à-vis et à peu de distance du golfe de Finlande, fermant presque complétement le golfe de Bothnie. Elles se prolongent par une suite d'îlots très-près de la côte de Suède. Par leur position géographique elles intéressaient également la Suède et la Russie, qui se les disputèrent longtemps, ainsi que la Finlande.

Avant la jonction de l'escadre française avec l'escadre anglaise, au commencement du mois de juin, plusieurs steamers anglais avaient été envoyés en reconnaissance; mais les résultats de ces explorations n'avaient pas amené de données très-certaines sur les points défensifs de ces îles et leurs difficultés d'approches. — Elles avaient bien constaté dans la baie de Lumpar un fort considérable, de forme circulaire, défendu par trois tours construites sur des élévations de terrain, mais elles étaient restées indécises sur la puissance de leurs armements, ainsi que sur la force probable de leurs défenseurs. — Les croiseurs même n'avaient pu s'approcher assez pour reconnaître si des vaisseaux pourraient venir s'embosser à portée de canon.

Par toutes ces considérations, il régnait, on le voit, un grand vague sur les points les plus importants à résoudre.

XXXIX. — Depuis l'arrivée des escadres, c'était un mouvement perpétuel dans la rade de Ledsund. Des bâtiments anglais et français croisaient et sondaient perpétuellement la baie de Lumpar, où se trouve le fort de Bomarsund.

Les amiraux ont déjà poussé une reconnaissance dans les eaux de cette forteresse. — L'amiral Napier s'est embarqué sur *le Driver* et l'amiral Parseval sur *le Darien*, accompagné du capitaine de vaisseau Clavaud, son chef d'état-major, et de plusieurs officiers de l'escadre.

Le succès de l'entreprise ne pouvait être un instant douteux, et l'amiral français écrivait au ministre de la marine, le lendemain de cette exploration : « Protégé par un vaisseau et quelques bateaux à vapeur qui peuvent s'approcher de la terre, je suis assuré que le débarquement pourra se faire sans difficultés ; et lorsque le commandant en chef jugera cette opération suffisamment avancée, il sera facile, je le crois, par l'attaque simultanée de ses batteries et de nos vaisseaux de réduire cette place. »

La frégate *la Vengeance* est mouillée dans le chenal de Lumpar pour surveiller les forts, pendant que des vapeurs, sous les ordres de l'amiral Plumbridge, croisant dans le golfe de Bothnie, gardent les canaux qui séparent les îles de la côte de Finlande et empêchent ainsi tout ravitaillement de l'armée russe.

Il est bien difficile, pour ne pas dire impossible, aux personnes étrangères au métier de la mer, de pouvoir se rendre un compte exact du travail incessant et périlleux dans ses moindres détails, auquel durent s'astreindre les officiers de la marine chargés de sonder tous ces passages inconnus et de baliser le chenal tortueux, parsemé de roches, qui conduit de Ledsund à Bomarsund. — A la tête de ceux qui dirigèrent ces importants travaux, il faut placer le capitaine anglais Sullivan, savant hydrographe qui, dans cette circonstance comme dans beaucoup d'autres, rendit aux escadres des services signalés.

C'est au milieu de ce mouvement de bâtiments, de cette activité de tous les instants, et de ces explorations journalières, qu'arrivèrent les premiers vaisseaux qui transportaient les troupes du corps expéditionnaire.

XL. — Maintenant, reportons-nous vers la France..

Les troupes qui doivent, sous le commandement du général Baraguey-d'Hilliers, s'embarquer pour la Baltique, sont réunies à Calais. — Les généraux d'Hugues et Grésy commandent les deux brigades de la division expéditionnaire ; et le général Niel, qui devait l'année suivante diriger les travaux du génie sous les murs de Sébastopol, fait partie de l'expédition, ainsi que le lieutenant-colonel d'artillerie de Rochebouët (1).

L'Empereur avait voulu assister à l'embarquement des troupes et les passer en revue, avant qu'elles quittassent le sol de la France pour aller porter la guerre en

---

(1) La 1re brigade de la division dont le général Baraguey-d'Hilliers avait reçu le commandement se composait du 12e bataillon de chasseurs à pied, du 2e régiment d'infanterie légère et du 3e régiment d'infanterie de ligne. La 2e brigade comprenait les 48e et 51e régiments de ligne.

Russie. — La proclamation de l'Empereur, adressée à ses soldats, fut reçue avec enthousiasme et eut dans toute l'Europe un profond retentissement (1).

Déjà toutes les dispositions de départ sont achevées de concert avec le contre-amiral de Lapierre, le contre-amiral anglais Berkeley et le commodore Grey. — Les troupes et le matériel du corps expéditionnaire seront en deux jours transportés à bord (2).

XLI. — La rade et le port de Calais présentent l'aspect le plus pittoresque et le plus animé. L'escadre an-

---

(1) Voir la proclamation de l'Empereur, *Expédition de Crimée*, vol. I, p. 444.

(2) Voici les noms des bâtiments de la marine impériale désignés pour être adjoints à ceux de la marine anglaise :

Le Tilsitt, vaisseau de 90 canons ;
Le Saint-Louis, vaisseau de 90 canons ;
La Cléopâtre, frégate de 50 canons ;
La Sirène, frégate de 50 canons ;
L'Asmodée, frégate à vapeur de 450 chevaux ;
Le Laplace, corvette à vapeur de 400 chevaux ;
La Reine-Hortense, corvette à vapeur de 320 chevaux ;
Le Laborieux, corvette à vapeur de 220 chevaux ;
Le Cassini, corvette à vapeur de 220 chevaux ;
Le Goëland, aviso à vapeur de 200 chevaux ;
Le Cocyte, aviso à vapeur de 160 chevaux ;
Le Fulton, aviso à vapeur de 160 chevaux ;
L'Ariel, aviso à vapeur de 120 chevaux ;
Le Daim, aviso à vapeur de 120 chevaux ;
Le Corse, aviso à vapeur de 120 chevaux ;
Le Favori, bâtiment à voiles ;
Le Levrier, bâtiment à voiles ;
Le Myrmidon, bâtiment à voiles ;
Six chalands ;

glaise est au mouillage, ainsi que les bâtiments français qui doivent concourir au transport.

Cette forêt de mâts se balance, doucement bercée par une brise légère qui soulève à peine les flots; et les pavillons des deux nations alliées semblent déjà s'entremêler et se confondre, comme plus tard elles doivent le faire sur les champs de bataille dans un accord parfait et une loyale union.

Toute la population de Calais est accourue sur le port pour jouir de ce beau spectacle; chacun veut saluer une dernière fois de ses vœux et de ses acclamations les bâtiments qui bientôt vont s'éloigner (1).

Le yacht impérial *la Reine-Hortense*, commandé par le capitaine de frégate Excelmans, avait été mis à la disposition du général Baraguey-d'Hilliers et de son état-major.

Le 20 juillet, les derniers bâtiments et *la Reine-Hortense* quittèrent Calais, se dirigeant sur Barosund, dans l'île de Gottland, point de ralliement désigné à tous les vaisseaux.

Le ciel est calme, la mer est tranquille. — La foule qui encombre la rade suit les navires du regard, jusqu'à ce qu'enfin ils aient disparu perdus dans l'horizon.

XLII. — Pendant ce temps, les explorations de toutes sortes continuaient dans les îles d'Aland à travers les

---

(1) Les troupes d'infanterie sont à bord des vaisseaux anglais; les troupes de l'artillerie, celles du génie, le matériel de l'administration, sont embarqués sur des bâtiments français.

passes sinueuses et semées d'écueils qui conduisent à la forteresse de Bomarsund. Tout se préparait avec un soin minutieux et une intelligente activité pour faciliter la tâche dévolue au corps expéditionnaire.

Des éclaireurs ont été envoyés au-devant de l'escadrille alliée, afin de diriger sa route à travers ces parages difficiles.

Bientôt on voit des bâtiments apparaître à l'horizon : ce sont d'abord les vaisseaux anglais *l'Hannibal*, *l'Alcyon*, *le Royal-Albert* et *le Saint-Vincent;* trois autres transports sont remorqués par le magnifique steamer *le Prince* qui devait, le 14 novembre de la même année, se perdre sur les côtes de Crimée aux abords de Balaclava ; puis voici venir les vaisseaux et frégates français *le Tilsitt*, *le Saint-Louis*, *la Cléopâtre*, *la Sirène*, qui transportent, avec quelques bâtiments marchands, les munitions de guerre ainsi que les chalands destinés au débarquement.

Du plus loin que ces bâtiments sont aperçus, les acclamations de tous les équipages semblent les appeler à travers l'espace qui les sépare encore.

XLIII. — Le général Baraguey-d'Hilliers, chargé d'une mission à Stockholm, doit quitter la capitale de la Suède le 31 dans la matinée, et atteindre le soir le mouillage de Ledsund.

La veille un ordre du jour de l'amiral Parseval annonçait à l'escadre que bientôt le canon de la France allait retentir contre les forteresses ennemies. — Le commandant en chef de la flotte ne pouvait manquer, en cette occasion, de remercier les marins sous ses ordres du dévouement qu'ils avaient montré pendant les longues et périlleuses navigations qui venaient de s'accomplir.

Aussi l'amiral avait raison lorsque, résumant les principaux faits qui s'étaient passés depuis le départ de Brest, il leur disait :

« Officiers, sous-officiers et marins,

« En trois mois à peine écoulés, escadre née de la veille, vous avez eu à vaincre des difficultés réservées d'ordinaire aux plus longues navigations.

« Aucune fatigue, aucune épreuve n'ont manqué à votre zèle et à votre dévouement : exercices et travaux incessants pour vous présenter dignement à vos amis et à nos ennemis; vigilance continuelle dans une mer trompeuse, semée d'écueils, où chaque inconvénient est un danger; influences épidémiques, aujourd'hui écartées, grâce à Dieu, mais non sans pertes cruelles, vous avez tout accepté, tout supporté avec cette parfaite discipline, ce courage calme et patient de l'homme de mer et cette confiance mutuelle qui honore la marine française à tous les degrés de la hiérarchie.

« C'est mon devoir et c'est mon bonheur de vous en remercier. Ce que vous avez fait me répond de ce que vous ferez dans la nouvelle phase de notre campagne.

« Les flottes russes, dans leurs propres mers, paraissent décidées à ne pas accepter le combat offert par les flottes alliées. Devant Cronstadt, notre rôle allait se réduire au blocus de 500 lieues de côtes.

« L'Empereur n'a pas voulu qu'il en fût ainsi; Sa Majesté a désigné un but important à nos efforts et à nos canons : je suis heureux de vous l'annoncer.

« Le brave général Baraguey-d'Hilliers arrive à la tête de 10,000 hommes de nos vaillantes troupes.

« L'Empereur envoie ses aigles rejoindre nos vaisseaux pour montrer aux régions du Nord ce que peut la puissante volonté de la France armée pour une noble cause : le droit du plus faible et la liberté de l'Europe.

« La marine et l'armée sont depuis longtemps accoutumées à s'appuyer l'une sur l'autre, n'ayant d'autre rivalité que celle de bien faire.

« Qu'ils soient donc les bienvenus, nos frères d'armes de l'armée ; notre concours loyal et entier les attend, et bientôt, devant l'ennemi comme toujours, nous serons unis dans la même pensée : la gloire de la France; dans un même cri : *Vive l'Empereur!*

« Le vice-amiral, sénateur, commandant en chef l'escadre de la Baltique.

« PARSEVAL. »

XLIV. — Aussitôt que le yacht *la Reine-Hortense* entra dans la baie, les cris mille fois répétés de *Vive l'Empereur!* mêlés aux hurrahs de nos alliés et à la musique de tous les régiments embarqués à bord, accueillirent son arrivée. — Les équipages couvraient les vergues et les haubans.

Dès le lendemain, les amiraux, le général en chef, le général Niel, le colonel de Rochebouët et le général Harry-Jones s'embarquent sur *la Reine-Hortense* pour reconnaître la forteresse de Bomarsund par le côté donnant sur la baie de Lumpar. — Après cette première partie de leur exploration, ils prennent passage sur le petit vapeur anglais *le Lightning*, commandé par l'habile et audacieux capitaine Sullivan. Ce léger bâtiment, d'un faible tirant d'eau, leur permet d'entrer dans le canal situé entre Michelsö et Prestö.

A l'horizon, les regards rencontrent des montagnes aux sommets arides et dénudés. — Sur leurs flancs s'étagent inégalement des pins et des sapins dont la sombre verdure s'entremêle parfois au feuillage plus riant des bouleaux. Tout le pays est montagneux ; la côte est semée de petites baies séparées les unes des autres par des pointes de rochers qui les cachent complétement. — Dans les bas-fonds, la végétation semble assez robuste et s'étend jusqu'au bord de la mer ; on aperçoit des pâturages, quelques champs de seigle et de pauvres hameaux ; mais toutes les habitations qui entourent Bomarsund, même dans un rayon étendu, ont été incendiées par les Russes.

XLV. — On se ferait difficilement une idée de l'aspect désolé qu'offre cette côte. La baie au-dessus de laquelle s'élève la principale tour est solitaire, encadrée par un réseau de verdure morne et sauvage. Pas la moindre apparence d'une ville ou même d'un village. De pauvres cabanes d'un bois desséché par le froid et le soleil sont éparses çà et là sur le flanc des rochers. Pas un pavillon ne flotte sur la forteresse. A l'extérieur, aucun mouvement ; depuis huit jours, on n'a aperçu que les sentinelles se relevant par intervalles.— Le cœur se sent involontairement saisi d'une tristesse profonde à l'aspect de ces fortifications silencieuses et de ces campagnes déjà dévastées par l'incendie (1).

XLVI.—Les fortifications de Bomarsund se composent d'un fort principal et de trois tours détachées ; ces défenses sont assises à distance sur des crêtes de roc entièrement nues et tourmentées. Leur approche est défendue par un large fossé d'enceinte. — Au pied du rocher, qui porte la tour octogone, se déploie, au bord de la mer, une longue façade circulaire, moitié occupée à gauche par des casernes et moitié par des batteries casematées. Cet immense bâtiment, situé au niveau de la mer, a deux étages de casemates ; c'est l'ouvrage le plus important ; il domine le détroit qui sépare la

(1) *Dépêche du général Baraguey-d'Hilliers.*

« L'île d'Aland est découpée, dans la direction nord et sud, par des bras de mer qui s'enfoncent dans les terres, et dans lesquels se jettent une foule de lacs qui, joints entre eux par des ruisseaux de déversement, permettent d'isoler presque entièrement quelques points de l'île. Ainsi, en partant de Bomarsund, cette forteresse, située sur le bord de la mer, a derrière elle un bras de mer et deux lacs ou marais qui en défendent les approches. A cette première enceinte ou défense naturelle, se joint une seconde d'un rayon plus étendu, qui prend à Castelholm, va de là à Siby, et se relie à la mer par une langue de terre de peu d'étendue et facile à garder. »

grande île d'Aland de celle de Prestö. On y compte soixante-douze embrasures de canon.

Les autres tours détachées, bâties comme le grand fort, et comme lui à deux étages, croisent leurs feux sur la forteresse et commandent par le nord l'entrée du chenal.—Deux sont sur des hauteurs dans l'île de Lumpar; la troisième sur l'île de Prestö; elles se défendent l'une l'autre.

Les Russes avaient commencé à construire une seconde ligne de batteries en avant de la tour ronde; mais elle est inachevée. Une seule batterie en terre, armée de cinq canons, se montre sous les arbres à un mille en avant.

Cette reconnaissance détaillée et approfondie dura jusqu'à la nuit, sans que les Russes cherchassent à s'y opposer autrement que par quelques coups de canon, qui n'eurent aucun effet. Après cette première étude des points importants, les généraux purent arrêter leurs dispositions d'attaque sur des bases certaines.

Si l'agglomération des flottes alliées dans la baie de Lumpar rendait bien difficile de tromper l'ennemi sur nos projets, elle ne lui indiquait pas cependant le point de la côte sur lequel nous voulions débarquer, et pouvait lui donner de vives appréhensions sur la retraite des troupes qui s'aventureraient à notre rencontre.

XLVII. — Quelques bâtiments chargés du personnel et du matériel des armes spéciales, retardés dans leur navigation, n'ont pas encore atteint Ledsund et sont attendus avec une vive impatience; car chaque jour qui s'écoule peut augmenter les difficultés. — Bien que tous les efforts des nombreux vapeurs placés en croisière tendent à bloquer étroitement Bomarsund, il est à craindre que l'ennemi, à la faveur des nombreux îlots qui couvrent ces parages, ne parvienne à dérober son approche, et à jeter des secours dans la place. Les rapports des déserteurs disaient, en effet, qu'un renfort de 1500 hommes avait été annoncé à la garnison, et devait être amené par des chaloupes-canonnières.

Le temps, toutefois, était mis à profit et les troupes s'exerçaient au débarquement sur quelques îlots de la baie de Ledsund ; ces manœuvres souvent renouvelées avaient, en outre, l'avantage de combattre, par le mouvement, l'influence cholérique qui continuait à se faire sentir sur la flotte et menaçait déjà d'atteindre les vaisseaux récemment arrivés.

On ignorait encore de quels sentiments étaient animée la population des pêcheurs finlandais; aussi les ordres précis de l'amiral prescrivaient la plus grande circonspection. Peu à peu cependant les embarcations rassurées par l'apparence bienveillante des habitants, s'aventurèrent dans les bas-fonds, où elles découvrirent un pays charmant et des familles de pêcheurs auprès desquels on trouvait de précieuses ressources.

XLVIII. — Les sites les plus riants s'offraient à la vue de nos marins depuis si longtemps confinés devant des côtes arides et désertes. — Ici une eau limpide dans laquelle les sapins viennent baigner leurs pieds : plus loin une forêt épaisse et impénétrable, s'étendant parfois en sombres allées, ou s'élargissant par de vastes clairières, au milieu desquelles s'élèvent les toits rougeâtres de quelques maisons.

Les huttes des pêcheurs bâties au bord de la mer, dans des affaissements de terrain ou dans des excavations de rochers, ne pouvaient être aperçues qu'à très-courte distance. — Notre arrivée avait jeté l'effroi parmi ces pauvres pêcheurs qui avaient caché leurs objets les plus précieux et emmené dans l'intérieur des terres leurs modestes troupeaux ; ils avaient même traîné dans les bois leurs petites embarcations et les avaient recouvertes d'épaisses couches de mousse.

« Parfois (écrivait un officier de l'escadre) il nous arrivait d'apercevoir des branchages épais qui de loin semblaient s'étendre au-dessus de l'eau ; c'étaient des sapins que les pêcheurs avaient à grand'peine transportés dans la mâture de quelques navires qui n'avaient pas eu le temps de s'él'oigner et qu'ils espéraient ainsi dérober à nos recherches. »

XLIX. — Enfin, le 5 août, les derniers bâtiments nécessaires au débarquement du corps expéditionnaire sont arrivés au mouillage de Ledsund. — La journée du lendemain est employée à des transbordements indispensables pour assurer l'ordre et la rapidité au moment de l'action. Les navires qui doivent débarquer les troupes et le matériel reçoivent dans la soirée leurs dernières instructions et s'apprêtent à appareiller, dès le lendemain dans la matinée.

Dès que le jour se lève, les navires sous vapeur attendent avec impatience le signal; aussitôt qu'il apparaît au grand mât du vaisseau amiral, l'escadre se met en marche.

Bâtiments anglais et bâtiments français s'avancent de conserve pour arriver en ligne au point de rendez-vous devant Bomarsund. — Parfois les nécessités de navigation dans ces parages difficiles rapprochent subitement les navires, et de leurs bords s'élèvent tout à coup des acclamations prolongées; ce sont les régiments et les équipages des deux nations qui se saluent au passage.

Jamais les rochers de la côte finlandaise n'avaient entendu de cris plus enthousiastes; échos de l'union des deux peuples qui marchaient réunis au combat, ils durent, comme un pressentiment de l'avenir, frapper la pensée attentive de nos ennemis.

L. — La veille, le vaisseau *l'Inflexible*, portant le pavillon du vice-amiral commandant en chef, avait atteint le mouillage de Bomarsund, remorqué par *le Souffleur*, et il fallut toute l'habileté de manœuvres du commandant Moulac pour traverser sans accident ces passes étroites et peu profondes, où ce grand bâtiment avait à peine six pouces d'eau sous sa quille.

Il eût été facile de gêner sérieusement la marche des navires à travers ces canaux que dominent des berges boisées. — Des tirailleurs adroits, embusqués dans les taillis, eussent décimé les équipages, mais les Russes ne pouvaient croire que les escadres s'aventurassent avec d'aussi forts bâtiments à travers les récifs, les îlots et les passages dangereux qui précèdent la baie de Bomarsund. Dans certains endroits, en effet, un bloc de pierre en eût rendu pour les vaisseaux la navigation impossible.

Déjà l'île de Michelsö, qui avoisine Bomarsund, avait été fouillée par des compagnies de débarquement, et le bataillon de chasseurs à pied, dirigé par deux officiers du génie et muni de tous les outils que l'on a pu se procurer sur la flotte, travaille à confectionner des gabions et des fascines.

Tous les bâtiments qui doivent prendre part à l'expédition sont arrivés au mouillage de Bomarsund. Le soir, ils occupent les postes qui leur ont été assignés.

L'amiral Napier a mis son pavillon sur la frégate *le Bull-Dog*. *La Reine-Hortense* a amené les généraux.

C'est le lendemain que doit s'opérer le débarquement.

CHAPITRE III.

LI. — Dans la reconnaissance du 1ᵉʳ août, les endroits les plus favorables à cette opération avaient été reconnus, et, pour détourner l'attention de l'ennemi, le général en chef avait eu soin de déterminer trois points de concert avec les amiraux.

Le premier, situé au nord, à la hauteur de Halta. — Le deuxième, sur le versant oriental de la montagne au sud de la baie de Tranvik. — Le troisième, au sud-ouest de cette même montagne (1).

---

(1) *Rapport du général Baraguey-d'Hilliers au ministre de la guerre.*

« Une fois débarqué à Halta, le général Harry Jones devait se porter sur le fort de Bomarsund, en occupant avec 2000 hommes la langue de terre entre Siby et la mer, de manière à assurer ses derrières et à fermer toute issue aux partis qui voudraient sortir de la place. Arrivé près du lac de Perness, il se mettait en rapport avec les troupes françaises, qui, de Tranvik, repoussaient l'ennemi dans le fort.

« A l'Est de Tranvik débarquait le 12ᵉ bataillon de chasseurs à pied, qui occupait tout de suite les hauteurs au Nord et au Sud de ce village, ainsi que la jonction des routes qui, du même point, se dirigent sur la communication postale de Castelholm à Bomarsund.

« Le 2ᵉ régiment d'infanterie légère soutenait le 12ᵉ bataillon de chasseurs.

« Le 3ᵉ de ligne, débarqué dans la baie de Tranvik, devait remonter vers ce village et se porter en entier à l'embranchement des routes indiquées ci-dessus.

« Le 48ᵉ devait occuper définitivement les points conquis par le 12ᵉ bataillon de chasseurs et le 2ᵉ léger et destinés à servir de camp

Le chef d'état-major de l'escadre, le commandant Clavaud, est chargé par l'amiral Parseval des détails multiples qui constituent un débarquement sur une plage ennemie.

Aussitôt que la nuit est venue avec ses ténèbres, tous les canots et les embarcations disponibles, ainsi que les chalands, sont envoyés le long des bâtiments chargés de troupes.

Les vaisseaux *le Duperré* et *l'Edimburg*, embossés à petite distance de la plage, ont mission de défendre la côte et de protéger le débarquement.

Chacun est à son poste prêt à exécuter, au premier signal, les instructions qu'il a reçues.

L'obscurité est profonde. — Déjà les canots et les chalands sont remplis de troupes. Le bataillon de chasseurs à pied, qui doit le premier être jeté sur la plage, a pris place dans les embarcations les plus légères.

Des chaloupes armées en guerre suivent le mouvement, prêtes à engager le feu.

LII. — Il est 3 heures du matin, l'aube naissante

---

retranché pour le débarquement de tout le personnel et du matériel de l'artillerie, du génie et de l'administration.

« Le 51ᵉ, jeté au sud-ouest de la même montagne, devait rabattre sur l'intersection des routes, prendre l'ennemi à dos, s'il résistait sur la hauteur du sud, et se porter rapidement sur la route postale en avant de Castelholm.

« Toutes les troupes étant à terre, et maîtresses des points qui leur étaient assignés, devaient se mettre en route au commandement du général en chef, et se diriger sur Norra et Södra-Finby, en appuyant leur droite au bord de la mer. Arrivées à Finby, elles devaient se mettre immédiatement en communication avec le général Harry Jones. »

blanchit à peine l'horizon. — La frégate anglaise l'*Amphion* et la corvette française *le Phlégéton* ont ordre de détruire une batterie de quatre pièces construite par les Russes sur une pointe avancée, commandant une baie plus rapprochée du fort. — Dès que ces bâtiments sont à portée, ils envoient sur cette batterie quelques coups de canon. Celle-ci reste silencieuse; pas une bouche à feu de l'ennemi ne répond à notre attaque. — Aussitôt des embarcations sont détachées à terre. — Les hommes avançent avec précaution, craignant quelque surprise; mais bientôt ils s'aperçoivent que cet ouvrage a été bouleversé, et que les pièces sont enfoncées dans le sable et sous les décombres de la batterie. Les Russes prévoyant l'impossibilité de défendre la position l'ont abandonnée, après avoir encloué les canons.

Déjà *le Duperré* et l'*Edimburg* ont ouvert sur la plage un feu très-vif et fouillent de leurs projectiles les approches de la côte qui sont très-boisées et par conséquent favorables à la défense : mais la plage et tout le terrain environnant sont déserts; l'ennemi ne paraît vouloir sur aucun point s'opposer au débarquement. — Le feu cesse. Canots, embarcations et chalands font force de rames, s'excitant par des cris enthousiastes à un noble sentiment d'ardeur et d'émulation; bientôt ils abordent au rivage, et les troupes s'élancent à terre aux cris de : *Vive l'Empereur! vive la France!*

Le capitaine de vaisseau Fabre dirige avec habileté le débarquement, qui s'opère sans la moindre résistance.

— Les troupes formées en colonnes sont immédiatement mises en marche vers le village de Tranvik.

LIII. — Les hommes du génie et de l'artillerie commencent, la hache à la main, à frayer un passage aux canons et au matériel. — Pour faire diversion, 2200 Français d'infanterie de marine commandés par les colonels Fieron et Vassoigne, ainsi que 800 Anglais, touchent le rivage au nord de l'île, à trois lieues du grand réduit de Bomarsund. Le général Harry Jones les commande ; il s'avance au pas de course vers l'isthme pour fermer la retraite à la garnison et s'opposer à l'arrivée de tout secours du dehors.

De concert avec des navires anglais, deux bâtiments français, *le Cocyte* et *l'Aigle,* s'étaient portés sur ce point de débarquement pour protéger la mise à terre des troupes.

Les généraux Baraguey-d'Hilliers et Niel poussent en avant avec le bataillon de chasseurs à pied, et viennent reconnaître la place : celle-ci dirige sur eux quelques coups de canon qui labourent le terrain et fort heureusement n'atteignent personne. Le général commandant en chef établit son grand quartier général dans le village de Södra-Finby, près de quelques moulins dont les grandes ailes servent de direction aux différents corps dirigés sur le même point. — Bientôt, en effet, les deux colonnes ont fait leur jonction et se trouvent en vue et à portée de la tour du Sud, qui domine les ouvrages de Bomarsund. — Vers quatre heures, elles se portent en avant, s'approchent de la forteresse et en font le complet investissement du côté de la terre. Le général Harry Jones couvre la gauche des assiégeants, avec l'infanterie de marine française placée, nous l'avons dit, sous son commandement supérieur; pendant qu'un demi-bataillon du 51° gagne Castelholm, quelques compagnies du même régiment se dirigent vers le passage du Sud.

LIV. — Bientôt sur tous les points occupés se dressent des tentes de campement habilement abritées par les plis du sol, et les soldats, rendus à leurs habitudes et animés par l'espérance de prochains combats, montrent déjà cette joie contagieuse qui accompagne la vie des camps.

La nuit vint bientôt apporter le repos après les rudes fatigues de la journée, car il avait fallu pas à pas frayer un passage à l'artillerie, à travers un pays boisé, broussailleux et couvert d'accidents de terrain. — Les habitants, effrayés à notre approche, ont fui en emmenant avec eux les chevaux et les voitures, qui abondent dans ce pays, et dont le secours nous eût été d'une grande utilité. La plage de Tranvik est très-éloignée, et nos moyens de transport sont trop insuffisants pour nous permettre d'y laisser nos parcs et nos approvisionnements. — Déjà un autre point de débarquement est indiqué, et les deux marines française et anglaise s'empressent d'y établir de nouveaux débarcadères qui rendent à la fois les relations plus promptes et plus faciles entre l'escadre et le grand quartier général.

LV. — Les reconnaissances continuent sous le feu de la place, et surtout sous celui des tirailleurs finlandais qui tirent à grande distance avec une merveilleuse précision. Les commandants du génie et de l'artillerie déterminent le point d'attaque, ainsi que la position des premières batteries à établir.

La marine, de son côté, avec cette activité dont elle devait donner tant de preuves, concentre tous ses efforts pour mettre à terre avec rapidité le matériel considérable qui suit toujours une armée en campagne. — Les chaloupes, les chalands, les canots-tambours, remorqués par *le Daim* (commandant Salaun), versent sans relâche sur le rivage les approvisionnements de vivres et de guerre. — Le capitaine de vaisseau Jannin, commandant du *Saint-Louis*, combine avec un soin de tous les instants ce mouvement de va-et-vient, pendant que les débarquements opérés simultanément sous le feu de l'ennemi sont immédiatement régularisés par M. Bachm, chargé du service de la plage. — La frégate *la Reine-Hortense* sert d'intermédiaire pour les signaux entre le quartier général et l'escadre.

Pendant la nuit du 9 au 10 août les explorations du génie sont complétées.

« Il résulte des renseignements de ces officiers (écrit le général Niel) que la tour du Sud (ou de l'Ouest par rapport à la forteresse), qui domine la campagne et le réduit de Bomarsund, est la clef de la position ; que c'est sur elle qu'il faut diriger les premières attaques. »

LVI. — Les généraux et les chefs de service se sont réunis en conseil chez le général Baraguey-d'Hilliers.

Les résolutions suivantes sont arrêtées :

« On établira contre la tour du Sud, à 600 mètres environ, une première batterie de 4 pièces de 16 et de 4 mortiers sur un point facile à aborder sans trop de difficultés. Si le feu de cette batterie n'amène pas la reddition, elle en rendra au moins les approches beaucoup moins meurtrières.

« Une seconde batterie de 4 pièces de 30 empruntées à la marine sera établie ensuite à 200 mètres, sur un point déterminé, et ouvrira la tour, si les revêtements en granit sont attaquables par l'artillerie.

« Pendant ce temps les Anglais dirigeront leurs attaques sur la tour du Nord, qui a des vues sur les approches de la place.

« Dès que la tour du Sud sera prise, on se glissera vers la droite pour aller établir des batteries de brèche formidables contre la gorge du grand Réduit. »

LVII. — Le général Harry Jones, impatient d'agir, demande avec instance à concourir aussi à l'attaque de la tour du Sud qui doit précéder celle du Nord. — Le général en chef s'empresse d'accepter cette proposition, et décide qu'une batterie de 4 pièces de 32, tirées des vaisseaux anglais, sera établie à une distance de 400 ou même de 300 mètres, s'il est possible.

Les avant-postes se sont rapprochés de la place. — Des travailleurs remplissent des sacs à terre, car le sol, rocailleux et impénétrable sur plusieurs points, résiste à la pioche et à la pince.

Les travaux marchent rapidement. Dans la nuit du 12, la tranchée est ouverte, on construit des masques à l'épreuve des balles et de la mitraille ; mais l'ennemi a découvert le point sur lequel nous avons entrepris nos premiers ouvrages et y dirige un feu continuel qui en rend les approches très-dangereuses. — Pendant les nuits, malheureusement trop claires, les travailleurs élèvent à la hâte des gabionnades.

Les Russes ont brûlé le village de Skarpans et toutes les constructions qui, aux abords de la forteresse, peuvent gêner le tir de leurs pièces. — Nuit et jour des grêles de balles et de projectiles bondissent sur ce sol granitique qu'ils ne peuvent entamer.

« Pendant que nos travaux d'attaque s'exécutent ainsi sous l'habile direction du général Niel et du colonel de Rochebouët (écrit l'amiral Parseval au ministre), quatre vaisseaux français et quatre anglais, ainsi que les vapeurs les plus fortement armés des deux escadres, se disposaient à prendre part à l'attaque de la forteresse, cherchant nuit et jour sous le feu des tirailleurs russes, la sonde à la main, dans leurs embarcations, les fonds qui en permettraient l'approche. »

Les vaisseaux *le Duperré* et *l'Edimburg* ont quitté leur

premier mouillage et, avec *le Trident, le Darien* et *l'Asmodée,* sont venus se placer à douze encâblures du fort principal.

LVIII. — Un événement qui faillit être fatal à une frégate à vapeur anglaise et renouveler le triste épisode du *Tiger* près d'Odessa, causa pendant plusieurs heures une cruelle inquiétude aux escadres alliées. — *La Pénélope,* qui s'était audacieusement aventurée entre l'île Prestö et Michelsö, avait rencontré une roche isolée dont elle n'avait point connaissance, et s'était échouée à portée des canons de la forteresse. Aussitôt que les Russes eurent aperçu la malheureuse frégate livrée à leurs coups, ils se mirent à lancer contre elle une grande quantité de bombes et de boulets rouges. Heureusement leur tir fut longtemps incertain. — Mais c'était un spectacle cruel et navrant. — *L'Hecla* ne tarda pas à arriver intrépidement au secours de la frégate avec un grand nombre de chaloupes des deux nations, qui rivalisaient de courage et d'ardeur.

LIX. — La forteresse dirige, avec un acharnement sans pareil, sur ce groupe héroïque une grêle de projectiles qui font jaillir l'eau de toutes parts; plusieurs boulets se logent à bord de *la Pénélope;* plusieurs aussi pénètrent dans les murailles de *l'Hecla;* sur ces deux bâtiments trois hommes sont tués, quatre autres sont blessés. — Un matelot français est frappé mortellement sur la chaloupe du *Duperré* que commande l'enseigne de vaisseau Caubet. La chaloupe du *Trident* est plus heureuse, quoique presque constamment dirigée sous le ricochet des boulets par l'enseigne de vaisseau Vaillant. — Rien n'arrête les efforts qui se multiplient avec une superbe audace, pour arracher le navire échoué à une perte certaine.

Mais voici le vaisseau *l'Edimburg* et la frégate *le Valorous* ; ces navires se rapprochent de la forteresse et ouvrent leur feu contre elle avec des pièces de gros calibre qui l'atteignent à très-longue portée, sans lui permettre de répondre avec quelque chance de succès. — Un obus éclate sur le toit de la citadelle qui, elle aussi, doit maintenant songer à se défendre contre cette attaque inattendue.

Pendant ce temps, *la Pénélope* est enfin remise à flot et échappe au danger qui la menaçait. — Les embarcations rentrent à leur bord, et le feu du fort ennemi cesse, sans avoir pu broyer sous ses boulets la frégate désemparée qui s'éloigne saine et sauve hors de la portée de ses canons.

LX. — A terre, la construction et l'armement des batteries s'achevaient, et le 13, à trois heures du matin, la batterie de quatre pièces de 16 et de quatre mortiers, la première armée, commençait son feu. — La tour du Sud riposta avec vigueur pendant la moitié de la journée.

Le tir des canons, servis par l'artillerie de terre, se fit avec une admirable précision. — Celui des mortiers, confié à la marine, causa de grands ravages dans la tour en effondrant la toiture. Bientôt toutes les embrasures sont détruites, et pendant que les murailles de granit sont ébranlées par des coups répétés, les chasseurs à pied, embusqués ou à découvert, font, avec leurs balles coniques, un grand mal à l'ennemi. — Quelques pièces seules essayent encore de tirer.

Le lendemain cette tour était en notre pouvoir.

Le commandant fut fait prisonnier ainsi que 2 officiers et 32 soldats. — Le reste de la garnison avait pu se réfugier dans la place (1).

En enlevant ainsi cette première fortification ennemie, l'œuvre du corps assiégeant avait fait un grand pas.

LXI. — Le même jour, les approches gagnaient sur la droite, et, pendant la nuit, l'artillerie établissait sur un point abrité des feux de la place, et à 800 mètres de la gorge, une nouvelle batterie de quatre mortiers et

---

(1) *Rapport du général Baraguey-d'Hilliers.*

« A 7 heures du soir, le 13 août, la tour du Sud arbora le drapeau blanc.

« Toutefois, après une suspension d'armes d'une heure, pendant laquelle on ne put s'entendre, le feu recommença. Mais ces derniers efforts de l'ennemi durent céder bientôt à la foudroyante précision de notre tir; la tour se tut de nouveau, et, le lendemain matin, deux officiers français, M. Gigot, sous-lieutenant au 12e bataillon de chasseurs à pied, et M. Gibon, sous-lieutenant de voltigeurs au 51e, suivis d'hommes déterminés, pénétrèrent résolûment dans l'ouvrage. Le commandant russe, en voulant repousser cette attaque imprévue, fut atteint de deux coups de baïonnette, et 32 Russes qui n'avaient pu s'échapper furent amenés prisonniers au quartier général. »

de deux obusiers de 22 contre la tour du Nord ; car cet ouvrage prend à revers le terrain où l'on doit construire les batteries de brèche contre le grand Réduit.

Les Russes réunissent tous leurs efforts contre la tour du Sud qu'il veulent incendier, afin de nous empêcher de l'occuper : le feu ne tarde pas à se déclarer dans la toiture ; bientôt il se communique aux blindages intérieurs et aux approvisionnements de bois entassés dans la cour. — La fumée et les flammes l'enveloppent de toutes parts ; il faut s'en éloigner par crainte des explosions.

Le 15 août au matin le feu s'ouvre contre la tour du Nord, et dès le lever du jour nos boulets ébranlent les murailles ennemies. La tour du Nord fait pleuvoir sur nous une grêle de mitraille ; « mais (écrit le général Niel) les rochers nous abritent, et nos chasseurs à pied, bien embusqués et couverts par des créneaux en sacs à terre, tirent dans les embrasures et dans les lucarnes. »

Deux pièces de campagne, placées dans les rochers, font feu en même temps sur la gorge du Réduit ; — ennemies insaisissables, elles changent perpétuellement de place, et se dérobent aux coups de leurs adversaires.

LXII. — Pendant que la canonnade remplit ainsi les échos des îles d'Aland, la flotte, bien que condamnée, par le fait même des opérations, à un rôle de diversion, ne veut pas rester inactive.

« Le moment nous sembla venu, à l'amiral Napier et

à moi (écrit l'amiral Parseval au ministre de la marine), d'occuper l'artillerie du fort qui incommodait nos travailleurs de l'armée.

« Nous dirigeâmes le feu de nos plus forts calibres sur les murailles de granit de la forteresse de Bomarsund, et nous ne tardâmes pas à être agréablement surpris de ce tir à longue portée. Par une heureuse coïncidence, M. le ministre, nos vaisseaux, pavoisés pour la solennité du 15 août, saluaient la fête de l'Empereur d'une manière inaccoutumée. »

A onze heures, en effet, les bâtiments français *le Trident*, sur lequel l'amiral Pénaud a son pavillon, *le Duperré*, *le Phlégéton*, *le Darien* et *l'Asmodée*, ainsi que les vaisseaux anglais *l'Ajax*, *l'Edimburg*, et les frégates *l'Amphion* et *le Bull-Dog*, *l'Arrogant*, *le Valorous*, *le Driver* et *l'Hecla*, avaient reçu l'ordre de s'embosser devant le fort. Presque aussitôt un tir lent mais précis, bien qu'à très-grande portée, attaquait la façade extérieure et la toiture de ce formidable édifice.

L'amiral veut stimuler par sa présence l'ardeur des bâtiments engagés au feu, et se rend successivement à bord de chacun d'eux. — Le tir des canonniers avait atteint une grande précision et causait dans le fort ennemi de notables ravages. — La toiture, effondrée sur plusieurs points, les embrasures atteintes et dégradées, montraient la puissance de l'artillerie des vaisseaux, même sur des murs de granit.

LXIII. — Pendant toute la journée, la batterie établie

contre la tour du Nord l'avait canonnée sans interruption ; les boulets pleins et les obus avaient frappé sans relâche ses murailles et y avaient pratiqué une large brèche. — Plusieurs de ses parties étaient complétement ruinées, et les voûtes écroulées laissaient à découvert l'intérieur des casemates. — Une plus longue défense devenait impossible ; aussi, vers la fin de la journée, le drapeau blanc flottait au sommet de la tour mutilée.

Le général sir Harry Jones fit aussitôt cesser le feu et envoya en prendre possession.

L'imposante fortification du grand Réduit de Bomarsund voyait ainsi tomber à ses côtés ses deux sentinelles avancées, impuissantes à la défendre, et elle pouvait pressentir que sa ruine était imminente.

LXIV. — Les Russes comprennent qu'il faut tenter de porter secours à cette garnison, réduite à la dernière extrémité ; des renforts, assure-t-on, se préparent à débarquer, malgré la vigilance de nos croiseurs, dans les îles que protégent les sinuosités de leurs passages.

L'amiral Parseval en est informé par de secrets rapports. Aussitôt que la nuit est venue, il envoie occuper l'île de Prestö. — Un détachement de 500 hommes d'infanterie de marine, plus 400 marins des compagnies de débarquement, commandés par le capitaine de frégate Lantheaume, ayant en outre 180 matelots avec lui, se portent en toute hâte vers cette île, sous le commandement supérieur du colonel de Vassoigne.

Ces troupes doivent intercepter toute communication avec le fort, et couper la retraite à l'ennemi, s'il tentait de s'échapper.

Cette sage mesure de l'amiral, en complétant l'entier investissement de la place, arrachait aux Russes leur dernière chance de salut ; sans nul doute, elle contribua beaucoup à faire naître une profonde démoralisation, qui n'allait pas tarder à se traduire par la reddition de la place.

LXV. — Le lendemain, dès la pointe du jour, le feu recommence du côté de la terre avec une énergie nouvelle. — Les mortiers causaient des ravages terribles dans la place et décimaient la garnison. L'ennemi répond vigoureusement ; les obus et la mitraille qu'il lance à profusion nous mettent des hommes hors de combat. — Mais c'est l'agonie de la défense, le suprême effort des canons qui doivent bientôt rester silencieux.

De leur côté, les bâtiments des escadres étaient revenus s'embosser devant la forteresse. — Leur tir renouvelait les désastres de la veille. Il avait été décidé qu'il se continuerait ainsi toute la journée, la batterie de brèche ne pouvant être armée que la nuit suivante. — Pour chacun, il était évident que l'ennemi était à bout de forces, et que les prises successives des deux tours, jointes à l'investissement de l'île de Prestö, l'avaient moralement frappé du plus amer découragement.

LXVI. — Vers midi, le feu était dans toute son intensité, lorsque, du côté de la mer, un pavillon parlementaire flotta pendant quelques instants à une embrasure, puis disparut tout à coup, et reparut peu de temps après.

Cette fois c'était bien la place qui demandait à capituler.

Que voulait dire la première apparition et la disparition subite du pavillon parlementaire? — Les troubles, les dissentiments qui existaient au sein de la garnison l'expliquèrent bientôt.

Immédiatement, au grand mât des vaisseaux-amiraux, est hissé le signal de : *Cesser le feu*, qui continue néanmoins du côté de la terre, d'où il est impossible d'apercevoir le pavillon de la forteresse.

Deux embarcations se détachent de *l'Inflexible* et du *Bull-Dog*. — L'une porte le capitaine de frégate de Surville, aide de camp de l'amiral; — l'autre, le capitaine Hall, commandant le *Bull-Dog*, où flotte le pavillon de l'amiral Napier. Les parlementaires ont reçu ordre de n'accorder aucune suspension d'armes et de ne traiter de la reddition de la place, que dans le cas où il ne serait demandé aucune condition. — Toute autre proposition qu'une capitulation pure et simple doit être refusée.

LXVII. — *Le Bull-Dog* étant plus rapproché de la forteresse que *l'Inflexible*, l'embarcation anglaise atteignit la première le rivage, où toucha bientôt à son tour le canot qui portait le commandant de Surville. — A ce moment le commandant Hall s'avança vers M. de Surville et lui dit :

« — Vos avant-postes font un tel feu de mousqueterie, qu'il est impossible d'approcher. »

En effet, le feu des tirailleurs était entièrement dirigé vers les abords du réduit, et il n'était pas sans danger de s'y présenter entièrement à découvert.

Les deux officiers prennent aussitôt le pavillon de leur nation, et se faisant accompagner d'un matelot portant le pavillon parlementaire, ils avancent sans hésiter. — Les balles traversaient l'espace en sifflant, car les tirailleurs, abrités dans des plis de terrain, n'apercevaient pas les parlementaires. — Ceux-ci sont enfin arrivés sains et saufs devant la forteresse, autour de laquelle les bombes font à chaque instant explosion.

S'approchant d'une meurtrière où plusieurs têtes s'étaient montrées, le commandant de Surville, en son nom et en celui de son collègue, demanda quel motif avait fait arborer le pavillon parlementaire.

Un officier qui s'exprimait fort bien en français, comme le font presque tous les officiers russes, répondit aussitôt que c'était pour demander une suspension d'armes.

Les instructions des amiraux ne permettaient d'accepter qu'une capitulation complète; les parlementaires en firent part à l'officier russe.

« — Je vais transmettre votre réponse au général commandant, repartit celui-ci, attendez. »

Et déjà les coups de pioches et le bruit d'un travail

actif que l'on entendait de l'intérieur faisaient comprendre que les Russes enlevaient précipitamment les terres amoncelées devant la porte pour en défendre l'entrée.

LXVIII. — Si le feu des avant-postes avait cessé aussitôt que l'on avait aperçu les officiers parlementaires, le tir foudroyant des batteries n'en continuait pas moins avec une grande vivacité et mettait à tout moment en péril la vie des deux envoyés. — Un lieutenant de chasseurs accourt s'informer de ce qui se passe.

« — Voici les ordres que j'ai reçus, lui dit M. de Surville; le pavillon blanc a été hissé à la forteresse, il n'a pu être vu de la terre; courez prévenir, pour que le feu des batteries cesse comme a cessé celui des vaisseaux. »

Le lieutenant venait de s'éloigner, lorsque l'officier russe vint annoncer que le général consentait à se rendre, mais sous certaines restrictions qu'il voulait communiquer aux envoyés parlementaires.

« — Menez-nous immédiatement à lui, répondirent les deux officiers, et qu'un pavillon blanc soit également hissé du côté de la terre. »

Mais la porte avait été littéralement enterrée pour en rendre l'accès impossible à nos soldats, et, malgré l'activité que déployaient les travailleurs, il fallut forcément attendre qu'elle pût être ouverte.

LXIX. — Pendant ce temps, sans nul doute, des

scènes étranges se passaient dans l'intérieur de la forteresse. On entendait des vociférations, des éclats de voix subits, auxquels se mêlaient des coups de fusil. Les officiers postés aux embrasures jetaient parfois derrière eux des regards inquiets.

Enfin la porte s'ébranle; et à l'empressement que mettent ces officiers à entourer les deux envoyés, il est facile de comprendre qu'ils veulent les garantir contre les balles de leurs propres soldats, et les protéger de leurs corps contre un danger qu'ils se sentent impuissants à conjurer.

Au moment où les commandants Hall et de Surville montent les escaliers du fort, dont les marches sont à peine dégagées des terres qui les couvraient, un lieutenant-colonel d'infanterie français est venu se joindre à eux. — Il demande aux envoyés d'attendre jusqu'à l'arrivée d'un messager du général en chef; mais en apprenant les instructions dont les officiers de marine sont porteurs, et leur volonté bien arrêtée d'accomplir sans retard leur mission, il ne peut que se joindre à eux, et tous trois pénètrent dans l'intérieur du fort.

LXX. — Un triste spectacle s'offrit à leurs regards et leur fit oublier que leur vie même était menacée, malgré le caractère inviolable dont ils étaient revêtus. — La garnison révoltée refusait d'obéir à ses chefs. Les uns voulaient se rendre, les autres voulaient continuer le combat ou faire sauter la forteresse, et tiraient au hasard des coups de fusil. — Le désordre était extrême ; les cris des soldats couvraient la voix des officiers. — Un instant la révolte devint si menaçante, que ceux-ci armèrent de pistolets les parlementaires pour qu'ils pussent au moins défendre leur vie.

Mais peu à peu le calme se rétablit, et les envoyés, conduits par les officiers russes, parvinrent jusqu'à la casemate où se tenait le général Bodisco, entouré du colonel commandant les troupes du génie, du colonel des tirailleurs finlandais, du colonel chef de l'artillerie et de plusieurs officiers supérieurs. — Tous étaient revêtus d'une longue redingote grise, le général seul était en uniforme.

Il faut renoncer à décrire l'impression que ressentirent les messagers en voyant ces casemates en désordre, à demi mutilées, ces officiers, les uns l'œil morne, les autres le regard plein de colère, et, au milieu d'eux, ce vieux général, dont le visage portait l'empreinte de la plus profonde amertume. — Pendant ce temps, on entendait toujours mugir les boulets de nos batteries contre la forteresse, et des bombes éclater à tout instant dans l'intérieur.

Le général prit aussitôt la parole :

« — Ma première pensée, dit-il, n'avait d'abord été que de demander une suspension d'armes, mais, d'après les ordres que vous avez reçus et qui viennent de m'être transmis, je renonce à cette demande pour vous faire celle de capituler. — Seulement, ajouta-t-il, je voudrais mettre à la reddition du fort quelques conditions, que je vais rédiger de concert avec mes officiers. »

Le capitaine Hall ne s'exprimant que difficilement en français, M. de Surville, parfaitement d'accord avec lui, répondit qu'il ne pouvait, à son grand regret, entrer dans cette voie, n'ayant mission que de recevoir la capitulation pure et simple.

Cette réponse inattendue fit une profonde impression sur le vieux général, et ses yeux se mouillèrent de larmes qu'il ne pouvait contenir. Autour de lui s'élevèrent les murmures de ses compagnons d'armes, dont les regards animés exprimaient les sentiments qui les animaient.

Le général Bodisco voulut un instant continuer la défense, mais en apprenant que l'île de Prestö était occupée par nos troupes, que la place était étreinte de toutes parts, que, le lendemain, les bâtiments se rapprocheraient encore de la forteresse et que l'armée de terre démasquerait ses batteries de brèche, il comprit que toute résistance devenait inutile.

LXXI.—Lorsque les paroles des parlementaires furent traduites aux officiers qui entouraient le gouverneur, il fut facile de comprendre que, si elles avaient ébranlé la résolution du chef, elles avaient au contraire augmenté l'irritation de plusieurs d'entre eux.

Tous se retirèrent dans un réduit voisin de celui où avait eu lieu la conférence et revinrent quelques instants après. — Le fort se rendait à discrétion, et le général Bodisco demandait instamment à remettre son épée à l'amiral français.

« — Les amiraux vous laissent l'honneur de la conserver, répondit aussitôt M. de Surville; vous rendrez cette épée au général commandant en chef le corps expéditionnaire, si elle vous est demandée. »

Le visage du vieux soldat exprima un noble sentiment de gratitude, lorsqu'il tendit à la fois ses deux mains aux officiers parlementaires.

Immédiatement, ceux-ci montèrent sur la toiture de la forteresse, et y arborèrent les deux pavillons alliés.

LXXII. — Mais les différentes scènes que nous venons de retracer avaient duré un assez long espace de temps, et les amiraux, inquiets de ne pas voir revenir leurs envoyés, se décidèrent à se rendre à terre de leur personne; et, sans s'être consultés, mus tous les deux par un sentiment semblable, ils descendaient en même temps dans leurs embarcations, qui, chacune de son côté, se dirigea vers le rivage.

Au moment où ils atteignaient la forteresse, ils virent flotter aux embrasures les pavillons anglais et français et pénétrèrent sans aucun obstacle. — A leur arrivée, ils trouvèrent dans l'intérieur du fort les troupes de la garnison rangées en ligne, leurs armes à leurs pieds.

Le commandant en chef de l'armée de terre, prévenu de ce qui se passait, arriva presque aussitôt avec tout son état-major et un bataillon de ligne; il reçut des mains du gouverneur Bodisco la capitulation de la forteresse de Bomarsund. — Sur la sollicitation du général russe, le commandant de la tour de Prestö se rendit aussi aux troupes que l'amiral Parseval avait envoyées dans cette île (1).

Les faits relatifs à la reddition du fort de Bomarsund avaient été si diversement racontés, que nous avons cru devoir les retracer ici dans tous leurs détails, d'après les documents officiels émanés des acteurs mêmes de ce premier drame de la guerre d'Orient.

LXXIII. — La place de Bomarsund (2), avec les trois tours qui en formaient les avant-postes, contenait une

---

(1) Avant d'envoyer le rapport détaillé de la prise de Bomarsund, l'amiral Parseval, dès le lendemain, écrivait au ministre de la marine :

« A peine avions-nous recommencé le feu des escadres à grande portée pour favoriser les travaux de l'armée, que le drapeau parlementaire nous apparut à plusieurs reprises ; j'ai aussitôt expédié M. de Surville, mon aide de camp, qui, suivi d'un capitaine de vaisseau anglais, est entré le premier dans le fort, où il a reçu la déclaration du gouverneur qu'il se rendait à l'amiral français.

« Je suis allé moi-même dans cette forteresse, bien mutilée par nos boulets, et où, quelque temps après, le commandant en chef de l'armée est arrivé. Il m'a témoigné le désir de renvoyer en France la moitié des prisonniers, que je vais expédier sur les frégates *la Sirène* et *la Cléopâtre*. »

(2) La forteresse circulaire du côté de la mer était fermée du côté de la terre par deux casernes crénelées, rejointes par une tour ronde construite comme les autres batteries.

Entre ces casernes et les casemates, était une grande tour. Au milieu les Russes avaient construit une grande batterie qu'ils devaient opposer à la batterie de brèche, quand les murs, peu solides de ce côté, auraient cédé.

La porte, située entre la caserne de gauche et les casemates, était soutenue en arrière par un amas de terre et de pierres; en arrière, à quelques pas, un mur en planches percé de meurtrières la défendait.

De chaque côté de la tour des fours à boulets rouges étaient disposés pour le service des pièces.

garnison de 2400 hommes; elle était armée de 180 pièces de canon et munie d'approvisionnements considérables.

A cinq heures, les prisonniers quittèrent le fort pour être embarqués sur les bâtiments qui devaient les conduire à Ledsund, où se trouvaient les vaisseaux-transports anglais.

Ce fut un spectacle à la fois triste et grave. Ils marchaient en ordre de bataille, les tirailleurs en tête. Les soldats et les officiers étaient sans armes. Le général et les officiers supérieurs seuls avaient conservé leur épée. — Parmi eux était un vieux colonel d'artillerie qui déjà nous avait combattus en 1812. C'était un de ceux qui s'étaient opposés le plus énergiquement à la reddition de la forteresse et voulaient s'ensevelir glorieusement sous ses débris. L'expression de son visage disait assez que l'âge n'avait point affaibli chez lui les vertus du soldat.

LXXIV. — Les embarcations des deux escadres rangées avec ordre attendaient les prisonniers russes devant le débarcadère. Le général, entouré de son état-major, s'embarqua le premier, et avant de se rendre à bord du *Tilsitt*, sur lequel il devait rester jusqu'à son départ pour la France, il se dirigea vers le vaisseau amiral. La garde l'attendait sous les armes au haut de l'échelle; quand il parut, on lui rendit les honneurs dus à son grade. — Le vieux général en parut profondément ému; les larmes lui vinrent aux yeux, et en s'approchant de l'amiral, il le remercia avec effusion.

Quelques jours après, tous les prisonniers partaient sur des vaisseaux anglais. *Le Souffleur*, commandé par le capitaine de frégate Moulac, avait été mis à la disposition du général Bodisco pour le transporter, lui, sa famille et les officiers qu'il avait désignés.

La Reine-Hortense fut chargée de porter en France la nouvelle de ce grand succès. — C'était la première victoire des armes alliées sur les Russes. Les prisonniers de Bomarsund étaient les premiers trophées de cette guerre qui devait porter si haut les drapeaux unis de la France et de l'Angleterre.

LXXV. — La prise de Bomarsund, qui nous donnait la possession des îles d'Aland, n'était pas seulement un échec matériel considérable pour les Russes, elle avait encore une portée politique incontestable.

Dans la pensée de l'empereur Nicolas, Bomarsund était indubitablement destiné à devenir une place de guerre et un arsenal maritime de haute importance.

« La situation géographique des îles d'Aland (écrit l'amiral Parseval au ministre de la marine), son magnifique port, dont l'accès difficile augmente encore la valeur, tout permet de deviner la pensée de l'empereur de Russie de créer à Bomarsund un vaste établissement naval, à cheval sur les deux golfes de Bothnie et de Finlande, menaçant la Suède, et commandant la Baltique dans des conditions bien supérieures à celles où se trouvent Cronstadt et Sweaborg.

« La prise et la destruction de Bomarsund, dont les

magnifiques travaux avaient déjà coûté tant de temps et de millions, est un rude coup porté dans la Baltique à l'influence de la Russie. »

« On ne peut contester (écrivait de son côté le général Niel) que tout le système de la défense reposait sur cette supposition que les gros blocs de granit qui formaient les murs extérieurs résisteraient à l'action du canon. — Les défenseurs de Bomarsund ont dû éprouver une grande surprise, lorsqu'ils ont vu les boulets et les bombes ouvrir en brèche la tour du Nord à une distance de plus de 800 mètres. »

LXXVI. — Il était important de savoir ce qu'il restait à faire de l'importante forteresse que la victoire venait de faire tomber entre nos mains.

Dès le lendemain les généraux et les amiraux se réunirent à ce sujet en conseil de guerre. — Les généraux du génie Niel et Harry Jones furent consultés les premiers. — Tous deux, parfaitement d'accord, déclarèrent qu'il était impossible de remettre la forteresse en état de défense avant l'arrivée de la mauvaise saison, « et même, ajoutaient-ils, serait-elle suffisamment réparée, un corps d'armée inférieur à celui qui l'avait assiégée pourrait la réduire sans aucun doute; car il ne faut pas oublier que, pendant l'hiver, la mer, entre Abo et la côte de Suède, devient un vaste champ de glace sur lequel les poids les plus lourds peuvent être facilement traînés : il deviendrait alors impossible d'empêcher un corps d'armée ennemi de débarquer sur les îles. — Vouloir garder cette possession, ce serait s'exposer à un échec certain. »

Telle fut l'opinion nettement exprimée par les deux généraux du génie.

De leur côté, les amiraux ne cachaient pas le danger de l'hivernage au milieu des glaces, et les difficultés presque insurmontables d'approvisionnements.

Ces considérations, fondées sur une sage prudence, décidèrent le général en chef du corps expéditionnaire et les deux amiraux à proposer d'un commun accord à leurs gouvernements la destruction de la forteresse Bomarsund et des trois tours.

LXXVII. — En attendant la réponse de l'Empereur et du gouvernement de S. M. britannique à cette décision, l'amiral Parseval proposa au général Baraguey-d'Hilliers de pousser une exploration sur Revel, Sweaborg et Hango, afin de reconnaître si quelque chose de sérieux pouvait être tenté sur un de ces trois points.

Le 22, *le Phlégéton* leva l'ancre portant le pavillon amiral et ayant à son bord les généraux Baraguey-d'Hilliers et Niel.

L'exploration se dirigea d'abord sur Revel; il fut reconnu que cette ville était plutôt une place de commerce qu'une ville forte, malgré ses fortifications très-élevées. Tout autour campait un corps d'armée considérable, dont le commandant des bâtiments anglais mouillés devant Nargen avait vu le nombre s'accroître de jour en jour.

D'une part, il n'était pas dans la pensée du gouvernement français de s'attaquer aux villes de commerce; de l'autre, en face de forces bien supérieures, le débarquement était impossible.

Le Phlégéton mit ensuite le cap sur Sweaborg et s'en approcha à portée de canon.

LXXVIII. — Dès la première inspection de cette place importante, l'amiral put s'assurer que le peu de largeur des canaux, non-seulement ne permettait pas aux vaisseaux de s'embosser en ligne devant les forts, mais même qu'il leur était impossible de s'en approcher suffisamment. Par terre, un corps d'armée nombreux en défendait aussi les abords; par mer, l'attaque n'était possible qu'avec une flottille de canonnières et de bombardes.

Il restait un troisième point à explorer, c'était la presqu'île d'Hango. Sa position lui donnait une grande importance militaire. Deux forts et plusieurs batteries défendaient la rade. Hango était le seul point qui permît un développement de forces à bonne distance. Le corps d'armée expéditionnaire pouvait débarquer sur la langue de terre sans crainte d'être inquiété sur ses derrières. — Les Russes, sans nul doute, comprirent l'impossibilité où ils seraient de défendre sérieusement cette position, et convaincus que l'arrivée des bâtiments annonçait une attaque dirigée contre eux, ils résolurent de faire sauter eux-mêmes les forts, et de détruire les ouvrages défensifs qu'ils avaient élevés.

Le 27 août, au moment où *le Phlégéton* s'approchait de la presqu'île, des explosions successives se firent entendre ; deux colonnes de feu et de fumée montèrent à la fois vers le ciel. — Quand le vent les eut dissipées, des deux forts que les Suédois avaient élevés sur cette île, il ne restait plus qu'un monceau de pierres fumantes, non loin desquelles devaient bientôt s'étendre à leur tour les débris de Bomarsund.

LXXIX. — En effet, le navire *le Laborieux* avait rejoint en mer l'amiral et avait apporté au général en chef l'ordre de faire raser ces fortifications, que l'approche de l'hiver empêchait d'occuper utilement.

Il était important que la destruction fût complète et que la Russie en remettant les pieds dans les îles d'Aland, ne trouvât plus à Bomarsund que des ruines impossibles à réédifier.

Le 2 septembre fut fixé pour cette triple destruction. Elle devait avoir lieu à 7 heures du soir.

Les troupes des deux nations étaient échelonnées sur les hauteurs environnantes, les équipages des bâtiments en rade rangés sur les bastingages, les officiers debout sur les dunettes. — Une grande partie des habitants de ces îles assistait à cet imposant spectacle, et tous, les yeux fixés sur la forteresse, attendaient en silence que l'heure eût sonné.

LXXX. — Elle est venue, et aussitôt une immense détonation se fait entendre, suivie de plusieurs explosions successives ; les embrasures du fort, que le combat avait déjà démantelées, vomissent une masse considérable de pierres et de poussière ; puis les murs, déchirés, se couchent par immenses blocs, comme des êtres humains que la mort eût subitement frappés.

Au même instant s'élève de toutes parts un colosse de fumée : il enveloppe les derniers débris du grand réduit de Bomarsund, et s'étend noir et compact jusqu'aux bâtiments dont il touche les hautes mâtures. — Pendant un assez long espace de temps, il s'arrêta immobile dans les airs : on eût dit qu'il craignait de laisser voir le spectacle de destruction qu'il dérobait encore à moitié aux regards avides, puis il s'éleva lentement au-dessus des montagnes, et, poussé par un léger vent venu de l'ouest, se prolongea vers les côtes de la Finlande et disparut dans les nuages.

Cette œuvre fatale, triste nécessité des lois de la guerre, était accomplie, et les constructions élevées avec tant de soins et à si grands frais par la Russie, n'étaient déjà plus qu'un amas de ruines et de pierres calcinées, que cherchaient à dévorer encore les flammes d'un immense incendie.

LXXXI. — Pendant les jours qui s'étaient écoulés depuis la prise de Bomarsund, les opérations relatives au rembarquement des troupes s'étaient faites avec activité, car la saison déjà avancée, et quelques coups de vent qui déjà s'étaient déclarés, faisaient craindre de réelles difficultés de navigation.

Les malades furent embarqués les premiers sur un grand bâtiment à vapeur anglais.

Les navires faisaient route successivement aussitôt qu'ils avaient opéré leur chargement; car les amiraux, prévoyant avec une sage prudence les dangers d'une navigation par escadre, avaient décidé que les vaisseaux partiraient isolément et indépendants les uns des autres.

Le général en chef Baraguey-d'Hilliers, élevé à la haute dignité de maréchal, s'était embarqué sur *le Fulton* pour retourner en France, dès que l'évacuation des troupes avait été entièrement terminée.

Les opérations militaires étaient donc achevées; le blocus ne devait plus être continué que par les bâtiments légers.

Le 18 septembre au matin, l'amiral Parseval, après avoir reçu de l'escadre anglaise des témoignages précieux de haute estime et de profonde sympathie, donne le signal d'appareiller et quitte le golfe de Finlande, salué à la bande par les bâtiments anglais restés en rade. — *L'Inflexible* se fait remorquer par *le Darien*. *L'Austerlitz* et *la Reine-Hortense* l'accompagnent.

LXXXI. — Si cette première campagne de la Baltique n'avait pas amené les immenses résultats auxquels on avait cru tout d'abord, espérances exagérées fondées entièrement, il faut le dire, sur l'inconnu, elle n'avait pas été, on le voit, sans utilité ou sans gloire.

Les escadres avaient accompli avec bonheur, dans

des mers difficiles, une périlleuse navigation ; elles avaient exploré les places fortes qui hérissaient le littoral de la Finlande et pu apprécier avec quels instruments de guerre il était possible d'agir contre elles. — Les îles d'Aland avaient été occupées par un corps d'armée, ses fortifications avaient été détruites, enfin un blocus étroit avait paralysé le commerce russe sur toute l'étendue de ses côtes. — Ajoutons encore que les pavillons unis des nations alliées, sans cesse prêts à accepter la bataille, étaient restés en vue de la capitale de l'empire russe, jusqu'au jour où les vents, les orages et les glaces, ces ennemis contre lesquels toute lutte est impossible, avaient seuls forcé les bâtiments à quitter l'intérieur du golfe de Finlande et à rentrer successivement dans leurs ports.

LXXXII. — Tels sont les souvenirs de cette campagne de trois mois et demi dans les mers du Nord, et le ministre de la marine, écho de la voix du Souverain, écrivait au vice-amiral commandant en chef la dépêche suivante que celui-ci s'empressait de porter à la connaissance des commandants, officiers, sous-officiers et matelots de l'escadre.

« Ministre de l'Empereur et jaloux du succès de sa marine, je n'ai pas attendu, vous le savez, M. le vice-amiral, que votre rapport me soit parvenu pour vous exprimer ma vive satisfaction et vous charger de féliciter en mon nom les commandants, officiers et marins sous vos ordres. Fier en effet d'un résultat auquel nos bâtiments ont si largement contribué, j'étais impatient de le constater, avant même d'en avoir pu apprécier tous les détails.

« Dans une pénible navigation de plusieurs mois accomplie au milieu des dangers rendus plus grands encore par les embûches de l'ennemi, l'escadre que vous commandez, fidèle aux traditions de notre marine et aux vôtres, a donné une nouvelle preuve de son dévouement à l'Empereur, de son abnégation, de son patriotisme.

« Quant aux faits d'armes qui couronnent la campagne et qui a enlevé au Czar le prestige qu'il exerçait dans la Baltique, ceux de vos bâtiments, assez heureux pour qu'il leur fût accordé de présenter le travers à l'ennemi, se sont acquittés d'une manière digne d'eux de la tâche importante qui leur était échue; mais si tous ne sont pas entrés en ligne à Bomarsund, tous, sans exception, ont préparé et assuré la reddition de cette forteresse au prix d'efforts et de fatigues qui ont vaincu tous les obstacles.

« L'Empereur, juste appréciateur de vos services distingués dans cette campagne, a daigné vous donner un témoignage de sa haute satisfaction, en vous élevant à la dignité de grand-croix de l'ordre de la Légion d'honneur.

« C'est avec une vive satisfaction que je me rends personnellement l'interprète des sentiments de Sa Majesté. Je me hâte d'ajouter que les différentes demandes que vous m'avez adressées ou transmises, en les appuyant, sont en ce moment l'objet de mon examen particulier; il ne dépendra pas de moi, croyez-le bien, que les officiers et marins qu'elles concernent, ne reçoivent les récompenses dont vous les avez jugés dignes, et qui ajoutent un nouvel éclat aux services si dévoués, si constants, de notre chère marine. »

Le ministre de la marine,
Théodore Ducos.

A cette marque d'honneur accordée au digne commandant en chef de la flotte, l'Empereur ajoutait quelques mois plus tard une nouvelle preuve de sa haute satisfaction en élevant le vice-amiral Parseval-Deschênes, à la dignité d'amiral. — La marine accueillit avec joie cette nomination qui plaçait au premier rang un nom estimé et aimé de tous.

LIVRE IV

LIVRE IV.

CHAPITRE PREMIER.

I. — A l'époque de l'année où la disparition des glaces devait rendre la liberté de navigation sur les côtes de la Russie et dans le golfe de Finlande, il était important de renouveler les notifications de blocus sur tout ce littoral; il fut donc décidé entre les gouvernements anglais et français que des bâtiments des deux nations se rendraient de nouveau dans la Baltique.

Le contre-amiral Pénaud, qui avait commandé en sous-ordre lors de la campagne de 1854, reçut le commandement en chef de la division navale française (1).

---

(1)   LE CONTRE-AMIRAL PENAUD.

L'amiral Pénaud est tout entier le fils de ses œuvres; peu d'officiers comptent dans leur carrière plus de services rendus au pays. Aucune expédition militaire, aucune exploration, aucun voyage lointain n'eurent lieu, que l'amiral Pénaud n'y ait été mêlé et n'y ait dignement représenté le drapeau de la France.

Né à Brest en 1800, le jeune Charles Pénaud débutait dans la marine comme mousse à l'âge de 14 ans, et, pour première campagne, il allait aux Antilles.

Élève de la marine de seconde classe, il faisait, en 1817, un second voyage aux Antilles sur la frégate *la Revanche*.

En 1818, il passait sur *le Golo*, qui portait à l'île de la Réunion le

Les éminentes qualités de cet officier général avaient appelé sur lui cette haute marque de distinction et de

baron Milins, gouverneur de cette colonie, et effectuait un voyage d'exploration à Madagascar.

Élève de la marine de première classe en 1819, il fait une campagne sur la côte orientale d'Afrique. A son retour à l'île de la Réunion, il est nommé au commandement de la goëlette *la Reconnaissance*. Il avait alors moins de 19 ans.

De 1820 à 1824, il reste en station dans les mers de l'Inde et reçoit le grade d'enseigne de vaisseau en récompense de son zèle.

De 1824 à 1826, il fait le tour du monde sur la corvette *l'Espérance*, sous les ordres du commandant de Bougainville.

Le jeune enseigne ne pouvait rester longtemps inactif; aussi à peine de retour de ce grand voyage, il effectue, en 1827 et 1828, une longue croisière sur les côtes d'Algérie, parcourt la Méditerranée et se rend peu après de nouveau en station aux Antilles, sur la frégate *l'Amazone*. Il est nommé lieutenant de vaisseau.

L'expédition d'Alger devait bientôt lui donner l'occasion de se distinguer. Attaché à l'état-major général du vice-amiral Duperré, il est chargé de rassembler les embarcations qui doivent effectuer le débarquement de la première division de l'armée expéditionnaire. Un des premiers, il s'élance à terre; plein d'ardeur et d'intrépidité, il se multiplie sur tous les points. Le rapport de l'amiral le cite avec honneur.

De retour de cette expédition, il embarque comme second sur la frégate *l'Armide*; puis, en 1831 et 1832, passe sur *la Ville de Marseille*, et fait partie de l'escadre chargée de forcer l'entrée du Tage. Cette campagne lui valut la croix de chevalier de la Légion d'honneur

Bientôt il reçoit une mission pour l'Égypte, puis retourne à la station de la Guyane, et se rend de là à la Martinique, où le contre-amiral de Mackau l'emploie activement.

Rentré en France, il est en 1838 promu au grade de capitaine de corvette, et est nommé aide de camp de l'amiral Duperré, ministre de la marine.

En 1839, il commande la corvette *la Triomphante*, et se rend dans les eaux de la Plata, sous les ordres du contre-amiral Dupetit. Il reçoit de la confiance de son chef le commandement d'une division de six bâtiments, chargée d'opérer pendant huit mois dans le Parana. — Officier actif, audacieux, entreprenant, il a plusieurs engagements sérieux avec les forts de Rosario et les batteries élevées pour défendre la rivière.

En 1841, toujours à bord de *la Triomphante*, il reçoit une mission

confiance à laquelle la nouvelle campagne de la Baltique allait ajouter de nouveaux titres. — La nomination du

importante au Sénégal, à Cayenne et à la Guadeloupe, et sait y déployer de nouveau les hautes qualités qui le distinguent. De retour, il est appelé à Paris pour remplir une seconde fois les fonctions d'aide de camp auprès de l'amiral Duperré.

Capitaine de vaisseau en 1842, il est envoyé en station dans l'Océanie et dans la mer Pacifique; il n'en revient qu'en 1845.

A peine arrivé en France, il a le commandement du *Neptune*, destiné à faire partie d'une division navale contre Madagascar. L'expédition ayant été contremandée, *le Neptune* rejoint l'escadre d'évolutions commandée par le prince de Joinville.

Promu, en 1846, au grade d'officier de la Légion d'honneur, le capitaine de vaisseau Pénaud commande, en 1847, une division de deux vaisseaux et de deux frégates à vapeur, envoyée sur la côte de Tunis.

Membre du conseil des travaux de la marine pendant les années 1848 et 1849, il reprend son service actif en 1850 et 1851, et commande la station des côtes occidentales d'Afrique. — En toutes circonstances, sa nature franche, loyale, énergique, lui conquiert toutes les sympathies : chaque officier sous ses ordres sait qu'il doit et peut compter sur lui. — Bientôt il était appelé à donner de nouvelles preuves de sa vigueur. Les naturels de Cagnout, forts de leur nombre et confiants dans les retranchements qu'ils ont élevés de toutes parts, croient pouvoir braver les autorités françaises; mais le commandant Pénaud dirige aussitôt une expédition contre eux, et les combat avec audace sur tous les points où ils se croyaient les plus invulnérables; partout il les défait et les force à se rendre à discrétion.

Commandeur de la Légion d'honneur en 1852, contre-amiral en 1853, il est appelé à remplir les difficiles fonctions de directeur du cabinet et de chef d'état-major du ministre de la marine. — Mais la guerre est déclarée à la Russie; une expédition doit être dirigée dans les eaux de la Baltique, sous le commandement du vice-amiral Parseval; le contre-amiral Pénaud reçoit le commandement en sous-ordre et s'embarque à Brest.

Nous avons vu, dans la première partie de cet ouvrage, cet officier général prendre part au siége de Bomarsund et apporter à l'amiral commandant en chef un concours aussi intelligent qu'empressé; nous allons le retrouver maintenant commandant en chef lui-même, et attachant son nom à un des faits maritimes les plus vigoureux de notre époque.

contre-amiral Pénaud au commandement en chef fut accueillie avec joie par ses frères d'armes; car son caractère plein d'entrain, de franchise et de loyauté, avait su, dans les différents commandements qu'il avait exercés, lui attirer toutes les sympathies.

« Cette escadre (disait la lettre du ministre, en date du 10 avril) est composée du vaisseau mixte *le Tourville* sur lequel flottera le pavillon amiral du commandant en chef, des vaisseaux de même espèce *l'Austerlitz* et *le Duquesne*, de la corvette à vapeur *le d'Assas* et de l'aviso à vapeur *l'Aigle*. — Cette division est destinée à opérer concurremment avec l'escadre britannique sous les ordres de M. le contre-amiral Dundas. »

De nouvelles instructions du ministre, datées du 16, portaient :

« Les forces combinées sont destinées à entreprendre toute opération praticable contre l'ennemi, sur mer et sur les côtes, comme aussi à anéantir son commerce. Dans ce but, les bâtiments des marines alliées devront déployer la plus grande activité, et, tout en bloquant dans leur port les forces maritimes de la Russie, apparaître fréquemment sur des points différents du territoire ennemi, afin de tenir les Russes constamment en haleine et les contraindre à éparpiller un grand nombre de troupes sur leurs côtes.

« Il conviendra de s'assurer de ce qui pourrait être tenté contre Sweaborg, et si les fortifications de cette place, ainsi que celles de Cronstadt, ont acquis un nouveau développement, comme aussi de vérifier si l'ennemi a essayé de relever les murs de Bomarsund qui, dans ce cas, devraient être de nouveau détruits.

« L'Empereur, monsieur le contre-amiral, se repose sur la fermeté et sur la droiture de votre caractère, comme aussi sur l'esprit de conciliation que vous saurez apporter dans vos relations avec l'amiral anglais pour assurer, entre cet officier général et vous, cette franche unité de vues essentielle à la conduite de la guerre, et qui doit présider aux opérations des forces alliées dans la Baltique.

« La Russie s'étant refusée obstinément jusqu'à ce jour à toute lutte sur mer, il est probable qu'elle ne se départira pas de la ligne de conduite qu'elle s'est tracée, maintenant surtout que ses forces sont amoindries et que ses adversaires ont augmenté leurs moyens d'action ; si donc, comme je le suppose, l'escadre ennemie reste retranchée derrière les remparts qui défendent ses ports, votre rôle presque exclusif consistera à maintenir avec rigueur le blocus dès qu'il sera rétabli.

« Vous respecterez strictement la neutralité de la Suède et du Danemark, et vous ferez tous vos efforts pour maintenir les relations les plus amicales avec les autorités de ces royaumes.

« Je crois inutile de vous rappeler, monsieur le contre-amiral, qu'au milieu des graves nécessités de la guerre et des ruines qu'elle peut entraîner à sa suite, les intérêts de l'humanité doivent être respectés pour l'honneur de la France et celui de notre marine. — Frapper, s'il est possible, la Russie dans sa flotte, intercepter ses convois, éteindre son commerce, s'abstenir, autant que possible, d'attaquer les villes ouvertes et les places sans défenses, épargner aux propriétés privées tout dommage qui n'aurait pas pour objet de réduire les ressources navales et militaires de l'ennemi, telles sont, monsieur le contre-amiral, les instructions générales que je crois devoir vous donner. »

Le ministre de la marine,
HAMELIN.

II. — L'amiral Pénaud activait à Brest les préparatifs de son départ, qui devait s'effectuer vers la fin du mois d'avril, lorsqu'une lettre du ministre de la marine lui apporta des renseignements nouveaux, relatifs à la mission dont il était chargé :

« Les Russes accomplissaient de grands travaux sur tous les points de la côte occidentale de la Baltique qui leur semblaient favorables à un débarquement.—Les fortifications de Riga avaient été considérablement augmentées, et les bords de la Dvina étaient défendus par de nombreuses batteries.—Mais c'était principalement à Cronstadt que la Russie avait accumulé ses plus formidables moyens de défense ; elle avait élevé, dans la partie S. E. de l'île, une nouvelle digue armée de pièces de gros calibre.

« Il y a quelques semaines, plus de 3000 ouvriers étaient employés à travailler à cet ouvrage, ainsi qu'à établir sous la glace des pilotis destinés à intercepter toute navigation. Dans quelques passes restées libres, on a placé des machines sous-marines. — On est convaincu, en résumé, qu'aujourd'hui il n'y a nulle part un ensemble de fortifications plus complet que celui de Cronstadt (1). »

Cette place importante, contre laquelle, l'année précédente, les escadres alliées n'avaient rien pu tenter, prenait ainsi un nouveau développement de forces et de défenses.

La ville de Cronstadt n'était-elle pas en effet la sauvegarde de Saint-Pétersbourg ?

III. — La division de l'amiral Pénaud, après avoir quitté Brest le 26 avril, partait de Cherbourg, le 1er mai. Contrariée par de fortes brises d'Est, elle ne toucha que le 3 mai la rade des Dunes, où les vents atteignirent une telle violence, qu'ils interceptèrent en grande partie toute communication avec la terre.

Le 6, la division quitte cette rade avec un vent favorable, elle franchit le Cattégat, le grand Belt, et mouille à Kiel le 13 au soir.

Le 21 du même mois, elle lève l'ancre; mais des bancs de brume fréquents et très-épais ne permettent à l'amiral Pénaud d'arriver à Farösund, que le 27.

Déjà l'amiral Dundas a quitté ce mouillage. Toutefois, le capitaine Yelverton, de la frégate *l'Arrogant*, remet à l'amiral français des lettres de son collègue qui l'informent que le 17 et le 19 avril, le blocus de la côte

---

(1) Dépêche de l'amiral Hamelin, ministre de la marine, au contre-amiral Pénaud. 21 avril 1855.

de Courlande a été signifié, et qu'il a été étendu jusqu'à la pointe d'Hango.

L'amiral Dundas ayant appris que des canonnières russes se disposaient à établir des communications entre Sweaborg et Cronstadt, s'est décidé à quitter Farösund pour se rendre à l'Est de l'île Seskar, à l'entrée du golfe de Cronstadt.

IV. — En apprenant ces importantes nouvelles, l'amiral Pénaud reprend aussitôt la mer vers le golfe de Finlande; il atteint Nargen le 30 mai, et, le lendemain, se dirige sur Seskar, qu'il double le 1er juin. Dans la matinée, ne découvrant aucun vaisseau anglais, soit à ce mouillage, soit aux environs, l'amiral ne doute pas que l'escadre alliée ne soit dans le voisinage de Cronstadt, et continue sa route vers ce point; il ne tarde pas, en effet, à l'apercevoir rangée en ligne à 3 milles du phare de Tolboukin, et à 13 milles de Cronstadt.

L'escadre anglaise y était arrivée la veille. — Les deux vaisseaux amiraux *le Duc de Wellington* et *le Tourville* se saluent mutuellement, aussitôt qu'ils se sont reconnus, et le chef d'état-major du contre-amiral Dundas arrive à bord du *Tourville* prévenir l'amiral Pénaud de la visite de son collègue. Mais l'amiral français, quoique plus ancien de grade, voulut montrer en cette circonstance la franche cordialité des rapports qu'il voulait entretenir avec l'amiral Dundas, et tint à se rendre le premier à bord du *Duc de Wellington*, où il fut reçu par l'amiral anglais avec une affectueuse courtoisie.

V. — La division française avait jeté l'ancre à petite distance, en dehors des vaisseaux anglais, et sur une ligne parallèle à celle des alliés.

« Bien que nous fussions à 4 lieues d'un ennemi qui ne semblait pas disposé à venir nous attaquer (écrit au ministre l'amiral Pénaud) (1), je n'ai pas voulu conserver cette position dans la crainte qu'elle donnât lieu à quelque interprétation fâcheuse.

« J'ai dit à l'amiral Dundas que j'arrivais avec le désir bien arrêté que nos deux escadres n'en fissent qu'une, que l'occasion me paraissait favorable pour prouver aux Russes que le jour du combat, comme en toutes circonstances, nos vaisseaux se confondraient dans les mêmes rangs, et que je verrais avec plaisir les bâtiments français s'intercaler dans la ligne formée par les bâtiments de Sa Majesté britannique. »

L'amiral Dundas, très-sensible à cette demande si franchement exprimée, donna ordre aussitôt que trois de ses vaisseaux du centre allassent se prolonger à l'extrémité de la ligne anglaise, pour faire place aux vaisseaux français, dont les pavillons devaient flotter fraternellement mêlés à ceux de l'Angleterre.

VI. — Il est facile de comprendre que l'amiral Pénaud était très-désireux de juger par lui-même des changements apportés par les Russes aux défenses de Cronstadt, depuis la campagne précédente. — Les croiseurs rappor-

---

(1) Correspondance avec le ministre de la marine. 4 juin 1855.

taient qu'un grand nombre d'ouvriers travaillaient à la digue établie entre cette place à l'Est, et le continent. — C'est sans nul doute de ce côté que l'ennemi se sentait le plus vulnérable, bien qu'il eût toute facilité d'obstruer ces passes, si nous cherchions à en forcer l'entrée. — L'amiral attendait, pour opérer une exploration, l'arrivée d'un des avisos à vapeur qui lui avaient été annoncés. — Cependant, ne voulant pas retarder plus longtemps cette importante reconnaissance, il accepta l'offre que lui avait faite l'amiral Dundas de mettre à sa disposition la corvette à vapeur *le Merlin*, que commandait le capitaine de vaisseau, Sullivan, officier très-expert en hydrographie et qui, l'année précédente, avait rendu aux deux escadres des services signalés.

Le 9 juin, à une heure de l'après-midi, *le Merlin* leva l'ancre, ayant à son bord l'amiral Pénaud et plusieurs commandants de vaisseau des deux nations. La corvette à vapeur française *le d'Assas* et deux steamers anglais, *le Driver* et le *le Firefly* suivaient à courte distance la corvette, qui se dirigea au Nord de Cronstadt en s'enfonçant vers l'Est. Mais le peu de profondeur de l'eau força bientôt *le d'Assas* et *le Driver* à s'arrêter.

VII. — La construction de trois batteries nouvelles en terre et à embrasures frappa d'abord l'attention de l'amiral.

La plus au Nord était placée au bord de la mer, à peu près au milieu de l'île; il fut impossible de compter le nombre des canons qui l'armaient. Les autres, de trente canons chacune, étaient à distances égales dans la direction de la batterie de Résel. Ces ouvrages avancés qui battent la mer des deux côtés et balayent l'île à l'Ouest, protégent la ville contre un débarquement et contre une attaque de vive force sur ce point. Les vigies signalèrent en outre un grand nombre d'hommes occupés à des travaux de fortification.

Sans nul doute, les Russes avaient compris que la composition des flottes alliées ayant empêché l'année précédente de rien entreprendre contre Cronstadt, elles arrivaient cette année avec des ressources nouvelles proportionnées et adaptées aux attaques que nous avions jugées possibles.

VIII. — Aussi, de tous côtés, de nouveaux obstacles hérissaient les approches de Cronstadt.

Au lieu de trois navires qui, en 1854, défendaient l'espace compris entre cette place forte et la terre ferme, où les Russes ont établi une jetée, on en compte maintenant neuf : quatre vaisseaux, quatre frégates et une corvette. Sur la pointe de Lisi-Ness, à l'endroit où aboutit la jetée, se trouvent deux batteries en terre.

Le bâtiment explorateur, après avoir constaté cet accroissement considérable de défenses, continua de s'avancer sur Cronstadt. Il ne tarda pas à apercevoir des canonnières à vapeur ennemies qui aussitôt se mirent en mouvement. — Bientôt on en compta quinze. D'après les rapports parvenus à la connaissance des escadres, ces canonnières devaient atteindre le nombre de trente dans le courant du mois. Tous les chantiers et toutes les ressources de fabrication navale avaient été mis en réquisition pour la construction immédiate de cette flottille, dont les Russes attendaient de très-heureux résultats. Deux de ces canonnières se détachèrent pour suivre les mouvements du *Merlin,* qui avait hissé très-haut les grandes enseignes de France et d'Angleterre; ne l'approchant toutefois qu'à grande distance, elles essayèrent de lancer un boulet qui fut sans portée.

IX. — *Le Merlin,* conduit avec une grande habileté par le capitaine Sullivan, atteignit plus à l'Est qu'on ne l'avait fait jusqu'alors, et put reconnaître sérieusement de ce côté la situation de l'ennemi; il se dirigea ensuite vers l'Ouest en tenant l'île au plus près. — Il naviguait à deux milles et demi de terre, lorsque tout à coup une sourde explosion a lieu sur son avant; elle est immédiatement suivie d'un violent choc, pareil à celui qu'eût éprouvé le navire frappant fortement contre une roche. Les flots bouillonnent et s'entr'ouvrent avec un mugissement sinistre, et l'on peut croire que le steamer va s'engloutir dans cet abîme. C'était, à n'en pas douter, l'explosion d'une de ces machines infernales sous-marines, dont on parlait tant depuis un an, et dont les premières expériences avaient été faites en présence de l'empereur Nicolas.

La corvette s'est arrêtée. La commotion a été si forte qu'il est à craindre que le bâtiment ne fasse eau. Heureusement il n'en est rien; le capitaine Sullivan met le cap plus au large et reprend sa marche, cette fois, à petite vitesse, pour atténuer l'effet des machines explosives que le bâtiment pouvait rencontrer encore sur sa route. — En effet, quelques minutes s'étaient à peine écoulées, qu'une nouvelle détonation se fait entendre encore sur l'avant du vapeur, et est suivie d'un choc plus terrible que ne l'avait été le premier. Heureusement la Providence veillait sur ce bâtiment qui portait le commandant en chef de l'escadre française, et la légère avarie constatée dans le coffre de la corvette fut facilement et promptement réparée (1). Mais il était évident que l'ennemi avait semé ces parages de machines infernales; aussi l'on s'empressait de les quitter avec les plus grandes précautions et en marchant à la sonde, quand l'on vit *le Firefly* se diriger vers *le Merlin*. Le signal lui fut aussitôt fait de s'éloigner, et il changeait déjà de direction, quand une explosion eut également lieu sous son étrave et produisit dans la mer un ébranlement tel que la corvette, quoique éloignée du *Firefly* de plus d'une encablure, en ressentit elle-même les atteintes.

(1) *Correspondance du contre-amiral Pénaud avec le ministre de la marine.* 11 juin 1855.

« Je crus cette fois que *le Merlin* était défoncé et qu'il allait bientôt couler; aussi fus-je très-étonné d'apprendre qu'il ne faisait que très-peu d'eau. L'effet principal de la machine s'était produit sur une partie du bâtiment renforcée par une porque en fer, laquelle s'est recourbée, mais en présentant assez de résistance pour soutenir le bordé et la membrure du navire. La secousse a été tellement forte, qu'une caisse en fer, placée au fond de la cale, fixée par des crochets et contenant 300 kilog. de suif a été détachée de la muraille et jetée à plus de trois pieds vers le milieu du bâtiment.

Tous les yeux sont fixés avec la plus grande anxiété sur le steamer. Mais, de même que *le Merlin*, *le Firefly* s'en retira sain et sauf.

Ces deux bâtiments continuèrent leur route au grand désappointement, sans nul doute, des Russes, qui, s'apercevant que des machines sous-marines avaient fait explosion, devaient s'attendre à voir disparaître sous les flots les navires entr'ouverts.

X. — En contournant le phare de Tolboukin, les vigies constatèrent au Sud de l'île une batterie en terrassements armée de 17 canons, et nouvellement élevée pour défendre de ce côté la passe et les approches de la ville.

Aux environs de ces fortifications, un grand nombre de tentes indiquait le campement d'un corps de troupes considérable.

« Comme vous le voyez, monsieur l'amiral (écrit le contre-amiral Pénaud au ministre de la marine) (1), nous sommes ici en présence d'un ennemi actif, ingénieux à augmenter ses ressources et les moyens de nous nuire. Votre Excellence remarquera, sans aucun doute, que les canonnières à vapeur, construites si promptement par les Russes, et dont nous sommes menacés de voir le nombre s'accroître bientôt, viennent apporter de graves changements dans notre situation par rapport à nos adversaires. Nous n'avons plus maintenant à songer

---

(1) Correspondance de l'amiral Pénaud devant Cronstadt. 11 juin 1855.

seulement à l'attaque, il faut aussi nous préoccuper de la défense; car les Russes ont maintenant plus de canonnières à vapeur que n'en a l'amiral anglais. »

Il était facile de voir par les résultats de cette première exploration que les difficultés d'attaque avaient pris depuis l'année précédente un remarquable développement.

L'activité infatigable des Russes, dont ils donnaient en Crimée des preuves si éclatantes, ne pouvait pas être restée stérile depuis le départ des escadres alliées du golfe de Finlande (1).

L'amiral Pénaud avait reçu du ministre de la marine l'annonce de l'envoi de 19 canonnières et batteries flottantes, qui devaient être dirigées successivement de leurs ports d'armement sur la Baltique. — On comprend avec quelle impatience il attendait leur arrivée.

XI. — Ce fut à cette époque qu'il se passa à Hango un événement qui a produit une sensation trop profonde, pour que nous puissions le passer sous silence. Seulement, ainsi que cela arrive toujours, les faits ont été exagérés, et la vérité, dans ses détails réels, n'a été connue que plus tard.

La corvette à vapeur anglaise, *le Cossack,* avait reçu l'ordre de déposer à Hango six Russes capturés dans le

---

(1) On avait compté dans le port :
5 vaisseaux ayant toutes les voiles enverguées;
15 n'ayant que les bas mâts;
4 servant de batteries flottantes près de la jetée, entre Cronstadt et le continent, et de plus des canonnières à vapeur en grand nombre.

golfe de Finlande. Ce bâtiment, s'étant arrêté à quelque distance d'Hango, avait expédié à terre un canot armé de 14 canotiers, et portant trois officiers ainsi que les prisonniers russes. On avait rapporté que ce petit détachement ayant déjà fait quelque chemin dans les terres, se trouva tout à coup en présence d'un corps de tirailleurs finlandais, qui, sans écouter ou comprendre les explications de l'officier qui le commandait, l'avait traité lui et ses marins en ennemis surpris dans un débarquement agressif.

Les officiers et 13 matelots avaient trouvé la mort sous les carabines finlandaises. Les prisonniers russes mêmes, disait-on, n'avaient pas été épargnés.

Telle était la première version rapportée à l'amiral Dundas ; elle avait jeté l'indignation dans tous les cœurs.

XII. — Le commandant en chef de l'escadre anglaise s'empressa aussitôt d'envoyer à Helsingfors *le Merlin*, sous pavillon parlementaire, pour prendre de nouveaux renseignements sur ce qui s'était passé, et savoir quel avait été réellement le sort des officiers et des matelots montant l'embarcation du *Cossack*.

D'après les rapports du capitaine Sullivan, ces tristes faits perdaient heureusement beaucoup de leur odieuse gravité.

Les officiers anglais et les matelots qui avaient mis pied à terre à la pointe d'Hango, avaient été en effet entourés par des soldats finlandais et faits prisonniers.

Mais quatre hommes seulement avaient été tués dans une embarcation à l'aide de laquelle ils cherchaient à s'échapper.

Voici la réponse que firent les autorités russes pour expliquer la conduite du détachement finlandais :

« Nous sommes tout disposés, ont-ils dit, à recevoir des parlementaires dans les places fortes, comme Helsingfors, par exemple, mais nous ne pouvons admettre qu'il soit permis à un ennemi, sous prétexte qu'il porte un pavillon blanc, de descendre sur différents points de la côte à son choix, sans en avoir reçu l'autorisation ; nous devons craindre qu'en agissant ainsi, on ne profite du pavillon parlementaire pour sonder le long du littoral, et reconnaître les dispositions que nous avons prises pour sa défense (1). »

Telle est la vérité sur cet événement dont nous avons voulu raconter les détails sans chercher à y mêler aucune appréciation bien difficile dans les circonstances où les faits se sont passés.

XIII. — Après l'exploration des approches de Cronstadt, les amiraux, reconnaissant l'impossibilité de rien tenter contre cette place, résolurent d'aller porter le mouillage des escadres dans l'Est de l'île de Seskar, où l'air est plus pur que dans les environs de Cronstadt. L'état maladif des flottes, l'année précédente, était un avertissement dont on devait se préoccuper vivement.

---

(1) Correspondance de l'amiral Pénaud. 11 et 25 juin 1855.

Du reste, de cette position, on commandait toujours l'entrée du golfe, dans lequel des frégates se maintenaient en croisière.

Le 14, l'escadre combinée atteignait son nouveau mouillage, et le 16, la corvette à vapeur *le d'Assas* (commandant d'Aaries) levait l'ancre portant le pavillon de l'amiral Pénaud qui avait pris passage à son bord avec son collègue l'amiral Dundas. Le steamer anglais, *le Dragon*, suivait les mouvements du *d'Assas*. Bientôt cette corvette, entrant dans le canal de Biorko-Sund, s'arrêtait près de Sareupa.

Une embarcation fut aussitôt mise à la mer et les deux amiraux voulurent explorer eux-mêmes ces parages. Leur but était de chercher, dans la prévision des mauvais temps, un abri pour les flottes; en effet, les sondages constataient que les deux escadres pouvaient y mouiller sans danger; mais elles s'y trouveraient exposées au feu des batteries que les Russes pouvaient, d'un moment à l'autre, établir sur la côte. Cette considération dut faire renoncer à prendre cet ancrage, malgré les avantages qu'il eût pu présenter.

XIV. — Il était important de ne pas rester trop longtemps sans montrer nos pavillons devant Cronstadt, pour maintenir l'ennemi dans le doute sur nos véritables projets.

Ce n'était pas, en effet, sans un vif regret que les deux intrépides chefs, auxquels était confiée la direction de cette campagne, renonçaient à une entreprise digne de leur courage et de leur audace. Sans cesse ils revenaient explorer ces abords si formidablement hérissés de défenses, et, impatients de combats, ils rapprochaient chaque fois leur mouillage.

Le 20, les escadres appareillaient et reparaissaient devant Cronstadt.

« Plus on sonde et on étudie le terrain au Nord de Cronstadt (écrivait le contre-amiral Pénaud au ministre de la marine, en date du 25 juin), et plus je reconnais qu'il faut renoncer à attaquer les Russes de ce côté. Il nous serait impossible d'atteindre leurs vaisseaux et les magasins de la marine avec les mortiers les plus gros et les pièces du plus fort calibre (1). »

« En raison du peu de profondeur des eaux, qui ne permet pas de compter sur l'artillerie des vaisseaux, il faut se garder d'entreprendre une opération sur ce point, sans avoir une flottille suffisamment forte pour maintenir en respect celle de l'ennemi, dont le nombre des canonnières à vapeur semble augmenter chaque semaine. Évitons de donner des trophées à des gens qui suivant l'exemple des Algériens d'autrefois, épient, cachés derrière leurs murs hérissés de canons, le moment

---

(1) *Dépêche du 25 juin* 1855.

« La digue que construisent les Russes pour empêcher la communication avec Saint-Pétersbourg, et à laquelle on travaille tous les jours avec une grande activité, est distante de 3148 mètres de la partie la plus rapprochée de la ville de Cronstadt, et de 5247 mètres du milieu du bassin où se tiennent les navires qui ne sont pas mouillés en dehors du port. »

où ils pourront fondre sur des navires qui ne seraient pas assez forts pour leur résister. »

XV. — Quatre vaisseaux anglais et *le Duquesne* étaient venus mouiller en ligne, en fermant la passe au Sud de la tour de Tolboukin, tandis que les autres laissaient tomber l'ancre sur deux lignes parallèles à la côte, à 2 milles et demi de l'île sur laquelle est élevé Cronstadt.

La marche des bâtiments s'était faite avec une grande prudence, afin d'éviter les machines sous-marines; toutefois une fit encore explosion sous le steamer anglais *le Dragon*, sans lui causer d'avaries; aussi perdaient-elles déjà aux yeux des équipages le renom de terreur qu'on leur avait donné. Des embarcations mises à la mer, pour draguer ces engins destructeurs, en retirèrent un assez grand nombre dans le court espace qu'occupaient les vaisseaux (1).

La position prise par les vaisseaux permettait d'envelopper du regard une grande étendue de terrain. — De la pointe de Tolboukin, on distingue parfaitement les fortifications de la partie Sud de Cronstadt, et

(1) *Correspondance de l'amiral Pénaud avec le ministre de la marine.* — 25 *juin* 1855.

« Aujourd'hui nos marins se jouent de ces pétards sous-marins dont on a tant parlé, et auxquels, du reste, ils ne croyaient plus ; mais les deux amiraux anglais ont été bien près d'être victimes de cette confiance : l'une de ces machines, qui a éclaté près du contre-amiral Seymour, l'a renversé et fortement blessé à la figure, au point que l'on a craint qu'il perdît l'œil gauche.

« L'amiral Dundas, en expérimentant une des fusées, en a été quitte pour avoir la vue éblouie pendant quelques heures. »

notamment le puissant molosse de Risbank avec ses murailles de granit et ses énormes gueules de bronze, béantes de tous côtés.

On compte, dans le port au mouillage, les vaisseaux de ligne, les frégates, les vapeurs, et l'on aperçoit, à la longue-vue, les flèches élancées des églises de Saint-Pétersbourg que le soleil dore coquettement à son lever.

Une quantité considérable de canonnières sont à l'ancre sous la protection des forts : ces canonnières sont si pressées les unes contre les autres qu'il serait difficile de les compter.

XVI. — Si l'on jette les yeux sur l'île de Cronstadt, à partir de la pointe de Tolboukin, elle est coupée par des fossés, des haies vives, de petits épaulements et des murs, derrière lesquels sont disposées et étagées des défenses, pour défendre le terrain pied à pied.

Plus loin, ce sont deux petits forts en terre, et à travers des éclaircies d'arbres, des campements de troupes assez considérables ; puis, après, c'est la ville elle-même avec ses maisons, ses casernes, ses églises, ses dômes étincelants.

On distingue même des soldats qui travaillent activement aux fortifications, et des canonniers dans les embrasures des remparts.

Le but que les amiraux se sont proposé en se montrant de nouveau devant Cronstadt, c'est de resserrer par leur présence le blocus hermétique des ports et des côtes, le long desquels les croiseurs avaient fait plusieurs prises, et de compléter l'interdiction pour la Russie, de toute navigation dans ses propres eaux.

XVII. — L'amiral Pénaud avait proposé à son collègue d'aller étudier, personnellement, les approches de Rével et de Sweaborg.

Car les deux amiraux, ayant reconnu qu'ils ne pouvaient frapper un coup efficace contre Cronstadt, cherchaient l'occasion d'une action offensive sérieuse sur tout autre point; ils désiraient surtout vivement employer contre un port de guerre ennemi les moyens de bombardement qui leur étaient annoncés.

Toutefois, avant de quitter le mouillage de Cronstadt, ils voulurent faire une dernière reconnaissance des fortifications qui défendent l'entrée de cette place, et surtout étudier le côté vulnérable de la forteresse de Risbank, placée à un mille et quart environ des batteries du port.

Ils prirent alors passage sur le bâtiment anglais *le Merlin*, qu'accompagnait l'aviso à vapeur *le Pélican*, et approchèrent dans la direction du fort Risbank, jusqu'au moment où le peu de profondeur de l'eau les arrêta.

XVIII. — L'ennemi ne chercha point à inquiéter cette exploration; seulement deux canonnières russes sorties du port à l'approche du steamer anglais, observèrent tous ses mouvements, en même temps que deux autres de ces navires, franchissant la passe au nord de Cronstadt, s'avancèrent dans la direction des escadres alliées, avec plus de hardiesse qu'ils n'en avaient montré jusqu'alors.

Lorsque *le Merlin* commença à reprendre le large, la forteresse de Risbank et plusieurs autres forts tirèrent sur lui sans l'atteindre. — La flottille à vapeur des Russes s'accroissait chaque jour dans une proportion considérable. Si elle devenait plus puissante que celle des alliés, il était à craindre qu'elle ne rendît le blocus plus difficile, et intervertissant les rôles, ne forçât nos steamers à se maintenir sous la protection de l'artillerie de nos vaisseaux. — Aussi l'amiral Pénaud attendait-il avec une fiévreuse impatience l'arrivée de sa flottille, dont un seul bâtiment, la canonnière *la Tourmente*, était arrivé.

Les deux amiraux, entre lesquels un accord parfait n'avait cessé de régner, décidèrent, après s'être concertés, qu'ils se rendraient à Nargen pour accomplir leurs projets d'études contre Sweaborg et Revel.

XIX. — Le 14, dans la matinée, *le Tourville* et *le Duc de Wellington* font route pour cette destination ; *le Tourville* emmène avec lui *l'Austerlitz*, et le vaisseau-amiral anglais est accompagné de trois bâtiments remorquant trois bombardes; le contre-amiral Baynes est resté devant Cronstadt avec le gros de l'escadre anglaise et deux bâtiments français, pour continuer d'en effectuer le blocus; seulement il se porte à cinq milles plus à l'Ouest.

Le 15 au matin, l'escadrille des deux amiraux arrivait devant Nargen.

De ce mouillage on découvrait les édifices les plus élevés de Revel, et l'on commandait la baie au fond de laquelle se trouve bâtie cette ville. Sur le point nord de l'île est un phare abandonné. — Du haut de la tour on distingue la côte de Finlande, et aucun bâtiment ne peut entrer dans le golfe, ou en sortir, sans être aperçu. Aussi des marins, perpétuellement placés en vigie au sommet de cette tour, correspondaient par signaux avec les bâtiments de l'escadre combinée.

XX. — « Je pense toujours (1) (écrivait à cette époque le contre-amiral Pénaud), que c'est sur Sweaborg que nous avons le plus de chance de frapper l'ennemi avec quelque efficacité, parce que nous pouvons l'attaquer sans compromettre les vaisseaux et les canonnières, qu'il importe de conserver en bon état pour assurer

---

(1) *Correspondance de l'amiral Pénaud avec le ministre de la marine.* — 16 *juillet.*

« Onze vaisseaux anglais, trois frégates et quatorze canonnières auxquels se sont adjoints le vaisseau *le Duquesne* et la canonnière *la Tourmente* quittent au moment de notre départ les mouillages qu'ils occupaient au nord et au sud de Tolboukin pour aller se placer dans l'ouest, à 2 lieues environ de Cronstadt. Le blocus de cette ville a été jusqu'à présent aussi serré que possible; la nouvelle position de l'escadre permettra de le rendre aussi rigoureux, et aura l'avantage de mettre les vaisseaux moins à portée des brûlots que l'ennemi pourrait essayer de lancer contre eux. »

notre domination dans la Baltique. En agissant contre Sweaborg et Helsingfors, nous n'exposerions que les bombardes et les hommes déposés à terre pour servir les batteries de mortiers, et les canons obusiers des vaisseaux, établis sur les îlots qui avoisinent ces places. »

Aussitôt que le temps parut favorable à une minutieuse exploration de ces parages, et après avoir envoyé sonder la route, les amiraux s'embarquèrent sur *le Merlin*, pour aller les visiter; un grand intérêt s'attachait à cette reconnaissance, car c'était elle qui allait décider des opérations futures, et entraîner ou éloigner la résolution d'un bombardement. — Il eût été cruel à l'escadre combinée de quitter la Baltique sans avoir laissé la trace de ses boulets sur aucun point de la côte.

XXI. — C'était le 22 juillet. Le temps était superbe, le golfe semblait un beau lac balançant mollement ses eaux dormantes; — le long des côtes s'étageait dans le lointain une verdure éclatante.

Le Merlin, suivi de l'aviso *le Pélican*, s'avançait vers la forteresse de Sweaborg, se dirigeant vers les îlots de Laghara et de Torra-Miölö. A cette distance, on se rendait parfaitement compte de sept batteries, construites ou en construction sur les îles de Bak-Holmen, Kungs-Holmen et Sandhamn; tous ces points, l'année précédente, n'étaient aucunement fortifiés. *Le Merlin* signala en outre une frégate embossée dans la passe. — Le vaisseau à trois ponts qui, en 1854, était en travers de la passe de Sweaborg pour la défendre et y être coulé au besoin, s'y trouvait encore prêt à rendre cette étroite entrée infranchissable.

La corvette tira ensuite plus à l'Ouest en doublant l'îlot Gröhara.

Une frégate anglaise *l'Amphion* était en station près de l'île Melkö : les deux amiraux se rendirent à son bord, plus élevé sur l'eau que celui du *Merlin*, afin de constater exactement les nouveaux travaux de défense exécutés par les Russes.

XXII. — Toutes les passes qui pouvaient être de quelque utilité pour se rapprocher de la place ont été interceptées. — Ainsi, celle située entre l'îlot Langorn et celui de West-Svartö, le plus occidental de ceux qui forment le groupe du port de Sweaborg, est obstruée par deux grands navires coulés bas et défendue, en outre, par un vaisseau à deux ponts embossé en cet endroit. Toute la partie d'Helsingfors qui, l'année précédente, n'était pas défendue, est maintenant garnie de batteries ; on en voit trois superposées sur la pointe à l'Est de la ville.

L'île Drumsiö est occupée par un corps de troupes nombreux. Cette île a un aspect étrange, sombre et pittoresque à la fois. Sur ce sol calcaire recouvert de terre végétale s'élèvent des sapins primitifs, et les flots de la mer viennent battre les plantes sauvages qui pendent sur les flancs des roches humides. — A sa partie Sud, une batterie a été élevée. Partout l'ennemi est là qui attend et guette, pour ainsi dire, les coups que nous allons lui porter.

« J'ai manifesté à l'amiral Dundas (écrit l'amiral Pénaud au ministre de la marine, en date du 24 juillet) le désir de descendre sur un des rochers qui avoisinent Sweaborg, afin de juger sur les lieux des difficultés que nous aurions à vaincre pour y construire des batteries. »

XXIII. — L'amiral Dundas, toujours empressé de se rendre au vœu de son collègue, s'embarqua dans une yole avec l'amiral Pénaud, l'amiral Seymour, le commodore Pelham et le commandant Roussin; la yole, que suivait un autre canot, se dirigea par une mer calme et limpide vers les rochers de Hunds, à peu près semblable par son aspect à l'îlot Abraham, et d'où l'on pouvait également juger ce qu'il y avait à faire pour l'établissement projeté. — De cette façon, l'ennemi n'avait pas connaissance du point réel sur lequel les alliés voulaient agir.

Certes, une batterie de mortiers établie sur un de ces points pouvait être d'un grand secours le jour du bombardement de la place; mais il ne fallait pas se dissimuler que sa construction sur des roches nues, où l'on ne pouvait trouver ni terre ni sable, devait offrir de grandes difficultés; il fallait apporter de Nargen les matériaux nécessaires pour remplir les gabions et les sacs à terre.

Cette petite course n'avait duré que quelques heures; les amiraux retournèrent ensuite à bord du *Merlin* et continuèrent leur exploration. Le soir ils avaient regagné Nargen.

XXIV.—Cette reconnaissance constatait d'une manière certaine les formidables dispositions prises par l'ennemi à Helsingfors et à Sweaborg. Aussi ne fallait-il point s'exagérer les résultats possibles à obtenir au prix peut-être de sacrifices sérieux ; mais un point important dominait toutes les décisions, c'était la nécessité absolue de ne pas rester inactif et de ne pas accroître la confiance des Russes en n'osant pas les attaquer derrière leurs multiples défenses.

« Nous pouvons, j'en ai la conviction (écrivait de nouveau l'amiral Pénaud) (1), entreprendre le bombardement de ces deux places (Sweaborg et Helsingfors), et des trois points principaux du golfe de Finlande, c'est celui où nous avons le moins de chances défavorables.

« À mon grand étonnement, les Russes ne se sont pas fortifiés sur les îles Rönskär : on pourrait donc les regarder comme un point de départ d'une ligne d'attaque des vingt bombardes françaises et anglaises, qui s'étendrait vers le S. E. et qui serait appuyée par les canons-obusiers des vaisseaux et les mortiers que l'on établirait sur les îlots qui paraîtraient le mieux convenir, soit par leur forme, soit par la distance à laquelle ils se trouvent des places russes. Ces îlots étant protégés du côté du large par l'artillerie des vaisseaux qui mouilleraient hors de la portée du feu de l'ennemi, on n'au-

---

(1) Correspondance avec le ministre de la marine. — 24 juillet 1855

rait à y placer que le nombre d'hommes nécessaire au service des pièces qui seraient mises en batterie. »

XXV. — Pendant ce temps, la flottille de bombardes et de canonnières, envoyée de France, ralliait successivement le pavillon de l'amiral Pénaud.

L'aviso *l'Aigle*, qui fait un service des plus actifs sous le commandement du capitaine de Verneuil, est de retour de Stockholm où il est allé porter la notification du blocus des îles d'Aland, qui complète celui des côtes de Russie et des golfes de Finlande et de Bottnie. — Les compagnies de débarquement s'exercent à terre; les bombardes essayent la portée de leurs mortiers. Tout s'apprête avec activité.

Aucun ordre n'a été donné, car aucune décision définitive n'a été encore arrêtée entre les amiraux; mais chacun devine que l'heure de combattre ne doit pas tarder à sonner.

L'amiral Dundas est aussi désireux que son collègue de voir une vigoureuse action de guerre tirer enfin les escadres alliées de leur inaction forcée. Mais il n'est pas sans avoir des doutes sur la réussite d'une entreprise contre Sweaborg.

Toutefois, après avoir mûrement réfléchi, il fait savoir, le 1er août, au commandant en chef de la flotte française, qu'il est d'avis de bombarder Sweaborg et d'effectuer cette opération le plus tôt possible, afin de profiter des derniers jours de la belle saison.

L'amiral Pénaud lui répondit aussitôt que dans cette occasion, comme dans toutes, il pouvait compter sur son entière coopération (1).

Conserver en toute chose un accord parfait avec nos alliés, et une utile entente dans les opérations, était la pensée et, on peut le dire, la principale préoccupation de l'amiral Pénaud; il comprenait que les intérêts des deux nations étaient communs, leur mission semblable, et qu'elles puisaient l'une dans l'autre leur véritable force.

CHAPITRE II.

XXVI. — Pendant qu'à terre les exercices préparatoires continuent, et qu'une partie des marins s'exerce à construire des batteries, et à élever des épaulements, une autre confectionne des gabions et prépare des sacs à terre.

Sur l'ordre de l'amiral, *l'Aigle* et *la Tempête* lèvent l'ancre et vont étudier soigneusement, devant Sweaborg, les passes et les mouillages que devront prendre les bâtiments français.

Tous les commandants des bâtiments de la division ont reçu l'ordre de se rendre à bord du *Tourville*.

Réunis dans la grande chambre du vaisseau amiral,

---

(1) 17 août 1855. Correspondance avec le ministre de la marine.

ils sont instruits du projet de bombardement contre Sweaborg, et reçoivent de la bouche même du commandant en chef les instructions générales que complète, pour les détails de service, le baron Roussin, chef d'état-major de l'escadre.

Une seule et même pensée domine tous les esprits, la joie du combat. — Sur chaque navire, les préparatifs se font avec ardeur et enthousiasme; de fortes pièces de bois équarries sont embarquées, ainsi que des gabions et une grande quantité de sable dont on continue à remplir sans relâche les sacs à terre.

XXVII. — Les dernières canonnières attendues de France, ont rallié le pavillon de l'amiral; ce sont *la Dragonne*, *l'Aigrette*, *la Fulminante* et *l'Avalanche*.

L'amiral Dundas eût désiré appareiller au plus vite avec ses bâtiments, car, depuis longtemps, ses croiseurs ont reconnu les sondages, mais le mauvais temps et une brise d'ouest très-fraîche forcent les navires alliés à rester à l'ancre. Quelques bâtiments anglais qui étaient déjà partis, reçoivent l'ordre de revenir au mouillage. La mer est forte et grossit à chaque instant; — qui sait si une série de vents contraires ne viendra pas mettre obstacle aux projets arrêtés?

Ce retard inattendu avait, toutefois, permis aux deux bâtiments explorateurs, *l'Aigle* et *la Tourmente*, d'accomplir la mission importante qui leur avait été confiée, et que M. de Verneuil, commandant de *l'Aigle*, avait dirigée avec l'habileté et l'active énergie dont il donnait tant de preuves depuis le commencement de la campagne.

Aussitôt que l'obscurité de la nuit avait pu cacher son projet, il était parti de concert avec le capitaine Sullivan. Pour éviter de donner l'éveil à l'ennemi en approchant les remparts, les matelots ont des vêtements gris, les canots et les rames sont enveloppés de linge, les embarcations glissent sur la mer dans le plus profond silence, et pratiquent les sondages nécessaires. Avant le lever du jour, elles s'étaient éloignées, sans que les Russes se fussent doutés des explorations qui étaient ainsi audacieusement venues jusqu'au pied de leurs murailles. — Pendant trois jours et trois nuits, les reconnaissances opérées le long de la côte continuèrent malgré la mer dont les vagues déferlaient avec violence.

XXVIII. — Le 6 août, l'escadre anglaise appareille enfin dans la matinée pour se rendre devant Sweaborg. — L'amiral Pénaud, en attendant le retour des bâtiments explorateurs, met son pavillon sur *le Pélican*, et rallie l'escadre alliée, accompagné à distance par *le Tourville*, qu'il ne veut pas conduire au mouillage, avant que le commandant de Verneuil lui ait rendu compte des sondages qu'il a pratiqués.

Bientôt l'aviso *l'Aigle* rejoint *le Pélican*, et M. de Verneuil, accostant ce bâtiment, le guide à travers les passes, puis, cette tâche accomplie, va rejoindre aussitôt *le Tourville*, qu'il pilote également au mouillage. — Les renseignements que cet officier supérieur apporte à l'amiral Pénaud sont précis, et l'escadre française (1), sans avoir recours à d'autres pilotes, pourra prendre des

(1) L'escadre française devant Sweaborg se composait :

Bâtiments français qui ont été employés dans la Baltique pendant la campagne de 1855.

VAISSEAUX A HÉLICE.	NOMS DES COMMANDANTS.	OBSERVATIONS.
Le *Tourville*, 90 can. (A).	Le Gallic-Kerisouet, capitaine de vaisseau.	(A) Contre-amiral, comte Pénaud, ayant pour chef d'état-major le cap. de frégate baron Roussin.
L'*Austerlitz*, 100 id.	Laurencin, *id.*	
Le *Duquesne*, 90 id.	Foffart de S.-Germain, *id.*	
Le *d'Assas*, corv. à vap.	D'Aries, cap. de frégate.	
L'*Aigle*, aviso à vapeur.	Millon-d'Ailly de Verneuil, lieutenant de vaisseau.	Arrivé à Nargen le 12 juill.
Le *Pélican*, id.	Baron Duperré, lieut. de v.	*Id.* 15 *id.*
Le *Tonnerre*, id.	Aune, *id.*	Le *Tonnerre* est arrivé le 12 juillet, remorquant des bombardes et portant des soldats pour l'armement des batteries flottantes. Parti pour la France le 21 juillet.
CANONNIÈRES A HÉLICE [1].		
L'*Aigrette*, de 1re classe.	Mer, lieutenant de vais.	Arrivée à Nargen le 4 août.
L'*Avalanche*, id.	Fresse, *id.*	*Id.* le 5 août.
La *Dragonne*, id.	Barry, *id.*	*Id.* le 4 août.
La *Fulminante*, id.	Harel, *id.*	*Id.* le 5 août.
La *Tempête*, de 2e classe.	Maudet, *id.*	Arrivée à Nargen le 15 juil.
La *Tourmente*, id.	Jonnart, *id.*	Arrivée le 5 juillet devant Cronstadt.
La *Poudre*, id.	Lafond, *id.*	} Ne sont arrivées à Nargen que le 20 août.
La *Redoute*, id.	Hocquart, *id.*	
BOMBARDES A VOILES [2].		
Le *Tocsin*, de 2e classe.	De Léotard de Ricard, lieutenant de vaisseau.	Arrivée à Nargen le 15 juill.
La *Fournaise*, id.	Cuisinier-Delisle, *id.*	*Id.* le 12 *id.*
La *Trombe*, id.	Souzy, *id.*	*Id.* *id.*
La *Torche*, id.	Cottin, *id.*	*Id.* *id.*
La *Bombe*, id.	Buret, *id.*	*Id.* le 15 *id.*
DIVERS BATIMENTS.		
L'*Isis*, frégate à voiles, transport-hôpital.	Cléret-Langavant, capitaine de frégate.	
La *Galatée*, corvette à voiles, transport.	Mancel, *id.*	
La *Marne*, transp. mixte.	De Barmon, *id.*	
La *Saône*, id.	Cte Pouget.	

1. Les canonnières de 1re classe armées de deux canons de 50 ; celles de 2e classe d'un canon du même calibre.
2. Les bombardes armées chacune de deux mortiers de 0m,32.

ancrages favorables, et naviguer sans crainte dans les passes difficiles qui commandent les approches de Sweaborg. — La place que doit occuper chacun des bâtiments est marquée par des bouées indicatrices.

Le temps cependant continue à garder sa mauvaise apparence, la pluie tombe, la brise se fait fraîche à tel point qu'elle empêche l'amiral d'aller, selon son désir, reconnaître l'*îlot Abraham*, où doit être établie une batterie de mortiers.

XXIX. — Le 7, la division française restée à Nargen lève l'ancre dans la matinée et se dirige sur Sweaborg, sous le commandement du capitaine de vaisseau Laurencin. — Chaque navire à vapeur remorque un ou deux bâtiments à voiles; *l'Austerlitz* prend la tête de la ligne : *L'Aigle* ayant à son bord le baron Roussin, chef d'état-major de l'amiral se rend à la rencontre de cette division et lui mène des officiers pour les piloter jusqu'au mouillage indiqué. — Elle y prend place dans l'après-midi.

Le même jour, aussitôt que le crépuscule se fut formé, vers neuf heures et demie environ, deux embarcations portant l'amiral Pénaud, les capitaines d'artillerie de la marine Sapia et Mourette, ainsi que le lieutenant de vaisseau de Verneuil, se dirigèrent silencieusement vers l'îlot Abraham, situé à 2200 mètres des forts russes. L'obscurité est devenue complète, mais la mer est encore agitée par suite des vents de la veille, et les canots ont une grande difficulté à aborder devant l'îlot; ils sont forcés de le contourner presque en son entier pour trouver un endroit où ils puissent prendre terre. L'amiral explore le terrain avec un soin minutieux, établit ses directions et choisit l'emplacement où peut être construite la batterie dont il espère de si puissants résultats.

Les heures étaient précieuses, aussi les ordres ont été donnés à l'avance, les matériaux sont prêts à être débarqués, et tous les canots de la division ne tardent pas à aborder l'îlot où ils déposent simultanément sur les points qui leur sont désignés, des sacs à terre remplis de sable. — La même nuit, à onze heures et demie, des travailleurs, exercés depuis longtemps, commencent, sur le tracé des capitaines d'artillerie, la construction de l'épaulement destiné à protéger la batterie. A deux heures et demie du matin, les premières clartés du jour commençaient à poindre à l'horizon, l'îlot fut aussitôt évacué, afin de laisser l'ennemi dans l'ignorance complète des travaux que l'on y exécutait. — Il est hors de doute qu'ils ne s'en aperçurent point, car pendant la journée qui suivit, pas un seul coup de canon ne fut dirigé de ce côté.

XXX. Les amiraux ont décidé que le 9, dans la matinée, le bombardement de la place de Sweaborg commencera.

La journée du 8 est employée aux derniers préparatifs. Tous les capitaines de bâtiments de flottilles parcourent à bord de l'*Aigle* les diverses passes dans lesquelles ils peuvent être appelés à manœuvrer le lendemain (1).

Dès que l'obscurité permet de cacher de nouveau nos mouvements à l'ennemi, les embarcations de la division quittent les vaisseaux pour se diriger vers l'îlot Abra-

---

(1) *Correspondance du contre-amiral Pénaud avec le ministre de la marine.* 21 août 1855. — n° 121.

« Nos bombardes, remorquées par les canonnières, allèrent se placer en ligne avec les bombardes anglaises. Ces bâtiments, au nombre de cinq : *le Tocsin*, *la Fournaise*, *la Trombe*, *la Torche* et *la Bombe*, armées chacune de deux mortiers de 0ᵐ,32, et commandées par les lieutenants de vaisseau de Léotard de Ricard, Cuisinier-Delisle, Louzy, Cottin et Buret, mouillèrent au centre de la ligne qui s'étendait de l'île Rönskär à celle de Gröhara, à 4000 mètres du centre de la forteresse de Sweaborg où devaient converger tous leurs feux. Huit bombardes anglaises portant chacune un mortier de 13 pouces occupaient la gauche; huit autres la droite. Des amarres furent élongées pour pouvoir rapprocher ces bâtiments de 600 mètres des batteries ennemies au moment de l'action. Les canonnières *l'Aigrette*, *l'Avalanche*, *la Tourmente*, *la Tempête*, *la Dragonne* et *la Fulminante*, commandées par les lieutenants de vaisseau Mer, Tresse, Jonnart, Maudet, Barry et Harel, mouillèrent au large des bombardes sur une ligne parallèle.

« La frégate *l'Isis*, commandant Cléret-Langavant et la corvette *la Galathée*, commandant Mancel, furent conduites dans l'est des îlots Skogskär et rapprochées de la ligne d'embossage des bâtiments de flottille auxquels elles devaient fournir des munitions. Des dispositions avaient été prises pour former une ambulance sur *l'Isis*, où se rendit l'abbé Piel, l'aumônier de *l'Austerlitz*. — L'aviso à vapeur *l'Aigle* et quelques frégates anglaises étaient mouillés à peu de distance, prêts à porter des secours, soit pour l'incendie, soit pour une voie d'eau, aux navires qui devaient combattre.

« L'ordre fut donné aux embarcations de nos vaisseaux de se réunir le lendemain matin près de *l'Aigle* dans le même but, et les capitaines de vaisseau Laurencin, commandant de *l'Austerlitz*; Taffart de Saint-Germain, du *Duquesne*, et Le Gallic-Kerisouet du *Tourville*, furent chargés de diriger alternativement ce service et de me suppléer au besoin. »

ham. Elles débarquent de fortes corvées de marins, et un grand nombre de sacs à terre, car le terrain rocheux n'est maniable dans aucune de ses parties.

Les marins se mettent à l'œuvre avec une énergique activité; le matériel d'artillerie est mis à terre, ainsi que les trois mortiers destinés à armer la batterie. Le capitaine Sapia qui en a reçu le commandement, dirige lui-même les différents travaux et stimule en leur donnant l'exemple, le zèle des travailleurs; l'approvisionnement de poudre est caché à l'abri des projectiles ennemis dans une déchirure de granit que l'on a recouvert par un solide blindage.

« Avant trois heures du matin (écrit l'amiral Pénaud), après moins de cinq heures de travail, lorsque je me suis présenté sur l'île, un épaulement de 20 mètres de longueur sur 3 m. 50 de largeur, et 2 de hauteur, abritait trois mortiers chargés et prêts à faire feu. Enfin la batterie que je projetais depuis si longtemps était établie et nous avions pris un poste avancé et fixe, à une distance où les bombardes ne pouvaient être placées, sans qu'elles fussent par trop exposées. »

Toutes les dernières dispositions pour le bombardement du lendemain ont été prises. Les Russes sur aucun point n'ont cherché à nous inquiéter, ce qui prouve clairement qu'ils ne s'attendaient pas à une attaque si prochaine.

XXXI. — Enfin le jour a paru, et chacun sur les deux escadres le salue avec bonheur.

L'amiral Pénaud, afin de mieux surveiller l'ensemble des opérations et d'être à même d'agir plus promptement suivant les éventualités, a quitté *le Tourville* et a arboré son pavillon sur l'aviso à vapeur *le Pélican*, commandé par le jeune et ardent lieutenant de vaisseau Duperré, « qui promet (écrit l'amiral) de marcher sur les traces de son père. »

Tout est prêt : canonnières et bombardes sont à leur poste de combat et attendent le signal de commencer le feu.

A 7 heures 20 minutes il est donné. — Une acclamation unanime sort à la fois de toutes les poitrines, message de guerre que les échos de la rive portent jusqu'aux fortifications ennemies.

Aussitôt 29 bombes, simultanément lancées, sillonnent le ciel et viennent s'abattre sur Sweaborg. — A 9 heures, les canonnières alliées s'approchent et se placent dans les créneaux des bombardes, qui, elles-mêmes, s'avancent de 400 à 500 mètres vers les batteries ennemies.

Les forts russes, silencieux jusqu'alors, ripostent aussitôt avec énergie.

Le combat est engagé.

Le tir, un instant incertain, est bientôt rectifié. Peu de temps s'est écoulé et déjà nous avons semé au centre même des fortifications le ravage et l'incendie. — Déjà, de plusieurs points à la fois, s'élèvent d'épaisses colonnes de fumée qui montent en tourbillonnant vers le ciel.

XXXII. — Dès le commencement de l'action, sur la droite de la ligne d'embossage, 1 frégate et 2 vaisseaux anglais avaient ouvert un feu très-vif contre les forts de Bak Holmen, tandis que, sur la gauche, 3 frégates attaquaient l'île Drumsiö, pour détourner l'attention de l'ennemi et l'empêcher de concentrer tous ses feux sur un même point.

De leur côté, les canonnières françaises et anglaises, changeant avec célérité de poste d'attaque, lancent, avec une infatigable rapidité de manœuvres, des nuées meurtrières d'obus et de boulets pleins sur les batteries ennemies.

Bientôt des explosions successives apprennent aux alliés les désastres réels que cause le bombardement. D'abord c'est un magasin à poudre qui saute et obscurcit l'air d'une épaisse fumée.—Il est en ce moment 10 heures 1/2.

Une heure après, sur l'île Vargon, retentit une seconde explosion, suivie tout à coup d'un immense incendie : les flammes s'élèvent en pyramides menaçantes, et bientôt on voit cette large traînée de feu s'étendre et serpenter dans différentes directions avec un lugubre mugissement. — La destruction marche à pas rapides ; c'est un spectacle empreint d'une triste solennité. Les équipages des bâtiments en suivent d'un regard avide les péripéties changeantes ; mais leur attention est subitement détournée par une explosion plus formidable encore que les deux précédentes. La forteresse tout entière est enveloppée dans un noir tourbillon au milieu duquel des jets de flamme apparaissent et disparaissent, semblables à de rapides éclairs. — A ce bruit soudain, terrible, qui court encore au travers des collines, succèdent, presque sans interruption, des détonations successives. Des bombes, des obus éclatent en l'air, lançant au loin d'énormes morceaux de fer et des débris qui couvrent le bord de la mer.

XXXIII.—Chacun devine combien ces bruits sinistres apportent de ravages avec eux. Le feu de nos bombardes et de nos canonnières redouble d'intensité ; les projectiles de toute nature sillonnent l'espace de leurs réseaux enflammés.

Le tir de l'ennemi a bientôt perdu de sa vivacité ; plusieurs batteries même ont cessé complétement leur feu.

Les incendies se multiplient aux versants du ravin que forment les deux hauteurs principales qui dominent l'île de Vargon. Plusieurs fois, les Russes, avec une énergie sans égale, en arrêtent les progrès, car c'est là que sont les principales batteries et les bâtiments les plus importants de l'arsenal. — Mais bientôt de nouvelles bombes, dirigées dans cette direction avec une remarquable justesse, ravivent les feux éteints, et rendent impuissants toutes les tentatives de l'ennemi pour se garantir de la destruction.

Chaque heure qui marche redouble sur les bâtiments alliés l'ardeur du combat.

« Dans cette circonstance, comme dans toutes (écrit l'amiral Pénaud) (1), l'amiral Dundas et moi avons mar-

---

(1) Devant Sweaborg. — 11 août 1855.

ché d'un commun accord. L'exemple de l'entente parfaite qui existe entre les deux chefs a réagi sur les équipages, qui n'en formaient réellement plus qu'un au moment de l'action. Chacun n'avait qu'un but ; rivaliser de zèle ; et les succès des bâtiments de l'une des deux nations étaient applaudis par l'autre avec les mêmes cris d'enthousiasme, que s'ils avaient été remportés par son propre pavillon. »

XXXIV. — Pendant que sur la mer les flottilles réunies accablaient ainsi de leurs projectiles les défenses ennemies, la batterie d'*Abraham* ne cessait pas de tirer. Les artilleurs, électrisés par l'impulsion que leur donnaient les capitaines Sapia et Mourette, ne laissent pas un seul instant la fatigue alourdir leur bras, et nos matelots, avec cette intelligence pratique et ce joyeux entrain qui les distingue, se sont promptement mis au courant de la manœuvre des mortiers. — Cette batterie de siége improvisée fait merveille.

« On peut dire (écrit l'amiral au ministre), que c'est d'un îlot ennemi, sur lequel nous avions arboré le pavillon français, que sont partis nos meilleurs coups. »

Dans la place règnent le désordre et l'épouvante.

A 6 heures, les canonnières cessent leur feu. — Bientôt elles viennent prendre à la remorque les bombardes qui ont épuisé leurs munitions.

La nuit est venue ; mais les incendies l'illuminent de leurs lugubres clartés.

De toutes parts l'on voit étinceler de vastes foyers de flamme.

Les bombardes ont été renouveler leurs munitions, et trois nouveaux mortiers sont transportés à la hâte, et mis en batterie sur l'îlot Abraham (ce qui porte leur nombre à 5, un des trois premiers ayant éclaté dans la journée).

Pendant ce temps, des embarcations anglaises s'approchaient de la ville et lançaient sur la malheureuse cité en flammes des fusées à la congrève.

Nos bombardes sont revenues à leur poste, et envoient aussi de temps en temps des bombes, dont le tir est guidé par les flammes des incendies qui dévorent plusieurs édifices.

XXXV. — Le jour a reparu. — Avec lui doit recommencer le combat que la nuit a interrompu.

Dès que les premières lueurs matinales ont permis aux Russes de reconnaître que les bombardes ont repris leur poste d'embossage, les forts de Gustafs-vard et de Bak-Holmen, ainsi que le vaisseau mouillé près de Langorn, ouvrent leur feu avec une violence excessive. C'est une explosion subite et formidable de détonations qui mugissent d'échos en échos. — Les principaux efforts des assiégés se dirigent surtout contre l'îlot Abraham, où flotte le pavillon français. Des éclats de bombes, des pierres, des morceaux de rochers, détachés par la violence des projectiles, volent de toutes parts et criblent le sol; mais, par un bonheur providentiel, la batterie n'est pas atteinte.

La lutte est dans toute sa fureur. Les Russes cherchent à se venger sur nos bâtiments des incendies qui dévorent Sweaborg. — La bombarde *le Tocsin*, que commande le lieutenant de vaisseau de Léotard de Ricard, est mouillée à moyenne portée de canon des batteries ennemies, qui s'acharnent contre elle pour la couler bas. Une pluie de projectiles de toute sorte sifflent dans sa mâture et l'enveloppe, pour ainsi dire, dans un cercle de fer. L'amiral a vu le danger qui menace ce brave équipage, et il signale à la canonnière *la Tempête* d'aller la prendre à la remorque.

Son commandant Maudet se lance avec intrépidité au milieu de cet orage meurtrier, et remorque la bombarde.

Dans le même moment, le baron Roussin, chef d'état-major de l'amiral Pénaud, voit *la Fournaise*, commandée par le capitaine Delisle, embossée à la même distance, et sous le feu d'une batterie qui menace de la broyer. Il s'élance aussitôt dans un canot, et ramène la bombarde avec un courage audacieux remarqué par tous les bâtiments de l'escadre.

XXXVI. — De tous côtés chacun rivalise d'énergie. — Au bruit du bombardement se mêlent parfois les acclamations des équipages.

Les canonnières ont épuisé leur approvisionnement d'obus et accostent les vaisseaux avec lesquels elles échangent la moitié de leurs canons contre des obusiers n° 1.

Comme la veille, les heures qui s'écoulent sont marquées par des incendies ou par des explosions. La ville entière semble toute en feu. Les flammes dévorent un immense magasin et montent vers le ciel en gerbes effrayantes. On entend les craquements lugubres des toitures qui s'effondrent et des murailles calcinées qui s'abattent. — Parfois il s'élève tout à coup du sein de ces brasiers une fumée si intense que Sweaborg tout entier disparaît aux yeux des escadres.

La nuit vint une seconde fois arrêter cette lutte désespérée ; mais ce n'était pas la nuit ; et, plus violents, plus rapides que la veille, les incendies lui donnaient une clarté terrible. Le vent, qui s'était levé dans la soirée, poussait les flammes de son souffle et contribuait à propager la destruction. — Comme un être vivant, on la voyait marcher et s'étendre.

« Rien (écrit l'amiral) ne peut donner une idée du terrible spectacle qui s'offrait à nos yeux.

« Le 11 août (ajoute-t-il) à 4 heures du matin, l'amiral Dundas m'envoya un officier pour me dire que, trouvant que nous avions atteint le but de notre attaque, il me proposait de mettre fin au bombardement. Je fis répondre que, toujours désireux d'agir d'accord avec mon collègue, je m'empresserais de faire le signal de : *cesser le feu*, dès qu'il serait hissé à bord du *Duc de Wellington*, ce qui eut lieu à 4 heures 1/2. »

Toutefois chaque bâtiment conserve son poste de combat, prêt à recommencer le bombardement, s'il part un seul coup de canon des batteries ennemies : —

mais celles-ci font silence. Des deux côtés le combat a cessé.

XXXVII. — Ce bombardement avait duré quarante-cinq heures, et pendant ces quarante-cinq heures, les bâtiments français et la batterie Abraham avaient lancé sur la citadelle ou dans l'arsenal, 4150 projectiles, parmi lesquels 2828 bombes.

L'attaque de Sweaborg par les flottilles alliées restera un fait mémorable parmi les fastes maritimes (1).

Ces grands résultats, si inattendus, ne pouvaient manquer d'exercer une influence réelle sur les populations russes; car cette attaque contre laquelle s'étaient élevées de sérieuses inquiétudes, prouvaient à ces populations que leurs places et leurs arsenaux n'étaient point à l'abri de l'atteinte des marines alliées, qui pouvaient, selon leur gré, porter le ravage sur le littoral ennemi, sans avoir à craindre pour elles-mêmes de dommages sensibles.

XXXVIII. — Ce fut quelque temps après seulement qu'il fut permis d'apprécier les pertes réelles que les Russes avaient subies.

Une personne envoyée à Helsingfors acquit des ren-

---

(1) Un fait étrange s'est produit; c'est qu'au milieu du grand nombre de projectiles que lançaient les batteries russes et qui tombaient comme un orage soudain autour des canonnières et des bombardes, pas une seule perte n'avait été à déplorer; ne semble-t-il pas que la Providence veillait sur nous, et nous protégeait contre les coups de nos ennemis !

seignements certains sur ces deux journées ; elles dépassaient de beaucoup les espérances qu'avaient pu concevoir les amiraux dans leur projet d'attaque (1).

Le lendemain du bombardement, et alors qu'il fut bien reconnu que l'ennemi ne tenterait aucun mouvement offensif, l'îlot Abraham fut évacué. Mais nos marins, avant de quitter cette roche sur laquelle avait flotté, pendant le combat, le pavillon de la France, y laissèrent une inscription qui rappelait leur passage.

---

(1) *Correspondance de l'amiral.* — 28 août 1855.

« Voici ces renseignements écrits sous la dictée de ce messager russe.

« J'ai été à Helsingfors, le mardi 22 août, mais on ne laisse pas pénétrer dans Sweaborg.

« On craignait fortement que les escadres alliées ne vinssent pour attaquer et brûler la ville. — Les ouvriers qui sont allés à Sweaborg depuis le bombardement, ont dit en ville que les principaux établissements brûlés dans la citadelle sont :

« 2 poudrières.
« 2 magasins de bombes.
« 1 magasin rempli de chanvre et de filin.
« 2 magasins contenant des blés et des farines pour la troupe.
« 1 magasin de goudron.
« 1 grande maison contenant les médicaments pour l'armée.
« 17 habitations particulières.
« La maison du général gouverneur et sa chancellerie.
« 18 navires atteints dans les bassins.
« Les quais en granit endommagés par les bombes.
« Enfin, le vaisseau à trois ponts, mouillé dans la passe de Gustafsvard, atteint et défoncé par les bombes, a été halé le long du rivage, et maintenant il est couché sur le flanc et rempli d'eau. Les habitants d'Helsingfors racontent que les bombes tombées à bord du vaisseau ont blessé 96 hommes qui ont été transportés à l'hôpital de la ville, mais on ignore le nombre des morts.

« Jusqu'à présent, on dit 2000 morts, mais en ville, on croit à un chiffre beaucoup plus élevé.

« Dans ce moment, l'hôpital d'Helsingfors est plein de blessés pro-

Le surlendemain 13 août, les flottes alliées rejoignirent leur mouillage de Nargen.

Ce fait de guerre, dont nous venons de retracer tous les détails, devait dignement clôturer la campagne de la Baltique, pour l'année 1855.

Rien n'avait pu être entrepris contre Cronstadt. Cette place forte restait comme un bouclier invulnérable, derrière lequel s'abritait la capitale de l'empire russe.

XXXIX. — Nous terminons ce récit de la seconde campagne de la Baltique, par un document du plus puissant intérêt sur l'hypothèse d'une attaque contre Cronstadt dans la situation où se trouvait cette place pendant le séjour des escadres alliées en 1855. — Ce document, qui émane de l'amiral Pénaud lui-même, est une appréciation raisonnée, sérieuse de cette question importante qui a donné lieu à de si diverses interprétations. L'opinion de cet officier général, sur lequel

---

venant de la citadelle, et, ces établissements ne pouvant contenir tous ceux apportés de cet endroit, on a été obligé de les loger chez les habitants. »

Il faut ajouter à cette liste ces nouveaux détails insérés dans les journaux russes, l'année suivante.

« En 1856, la commission constituée pour faire l'inspection du matériel naval de la Russie, déclare innavigables et impropres au service actif neuf bâtiments de guerre qui avaient éprouvé au bombardement de Sweaborg des avaries telles qu'il était impossible de les réparer. — Ce sont les six vaisseaux : *Bérésina*, *Ingermann-sand*, *Saint-Georges*, *le Victorieux*, *l'André* et *la Russie*, les deux frégates *Narva* et *Césaréwitch* et la corvette *Smolensk*. — Ces navires de guerre (dit le rapport) seront employés au service intérieur des ports. »

s'était à si juste titre fixé le choix de l'Empereur pour le commandement en chef de la seconde campagne dans la Baltique, ne peut manquer d'avoir un grand poids.

« Certaines personnes ont émis l'opinion que l'escadre alliée pouvait prendre Cronstadt. Il paraît facile de prouver que la chose était impossible; et en admettant même que nos vaisseaux eussent atteint l'entrée du port, l'entreprise, quelque heureuse qu'elle eût été, devait avoir pour résultat l'annulation de la flotte combinée.

« Les fortifications qui défendent la passe sur l'île de Cronstadt, à l'ouest de la ville, étaient reliées entre elles par des batteries superposées, à revêtements en terre et en grand nombre ; en outre, la passe était fermée dans une de ses parties les plus étroites, par trois vaisseaux à trois ponts, protégés par des estacades, embossés beaupré sur poupe, et mouillés de telle sorte qu'en se laissant couler, et faisant ainsi corps avec le sol, ils pouvaient se servir de leurs canons.

« Admettons que sans être arrêtée par le feu de la formidable artillerie qui défendait la passe à son entrée, par les navires qui, sans aucun doute, avaient été coulés pour obstruer le passage, et par l'effet des machines explosives sous-marines dont les fonds étaient garnis, l'escadre alliée eût réussi à forcer l'obstacle présenté par les vaisseaux à trois ponts russes, obstacle matériellement insurmontable, elle aurait eu encore à combattre les batteries qui bordent l'arsenal, les vaisseaux de l'ennemi et ses canonnières au nombre de 229, dont 29 à vapeur.

« Nos vaisseaux étant forcés de faire route à petite distance des fortifications, il en serait résulté que les chargeurs, obligés de mettre leur corps à découvert en dehors des sabords pour le service des canons, se seraient trouvés exposés au tir des chasseurs russes placés à l'abri des murs ; et l'on sait quel résultat on peut attendre des carabines.

« Les vaisseaux anglo-français, parvenus devant les bassins de Cronstadt, eussent été contraints de mouiller pêle-mêle dans un espace très-resserré, et perdaient alors l'avantage que leur donnaient leurs moteurs à vapeur sur les vaisseaux russes qui, presque aussi nombreux qu'eux, et bien embossés dans la prévision d'une attaque, devenaient des batteries flottantes d'une force au moins égale à celle que nous leur eussions opposée.

« Procédant toujours par hypothèses, on peut dire improbables, et admettant que la flotte alliée eût réussi à faire taire le feu des navires russes, ainsi que celui de quelques-unes des batteries qui défendent l'arsenal, et que l'occasion favorable d'opérer un débarquement se fût présentée, les amiraux anglais et français, n'ayant pas de troupes expéditionnaires sur leurs bâtiments, pouvaient-ils prétendre à s'emparer par un coup de main, avec les équipages de leurs vaisseaux, d'une place forte comme Cronstadt, défendue par une garnison de 60 000 hommes, et dans laquelle on prenait, depuis longtemps, des dispositions contre l'attaque la plus vigoureuse ?

« La prise de Cronstadt par l'escadre alliée étant impossible, celle-ci n'aurait d'autre parti à prendre que de gagner le large, après avoir brûlé le plus possible de navires ennemis, et l'on n'eût guère détruit que les grands, car tous les bâtiments de flottille qui auraient pu se mouvoir, n'eussent pas manqué de se diriger vers Saint-Pétersbourg.

« Mais dans quelle situation l'escadre combinée se serait-elle trouvée au moment de sortir de Cronstadt, après un combat prolongé, et encore sous le feu des canons de la place ? — Ne doit-on pas admettre que la moitié de ses vaisseaux se fussent trouvés hors d'état de naviguer ? Cette prévision n'a certes rien d'exagéré, quand on songe à toutes les chances d'avaries qu'auraient eu à subir leurs machines à vapeur, pendant une longue canonnade à petite distance.

« En outre, n'est-il pas probable, on pourrait dire certain, qu'à l'heure où il eût fallu songer à se retirer, l'approvisionnement de poudre et de projectiles des bâtiments alliés eût été épuisé, et que, dès lors, ceux-ci seraient devenus des buts inoffensifs, sur lesquels les canonniers et les tirailleurs ennemis auraient frappé des coups d'autant plus sûrs, qu'ils n'eussent plus eu à craindre les nôtres. — Mais ne tenons pas compte de cette grave considération ; supposons même qu'il serait resté aux bâtiments alliés assez de munitions de guerre pour continuer le combat, et que, dans cet état de choses, ceux en meilleur état, donnant la remorque aux désemparés, eussent réussi à forcer la passe de nouveau, en franchissant par une espèce de steeple-chase de vaisseaux accouplés, l'obstacle des vaisseaux à trois ponts de l'ennemi, et en surmontant ainsi, liés les uns aux autres, toutes les difficultés vaincues pour entrer.

« Admettons maintenant, contre toute probabilité, que l'escadre combinée eût réussi à sortir de Cronstadt, en n'y laissant qu'un très-petit nombre de bâtiments. On ne peut nier qu'alors ses vaisseaux se seraient trouvés hors d'état de combattre, et qu'une grande partie d'entre eux, si ce n'est tous, eussent été dans l'impossibilité de naviguer; ils auraient donc été obligés d'aller prendre un mouillage, afin de réparer leurs avaries.

« L'ennemi, auquel il était impossible de laisser ignorer le moindre mouvement ni la situation de notre escadre, n'eût pas manqué de faire sortir de Sweaborg la division qu'elle y avait en réserve, de la renforcer de toutes les canonnières dont il eût pu disposer, et de nous faire attaquer. L'homme le plus hardi, le plus confiant dans la Providence, eût-il pu espérer, dans ce cas, que l'escadre alliée n'étant plus composée que de vaisseaux en mauvais état, ayant leurs équipages réduits par les combats, serait sortie victorieuse d'une nouvelle lutte, contre des navires partis intacts du port et armés au personnel, aussi fortement que l'ennemi l'aurait voulu.

« Si les Russes, craignant d'aventurer la division de

vaisseaux qu'ils avaient à Sweaborg, ne l'eussent pas dirigée contre l'escadre anglo-française désemparée, ils n'auraient pas manqué, du moins, de lui faire prendre la mer, pour obliger les croisières alliées à s'éloigner des ports situés à l'entrée du golfe de Finlande, où les navires neutres seraient bientôt arrivés en grande quantité, réparant ainsi, en peu de jours, le préjudice considérable apporté au commerce de la Russie, par le blocus rigoureux établi sur son littoral.

« En résumé, d'une attaque de Cronstadt par l'escadre alliée, avec la supposition que la passe pût être franchie malgré les obstacles qui s'y opposaient, on ne pouvait espérer de résultat plus heureux que la destruction des gros bâtiments russes. Mais pour ce résultat on courait les chances de sacrifier notre flotte, et la certitude d'avoir pour le moins un grand nombre de nos vaisseaux, si ce n'est tous, mis hors de combat pendant un temps plus ou moins long, et incapables de lutter contre la division russe de Sweaborg. — L'annulation de l'escadre alliée aurait amené la levée du blocus des ports situés à l'entrée du golfe de Finlande, et permis à l'ennemi de se récupérer de l'énorme préjudice apporté à son commerce par la présence des bâtiments alliés dans la Baltique, pendant deux années.

« Les localités permettaient le bombardement de Cronstadt, en plaçant les bombardes près de la jetée qui barre le passage au Nord et à l'Est de la ville, et dont le point le plus rapproché des fortifications, au bord de la mer, est distant de 3150 mètres. Les bombes auraient atteint le milieu de la ville, à peu près ; mais elles ne seraient pas arrivées jusqu'aux vaisseaux ennemis, qui se seraient tous trouvés hors de la portée de nos mortiers.

« Sans doute, c'était quelque chose d'important que d'incendier les vastes magasins et les casernes du gouvernement moscovite à Cronstadt ; mais l'exécution du bombardement exposait aussi à des dangers qu'il eût été par trop imprudent de braver.

« Il fallait placer les bombardes aussi près que possible de la jetée précitée, par des fonds de 9 à 10 pieds, non-seulement à trois milles de nos vaisseaux pendant le temps de la plus belle saison, mais encore assez loin des avisos à vapeur de l'escadre alliée qui, du reste, tous réunis, ne présentaient que peu de canons. Les bombardes ne pouvaient donc être protégées d'une manière efficace que par nos canonnières à vapeur, dont le nombre le plus élevé, vers la fin de notre séjour dans la Baltique, n'a été que de 28 : 20 anglaises et 8 françaises ; tandis que l'ennemi comptait dans sa flottille 229 canonnières, dont 29 à vapeur, qui toutes pouvaient venir aborder nos bombardes. Elles ne pouvaient manquer de s'en emparer en vue même de l'escadre alliée, forcément inoffensive par son éloignement, car nos canonnières ne pouvaient leur opposer qu'une bien faible résistance. — Nous eussions ainsi donné à l'ennemi l'occasion de capturer nos bâtiments et de les conduire victorieusement dans leur port ; et quel qu'eût été d'ailleurs le succès de nos armes, un échec semblable compromettait gravement les pavillons alliés. »

Après le succès des armes alliées devant Sweaborg, la pensée des amiraux s'arrêta sur le bombardement de Revel, mais ce projet fut ensuite abandonné. On se contenta de resserrer plus étroitement encore le blocus des côtes et des ports russes, en le prolongeant au loin sur tout le littoral. — Pour en assurer les effets et pour neutraliser sur une grande étendue des côtes toute espèce de navigation commerciale, les escadres demeurèrent dans les eaux de la Baltique, interceptant ainsi les golfes de Finlande et de Bothnie.

Le 11 novembre, les amiraux quittèrent seulement ces mouillages, et les derniers vaisseaux ne disparurent du fond de la Baltique que vers le 15 décembre, luttant contre les glaçons qui souvent, par immenses blocs, obstruaient les passages. — Jamais, jusqu'alors, des bâtiments ne s'étaient aventurés jusqu'à une époque aussi avancée, dans ces eaux que les glaces de l'hiver envahissaient toujours rapidement.

Notre tâche est accomplie; nous avons pris la marine impériale dès les premiers pas de ce grand drame qui devait se jouer loin de la patrie, et nous l'avons conduite pas à pas jusqu'au dénoûment glorieux de la guerre d'Orient.

Nous avons voulu retracer avec une consciencieuse exactitude sa part dans cette mémorable lutte, pendant laquelle elle a montré à la France et à l'Europe attentives quelles immenses ressources elle renfermait dans son sein, qu'aucun sacrifice, aucun dévouement ne devait jamais trouver stérile.

Cette grande page de dangers partagés, de rudes épreuves, de travaux incessants, la marine peut à bon droit la montrer à tous avec un noble orgueil, car elle l'a inscrite avec son cœur et avec son sang dans les annales impérissables de la France guerrière et protectrice.

FIN DU DEUXIÈME ET DERNIER VOLUME.

PIÈCES
JUSTIFICATIVES

PIÈCES JUSTIFICATIVES.

I

Premier Rapport de l'amiral Bruat au Ministre de la marine sur l'Expédition de Kertch.

Vaisseau *le Montébello*, le 26 mai 1855.

Monsieur le Ministre,

Ainsi que j'ai eu l'honneur de vous l'annoncer par mes dépêches télégraphiques des 22 et 25 mai, une nouvelle expédition pour Kertch a été résolue le 20.

L'embarquement a commencé le 21 au soir; l'expédition est partie le 23, elle a débarqué le 24 à Kamish-Bournou, et, le 25, on a occupé Iénikalé, après avoir traversé Kertch et pris possession des batteries situées dans les environs d'Ak-Bournou.

Le 25, l'amiral Lyons et moi sommes entrés dans la mer d'Azoff, d'où nous avons expédié une escadrille pour Berdiansk et Arabat. Elle est partie dans la nuit, et se compose de quatre bâtiments à vapeur français et dix anglais, dont plusieurs canonnières.

La réussite si complète de cette expédition, où nos troupes, conduites avec une grande décision par le général Dautemarre, ont montré leur ardeur habituelle, est due aussi à la rapidité avec laquelle elle a été menée. A ce sujet, je dois faire connaître à Votre Excellence combien, en toutes circonstances, la coopération de l'amiral Lyons a été complète et cordiale.

Dès le premier jour, et aussitôt le mouillage, le débarquement des troupes françaises a commencé avec ordre, sous la direction de M. le capitaine de vaisseau Jurien de La Gravière, mon chef d'état major.

Après m'être assuré de la promptitude avec laquelle s'effectuait la mise à terre du corps expéditionnaire, je m'avançai avec *le Laplace*, sur lequel j'avais mis mon pavillon pour reconnaître les batteries du cap Ak-Bournou, dont les Russes avaient déjà fait sauter une poudrière. Se voyant sur le point d'être tourné, l'ennemi ne tarda pas à en faire sauter plusieurs autres et à évacuer ces positions.

Très-peu de temps après, une canonnière anglaise d'un faible tirage d'eau se dirigeait sur Iénikalé pour couper la route à un bateau à vapeur russe qui, parti de Kertch, cherchait à gagner la mer d'Azoff. Un engagement assez sérieux commença bientôt entre ces deux bâtiments, et les batteries de Iénikalé y prirent part. Je fis appuyer la canonnière par *le Fulton*, qui se rendit rapidement sur le théâtre de la lutte et eut à essuyer un feu très-vif; je donnai l'ordre à *la Mégère* de le rallier, et l'amiral Lyons, de son côté, fit soutenir la canonnière. Néanmoins, le bateau à vapeur ennemi, que nous avons vu porter le trésor de Kertch, s'échappa, laissant entre nos mains deux chalands chargés d'objets précieux et d'une partie des archives civiles et militaires. Mais la confusion des Russes, pris à l'improviste par terre et par mer, devint telle qu'ils renoncèrent bientôt à une plus longue résistance et ne prirent pas même le soin d'enlever les blessés provenant de Sébastopol qui se trouvaient dans l'hôpital de la citadelle. Dans le courant de la journée, ils avaient mis le feu à des magasins considérables qu'ils possédaient à Kertch. Enfin, avant d'évacuer Iénikalé, ils firent sauter un magasin qui contenait à peu près 30 000 kilog. de poudre; la commotion fut telle, que plusieurs maisons ont été détruites et que les vaisseaux mouillés à 10 milles au large la ressentirent vivement.

En résumé, l'ennemi a perdu jusqu'à présent :
Cent soixante mille sacs d'avoine ;
Trois cent soixante mille sacs de blé ;
Cent mille sacs de farine.

Un atelier de montage et de fonderie a été brûlé. Trois bâtiments à vapeur, parmi lesquels il y en avait un de guerre, ont été coulés par les Russes eux-mêmes. Une trentaine de bâtiments de transport sont détruits; au moins autant ont été pris. Cent mille kilogrammes de poudre environ ont sauté dans les diverses explosions. Un grand approvisionnement d'obus et de boulets n'existe plus.

J'adresserai plus tard à Votre Excellence l'état des canons tombés en notre pouvoir ; leur nombre est de soixante à quatre-vingts environ. Ces pièces sont très-belles et de gros calibre.

Je suis, etc.

Le vice-amiral commandant en chef
l'escadre de la Méditerranée.

BRUAT

II

Deuxième Rapport de l'amiral Bruat au Ministre de la marine sur l'Expédition de Kertch.

Détroit de Kertch, le 1ᵉʳ juin 1855

Monsieur le Ministre,

J'ai déjà fait connaître à Votre Excellence les opérations qui venaient d'ouvrir aux marines alliées l'entrée de la mer d'Azoff, et les premiers résultats obtenus par la flottille alliée, que les commandants Béral de Sédaiges, du *Lucifer*, et Lyons, de *la Miranda*, avaient reçu l'ordre de conduire jusqu'à Berdiansk. J'adresse aujourd'hui à Votre Excellence quelques détails plus circonstanciés.

Il ne fallait point laisser à l'ennemi, dont les travaux avaient été forcément interrompus par l'hiver, le temps de compléter par de nouveaux ouvrages la défense de la presqu'île. L'assistance d'un corps de débarquement était indispensable, sinon pour forcer les passes de Kertch et d'Iénikalé, du moins pour donner la certitude qu'après les avoir franchies, nos croiseurs ne les verraient pas se fermer derrière eux. Aujourd'hui que nous avons pu étudier de plus près les obstacles accumulés par l'ennemi à l'entrée de la mer d'Azoff et ceux qu'il se préparait à nous opposer encore, M. l'amiral Lyons et moi, nous nous félicitons doublement d'avoir assuré le succès de cette expédition en demandant qu'une division de l'armée fût appelée à y concourir. Le tort matériel déjà fait à l'ennemi, les embarras que ne tardera point à lui causer la destruction d'immenses approvisionnements destinés à son armée de Crimée, l'effet moral d'une nouvelle invasion prolongée jusqu'aux rives du Don et jusqu'aux abords de la mer Putride, tout démontre l'importance de cette entreprise.

Malgré l'intérêt que les généraux en chef y attachaient eux-mêmes, ce ne fut que dans les premiers jours d'avril que l'on put songer sérieusement à mettre ce projet à exécution. Pendant ce temps, la question avait été complétement étudiée. L'amiral Lyons avait reçu de ses capitaines les rapports les plus précis, et le commandant du *Fulton*, M. le lieutenant de vaisseau Le Bris, en croisière devant Kertch depuis le mois de février, m'avait également donné, sur les travaux de défense du détroit, sur les facilités qu'offrait la côte pour un débarquement et sur les forces que les Russes avaient rassemblées dans la presqu'île, des détails qui ne me laissaient aucun doute sur le succès de l'opération, pourvu qu'on pût la conduire avec promptitude et secret.

Le 20 mai, il fut arrêté entre les généraux en chef et les amiraux qu'un corps expéditionnaire, composé de 7000 Français et de trois batteries sous les ordres du général Dautemarre, de 3000 Anglais et d'une batterie sous les ordres du général Brown, de 5000 Turcs et d'une batterie empruntée à l'armée d'Omer-Pacha, s'embarquerait sur les deux escadres, qui le transporteraient immédiatement devant Kertch. Le 22 au soir, les troupes, l'artillerie et le matériel étaient à bord des bâtiments qui avaient été désignés pour les recevoir.

L'escadre française se composait :

Des vaisseaux à vapeur :

Le Montébello, portant mon pavillon, commandant Bassière ;

Le Napoléon, portant pavillon du contre-amiral Charner, commandant Laffon-Ladébat ;

Le Charlemagne, commandant Jannin.

Des frégates à vapeur :

La Pomone, commandant Bouët, capitaine de vaisseau ;

Le Caffarelli, commandant Simon, capitaine de vaisseau ;

Le Cacique, commandant Guesnet, capitaine de vaisseau ;

Le Descartes, commandant Darricau, capitaine de vaisseau ;

L'Asmodée, commandant Cosnier, capitaine de frégate ;

L'Ulloa, commandant Passama, capitaine de frégate.

Des corvettes à vapeur :

Le Véloce, commandant Dufour de Mont-Louis, capitaine de frégate ;

Le Primauguet, commandant Reynaud, capitaine de frégate ;

Le Phlégéton, commandant de Russel, capitaine de frégate ;

Le Berthollet, commandant de La Guéronnière, capitaine de frégate ;

Le Roland, commandant Perigot, capitaine de frégate ;

Le Caton, commandant de Vedel, lieutenant de vaisseau ;

Des avisos à vapeur :

Le Lucifer, commandant Béral de Sédaiges, capitaine de frégate ;

La Mégére, commandant Devoulx, capitaine de frégate ;

Le Milan, commandant Huchet de Cintré, capitaine de frégate ;

Le Brandon, commandant Cloué, lieutenant de vaisseau ;

Le Fulton, commandant Le Bris, lieutenant de vaisseau ;

Le Dauphin, commandant de Robillard, lieutenant de vaisseau ;

De la bombarde à vapeur :

Le Vautour, commandant Causse, capitaine de frégate.

L'intendance de l'armée avait adjoint à l'expédition, pour son service particulier, le navire à vapeur *l'Égyptien* et deux navires à voiles ; elle avait mis, en outre, à notre disposition pour conduire les chalands jusqu'à terre, un des remorqueurs du port de Kamiesh, *le Béicos*.

Le commandement de la plage devait être confié à un des officiers de mon état-major, M. Giovannetti.

Les frégates à vapeur *le Cacique*, *le Descartes* et *l'Ulloa*, portaient trois batteries d'artillerie : *l'Asmodée*, les chevaux de ces batteries qui n'avaient pu trouver place sur les autres frégates. Le matériel et les mulets d'ambulance avaient été, ainsi que les munitions de réserve, chargés sur *le Caffarelli*.

Huit chalands, pouvant contenir chacun une pièce attelée et son caisson, avaient été placés sur les flancs des vaisseaux et sur le pont de *la Pomone*, pour servir au débarquement des troupes et surtout au débarquement de l'artillerie.

On avait pris soin d'embarquer sur les avisos à vapeur auxquels leur tirant d'eau permettait de s'approcher à petite distance de la plage, les 5e et 14e bataillons de chasseurs à pied. Les 19e et 26e régiments de ligne, faisant partie de la première brigade, avaient pris passage sur les frégates et corvettes à vapeur.

Les 74e et 39e régiments, qui composaient avec le 14e bataillon de chasseurs la 2e brigade, étaient transportés par les trois vaisseaux et par la frégate *la Pomone.*

Toutes les dispositions étaient ainsi prises à l'avance pour jeter à terre, d'un seul coup, trois mille hommes au moins d'infanterie, qui devaient être promptement soutenus par trois pièces d'artillerie et par une demi-section de fuséens.

Le 24 mai, au point du jour, les deux escadres étaient réunies au lieu du rendez-vous, à 12 milles au sud du cap Takli; les chalands, les embarcations et les canots-tambours furent mis à la mer ; les vaisseaux vinrent mouiller par six brasses de fond environ, les autres navires à vapeur se rangèrent en ligne de convoi, et se dirigèrent vers la baie que forme en s'avançant vers l'est la pointe basse de Kamish. Les avisos à vapeur jetèrent l'ancre à quatre ou cinq encâblures de la plage, les corvettes et les frégates aussi près que le permit le peu de profondeur de la baie.

A une heure de l'après-midi, les embarcations chargées de troupes se groupèrent autour du canot qui portait sur l'avant la marque distinctive du général Dautemarre. Des cavaliers russes s'étaient montrés sur les hauteurs ; mais quelques projectiles lancés par les navires anglais et par *la Mégère* avaient suffi pour les disperser. Si l'ennemi rassemblait des troupes pour s'opposer au débarquement, il était évident qu'il n'oserait point les porter dans la plaine, commandée par le feu de nos bâtiments, et qu'il se bornerait à les tenir massées dans les plis de terrain que nos projectiles ne pouvaient atteindre. Le signal d'avancer fut donné aux embarcations, et, peu d'instants après, les deux bataillons de chasseurs débarquaient au cri de *Vive l'Empereur!* sur la plage, et se formaient en colonne pour gravir les hauteurs.

Les troupes anglaises, arrivées sur le rivage en même temps que les nôtres, prenaient poste sur leur gauche et se mettaient aussi immédiatement en marche.

Pendant ce temps, le *Dauphin*, le *Caton*, le *Lucifer* et le *Milan* allaient chercher à bord des vaisseaux et de *la Pomone* les troupes de la 2ᵉ brigade. A trois heures et demie environ, toute l'infanterie était à terre; le débarquement de l'artillerie et des chevaux se poursuivait avec activité.

Nous savions que l'ennemi avait établi sur le cap Saint-Paul une batterie de vingt-six pièces de gros calibre, et, sur le cap Ak-Bournou, une autre batterie de trois pièces. Ces batteries n'étaient point le seul obstacle que les Russes avaient songé à opposer aux bâtiments qui voudraient forcer le passage du cap Saint-Paul : un grand nombre de navires avaient été coulés dans la passe. Dispersés par les courants et par la fonte des glaces, ces navires formaient autant d'écueils dont la sonde n'indiquait point l'approche, et dont nous ignorions complétement la position. L'ennemi avait, en outre, disposé sur le fond des bouées explosives. Plusieurs bouées semblables ont été trouvées dans l'arsenal de Kertch, où nous avons pu les examiner à loisir.

Un triple fil de laiton, entouré d'une enveloppe de gutta-percha, mettait ces artifices en communication avec un appareil électrique placé dans la batterie du cap Saint-Paul. Il était ainsi facile, lorsque nos bâtiments se trouveraient engagés dans la passe, de faire éclater instantanément sous leurs flancs ces pétards sous-marins, dont l'effet doit être décisif, si l'explosion a lieu au moment opportun.

Bien que ce détail nous fût à peu près inconnu, nous nous attendions à éprouver au passage du cap Saint-Paul une résistance proportionnée aux efforts considérables qui avaient été faits par l'ennemi pour armer cette position ; mais nous comptions, pour en triompher, sur les efforts combinés des troupes alliées et des deux marines. Vers deux heures de l'après-midi, j'avais arboré mon pavillon à bord de la corvette à vapeur *le Laplace*, commandée par le capitaine de frégate Caboureau, qui avait rallié l'escadre la veille au soir. Je me dirigeais sur le cap Saint-Paul, pour en reconnaître de plus près les ouvrages, lorsqu'une violente explosion, bientôt suivie de détonations successives, m'apprit que les Russes faisaient sauter leurs poudrières et renonçaient à nous disputer cette première passe. L'abandon du cap Saint-Paul semblait annoncer que l'ennemi s'était réservé une ligne de défense plus avantageuse, derrière laquelle il se concentrerait pour attendre. Le vieux château d'Iénikalé offrait, en effet, à l'armée russe un réduit dont la maçonnerie fort épaisse eût pu supporter assez longtemps le feu de l'artillerie de campagne; une longue ligne d'embossage, composée de transports armés en guerre et de batteries flottantes, barrait cette seconde passe, dans laquelle la profondeur de l'eau n'est plus que de treize pieds, et qui n'est, par conséquent, accessible qu'à des avisos ou à des canonnières.

Cette ligne d'embossage joignait ses feux aux feux croisés des batteries d'Iénikalé et de la batterie rasante nouvellement construite sur le banc Cheska. Nous n'avions sur cette partie du détroit que des renseignements incomplets, et nous devions présumer que nous n'emporterions point une position aussi forte sans une lutte des plus vives. Ces derniers obstacles devaient cependant s'évanouir avec la même facilité que les autres.

J'ai déjà fait connaître à Votre Excellence, par ma dépêche du 26 mai, l'engagement qui avait eu lieu, aussitôt après l'évacuation des batteries du cap Saint-Paul, entre les défenses d'Iénikalé et les canonnières anglaises soutenues par *le Fulton* et par *la Mégère*. Cet engagement se prolongea jusqu'au coucher du soleil, et les bâtiments qui y avaient pris part mouillèrent dans le golfe de Kertch. Cette manœuvre précipita probablement les résolutions de l'ennemi, car vers huit heures du soir, une forte explosion nous annonça qu'il évacuait Iénikalé, comme il avait évacué déjà sa première ligne de défense.

Le lendemain, au point du jour, l'armée alliée se mettait en marche, et avant midi ses colonnes couronnaient es hauteurs d'Iénikalé, où elles entraient sans coup férir.

Le soir même, *le Lucifer*, *la Mégère*, *le Brandon* et *le Fulton*, sous les ordres du commandant Béral de Sédaiges, se joignaient dans la mer d'Azoff à dix navires anglais commandés par le capitaine Lyons et faisaient route pour Berdiansk.

Le Lucifer, *la Mégère*, *le Brandon* et *le Fulton* ont dû revenir à Kertch pour y renouveler leur approvisionnement.

Pendant ce temps, les canonnières anglaises ont attaqué Génitchesk. Leurs embarcations se sont hardiment engagées dans le bras de mer qui met en communication la mer d'Azoff et la mer Putride, et y ont incendié, outre soixante et dix navires, les magasins de blé très-considérables.

Le Lucifer, *la Mégère*, *le Brandon* et *le Fulton* sont rentrés hier soir dans la mer d'Azoff, accompagnés du *Dauphin*, de *la Mouette*, ainsi que des chaloupes et grands canots du *Montébello*, du *Napoléon*, du *Charlemagne* et de *la Pomone*. Nos bâtiments ont dû rallier la flottille anglaise devant Taganrog, et j'espère que j'aurai bientôt un nouveau succès à annoncer à Votre Excellence.

Je suis, etc.

Le vice-amiral, commandant en chef l'Escadre de la Méditerranée,

BRUAT.

III

Premier Rapport de l'amiral Bruat au Ministre de la marine sur la prise de Kinburn.

Kinburn, 17 octobre 1855.

Monsieur le Ministre,

Le fort de Kinburn et les nouveaux ouvrages élevés sur cette presqu'île sont en notre pouvoir. Nos pertes sont sans importance.

Kinburn, 17 octobre.

Le 14 octobre, au matin, les escadres ont quitté la rade d'Odessa, dès que les gros vents d'ouest, qui contrariaient leurs opérations depuis le 8 octobre, ont cessé. Le soir même, elles ont mouillé devant Kinburn.

Dans la nuit, quatre chaloupes canonnières françaises, *la Tirailleuse, la Stridente, la Meurtrière* et *la Mutine*, expédiées par le contre-amiral Pellion, sous les ordres du lieutenant de vaisseau Allemand, du *Cacique*, ont franchi, avec cinq canonnières anglaises, la passe d'Otchakoff, et sont entrées dans le Dniéper.

Le lendemain, 15 octobre, dès le point du jour, les troupes ont été débarquées à 4500 mètres environ dans le sud de la place. Dans l'après-midi, les bombardes ont ouvert leur feu, mais elles ont été obligées de l'interrompre quand la nuit s'est faite, à cause de la houle, qui rendait leur tir incertain.

La journée du 16 a été à peu près perdue pour nous, les vents étant retombés au sud-ouest. Les troupes se sont occupées de se retrancher et de pousser des reconnaissances vers le sud. Les canonnières qui étaient dans le Dniéper ont pu seules inquiéter la place.

Le vent ayant passé au nord dans la nuit, nous nous sommes occupés dès ce matin, l'amiral Lyons et moi, de faire mettre à exécution le plan de combat que nous avions arrêté depuis la veille, d'après les sondages du capitaine Spratt, du *Spitfire*, et du lieutenant de vaisseau Cloué, du *Brandon*, assistés de MM. Ploix et Manen, ingénieurs hydrographes. A neuf heures vingt minutes, les trois batteries flottantes *la Dévastation*, *la Lave* et *la Tonnante* ont ouvert leur feu.

Le succès qu'elles ont obtenu dans cette journée a répondu à toutes les espérances de l'Empereur. Le rempart qu'elles battaient présenta très-promptement et sur plusieurs points des brèches praticables.

Les bombardes françaises et anglaises ont ouvert leur feu à neuf heures quarante-cinq minutes; leur tir, rectifié par les signaux des avisos, a été admirablement bien dirigé. Je leur attribue une grande part dans la prompte reddition de la place.

Les cinq canonnières françaises, *la Grenade*, *la Flèche*, *la Mitraille*, *la Flamme* et *l'Alarme*, soutenues par six canonnières anglaises, ont pris leur poste à peu près en même temps que les bombardes. Leur tir ricochait très-avantageusement les batteries à barbette, que combattaient les batteries flottantes.

Dès que le feu de la place a diminué de vivacité, nos canonnières se sont portées, sur le signal du capitaine de *la Grenade*, M. Jauréguiberry, à la hauteur des batteries flottantes. Elles ont été accompagnées dans ce mouvement par des canonnières anglaises.

A midi précis, les vaisseaux, suivis par les frégates, les corvettes et les avisos, ont mis sous vapeur. Les vaisseaux se sont formés sur une ligne de front; ils ont jeté l'ancre et se sont abossés à 1600 mètres des forts par 26 pieds et demi d'eau. Au même moment, six frégates anglaises, conduites par le contre-amiral Stewart, et trois frégates françaises, sous les ordres du contre-amiral Pellion, *l'Asmodée, le Cacique* et *le Sané*, ont donné dans la passe d'Otchakoff pour prendre les forts de Kinburn à revers. Le vaisseau anglais *Hannibal* s'est avancé jusqu'au milieu de cette passe.

Les généraux Bazaine et Spencer ont porté leurs tirailleurs et leurs pièces de campagne à 400 mètres environ de la place.

Ces manœuvres hardies et le front imposant que présentaient les neuf vaisseaux français et anglais embossés beaupré sur poupe, et tonnant de toute leur artillerie, ont eu un effet décisif. A une heure trente-cinq minutes, remarquant que le fort de Kinburn ne tirait plus, bien que les ouvrages du nord continuassent à se servir de leurs mortiers, l'amiral Lyons et moi nous avons pensé qu'il convenait de respecter le courage des braves gens que nous combattions : nous avons, en conséquence, fait le signal de cesser le feu, et nous avons arboré le pavillon parlementaire, en envoyant à terre une embarcation française et une embarcation anglaise.

Les forts ont accepté la capitulation offerte. La garnison est sortie de la place avec les honneurs de la guerre et s'est rendue prisonnière. Nos troupes occupent tous les ouvrages russes.

La capitulation stipulait que la place nous serait remise dans l'état où elle se trouvait. Nous entrons donc en possession des approvisionnements et des munitions de l'ennemi. L'amiral Lyons et moi envoyons les chirurgiens des deux escadres pour soigner les blessés russes, au nombre de 80 environ.

Le chiffre des prisonniers est de douze à quinze cents. Nous allons nous occuper de constituer ici un solide établissement.

Je suis, etc.

L'amiral commandant en chef
l'Escadre de la Méditerranée,

BRUAT.

IV

Deuxième Rapport de l'amiral Bruat au Ministre de la marine sur la prise de Kinburn.

Kinburn, 18 octobre 1855.

Monsieur le Ministre,

J'ai déjà eu l'honneur de transmettre à Votre Excellence un premier aperçu des opérations des escadres alliées pendant la journée du 17 octobre.

Tous les renseignements que je me suis appliqué depuis lors à recueillir pour obtenir une appréciation exacte de la part prise par chacun des bâtiments placés sous mes ordres à ces opérations n'ont fait que confirmer les premières impressions d'après lesquelles j'avais dû rédiger la dépêche télégraphique expédiée le soir même de Varna.

Les batteries flottantes, soutenues très-efficacement par les bombardes et par les canonnières, ont éteint complétement, après trois heures de combat, le feu du fort de Kinburn, armé de cinquante canons et mortiers.

Ce fort réduit, les deux autres ouvrages que les Russes avaient construits plus au nord, et armés, le premier de 10 bouches à feu, le second de 11, ne pouvaient qu'inutilement prolonger leur résistance. Leur construction plus moderne et mieux entendue leur eût permis cependant de soutenir assez longtemps le feu des vaisseaux et autres bâtiments de l'escadre; mais, pris à revers par les frégates et les canonnières qui avaient franchi la passe d'Otchakow, ils devaient également succomber sous la nombreuse artillerie qui les foudroyait.

En résumé, j'attribue le prompt succès que nous avons obtenu, en premier lieu, à l'investissement complet de la place par terre et par mer ; en second lieu, au feu des batteries flottantes qui avaient déjà ouvert dans les remparts plusieurs brèches praticables, et dont le tir, dirigé avec une remarquable précision, eût suffi pour renverser de plus solides murailles. On peut tout attendre de l'emploi de ces formidables machines de guerre, quand elles seront conduites au feu par des officiers aussi distingués que ceux auxquels l'empereur avait confié le commandement de *la Dévastation*, de *la Lave* et de *la Tonnante*.

La navigation d'Odessa à Kinburn présentait quelques difficultés pour les bâtiments d'un tirant d'eau tel que celui du *Montébello*, du *Wagram*, de *l'Ulm* et du *Jean-Bart*.

La route de ces vaisseaux a été soigneusement balisée par les frégates, les corvettes et les avisos à vapeur de l'escadre.

Quels que fussent les obstacles qu'une saison déjà avancée me laissât entrevoir, j'avais mis ma confiance dans le zèle intelligent des capitaines et des officiers, non moins que dans l'ardeur des équipages.

L'émulation généreuse des deux escadres alliées, la confiance mutuelle de leurs chefs, le concours de ces vaillantes troupes, auxquelles nous unit le souvenir de tant d'épreuves supportées en commun, étaient aussi à mes yeux d'infaillibles gages de succès.

Je suis, etc.

L'amiral commandant en chef
l'Escadre de la Méditerranée,
BRUAT.

V

Corps de débarquement de la marine. — État des officiers de la flotte de la mer Noire tués ou blessés à terre du commencement des opérations jusqu'à la prise de Sébastopol.

De Cuverville.	Aspirant.	16 oct. 1854.	Blessure grave à la fesse droite.
Michel.	*Ibid.*	17 —	Amputation de la cuisse.
De Libran.	*Ibid.*	13 —	Contusion à la poitrine.
Ibid.	*Ibid.*	19 —	Plaie contuse à la tête.
Ibid.	*Ibid.*	20 fév. 1855.	Plaie de balle à l'avant-bras droit.
Liotard.	*Ibid.*	17 oct. 1854.	Fracture du crâne. Mort une heure après.
Martel.	Lieut. de vais.	19 —	Plaie contuse à la jambe droite avec lésion du tibia.
Pichon.	Cap. de frég.	20 —	Contusion à l'épaule.
Duplessix.	Lieut. de vais.	20 —	Forte contusion au pied droit.
Ibid.	*Ibid.*	2 mai 1855.	Contusion au bras gauche.
Levêque.	*Ibid.*	20 oct. 1854.	Plaies aux paupières.
Guyon.	Ens. de vais.	20 —	Plaie contuse à la jambe.
Amet.	Lieut. de vais.	22 —	Plaie contuse à l'épaule.
Bianchi.	*Ibid.*	19 —	Forte contusion au bras.
Basset.	Aspirant.	9 avril 1855.	Plaie de balle dans le cou.
De Terson.	Lieut. de vais.	9 —	Plaie au bras droit par éclat d'obus.
De Montille.	Ens. de vais.	9 —	Plaie à l'avant bras gauche.
Du Petit-Thouars.	*Ibid.*	12 —	Petite plaie contuse dans le dos.
Michaud.	*Ibid.*	13 —	Plaie contuse au sourcil droit.

De St.-Romand.	Asp. auxil. de marine.	18 avr. 1855.	Plaie contuse à la jambe, à la main et au bras droit.
Besançon.	Cap. d'art.de m.	11 —	Contusion à la poitrine.
Ibid.	*Ibid.*	23 —	Plaie de balle au pied gauche.
De Contenson.	Lieut. de vais.	21 —	Balle perdue dans l'abdomen, mort le lendemain.
Boch.	*Ibid.*	26 —	Amputation de la cuisse et du bras droit, mort quelques heures après.
Bon de Lignim.	*Ibid.*	28 —	Fracture du crâne, mort le même jour.
Chevillote.	Cap. d'art.de m.	27 —	Forte contusion à la poitrine par une balle.
De Nerciat.	Ens. de vais.	28 —	Plaie contuse à la tête par une balle.
Bonnet.	Aspirant.	18 —	Désarticulation du bras droit.
Gougeard.	Ens. de vais.	28 —	Contusion aux jambes par un boulet.
Contessouze.	*Ibid.*	5 nov. 1854.	Contusion à la cuisse par éclat de fer.
Rallier.	Lieut. de vais.	3 mai 1855.	Plaie contuse au poignet gauche.
De Varenne.	Ens. de vais.	26 —	Légèrement blessé au visage par un sac à terre.
Mélizan.	*Ibid.*	23 —	Très-légèrement blessé.
Du Petit Thouars.	*Ibid.*	7 juin 1855.	Grièvement blessé aux yeux et à la figure.
Vallerey.	Cap. d'art.de m.	6 —	Éclat d'obus à la hanche.
Virgile.	*Ibid.*	6 —	Blessure à la cuisse droite et à la jambe gauche.
Dard.	S.-lieut. de m.	6 —	Légèrement blessé à l'œil droit.
Michel.	Lieut. de m.	18 —	Contusionné par un biscaïen.
Le Breton de Ranzegat.	Lieut. de vais.	17 —	Forte contusion à la cuisse par éclat d'obus.
Bonnard.	*Ibid.*	17 —	Forte contusion à la poitrine par un biscaïen.
Desserey.	Asp. auxil. de marine.	14 juil. 1855.	Éclat d'obus à la cuisse, mort des suites le 17 juillet.
Martinssen.	*Ibid.*	20 août.	Légèrement blessé à la figure par des cailloux et poussière dans les yeux.

Contessouze.	Ens. de vais.	22 août 1855.	Grièvement blessé au pied droit par un éclat de bombe.
Jehenne.	Ibid.	5 sept. 1855.	Fracture de l'omoplate par un boulet.
Ibid.	Ibid.	5 —	Éclat de pierre dans l'œil.
Girard.	Lieut. de vais.	6 —	Tête emportée par un boulet.
De Dompierre d'Hornoy.	Cap. d'art. de marine.	6 —	Éclat d'obus à la cuisse droite, mort presque immédiatement.
Gouho.	Ibid.	6 —	Tête emportée à la batterie 26.
Leroy.	Lieut. d'art. de marine.	8 —	Éclat de bombe à la batterie 7, mort.

VI

Composition de l'Escadre française sous le commandement du vice-amiral Parseval-Deschênes.

PREMIÈRE CAMPAGNE DE LA BALTIQUE, 1854.

État-major général.

Commandant en chef : le vice-amiral Parseval-Deschênes.
Chef d'état-major : Clavaud, capitaine de vaisseau.
Commissaire de l'escadre : Des Graz, commissaire adjoint.
Chirurgien de l'escadre : Fabre, chirurgien principal.
Aumônier de l'escadre : l'abbé Caron.
Aides de camp de l'amiral : Russel, capitaine de frégate; de Surville, *ib*.

Officier d'ordonnance : de Parseval, enseigne de vaisseau.

Secrétaire de l'amiral : Lachapelle, aide-commissaire.

Secrétaire du chef d'état-major : Scias, aide-commissaire.

Secrétaire du commandant de l'escadre : Reboul, aide-commissaire.

L'Inflexible, 90 canons. — Commandant : Pironneau, capitaine de vaisseau, portant le pavillon de l'amiral commandant en chef.

Commandant en sous-ordre : le contre-amiral Penaud.

Aide de camp : Selva, capitaine de frégate.

Le Duguesclin, 80 canons. — Commandant : Lacapelle, capitaine de vaisseau, portant le pavillon de l'amiral commandant en sous-ordre.

L'Austerlitz, 90 canons. — Commandant : Laurencin, capitaine de vaisseau.

Le Tage, 90 canons. — Commandant : Fabvre, capitaine de vaisseau.

L'Hercule, 90 canons. — Commandant : Larrieu, capitaine de vaisseau.

Le Jemmapes, 90 canons. — Commandant : Du Parc, capitaine de vaisseau.

Le Breslaw, 80 canons. — Commandant : Bosse, capitaine de vaisseau.

Le Duperré, 70 canons. — Commandant : Penaud, capitaine de vaisseau.

Le Trident, 70 canons. — Commandant : Maussion de Candé, capitaine de vaisseau.

La Sémillante, frégate de 56 canons. — Commandant : Chiron du Brossay, capitaine de vaisseau.

L'Andromaque, frégate de 56 canons. — Commandant : Guillain, capitaine de vaisseau.

La Vengeance, frégate de 56 canons. — Commandant : Bolle, capitaine de vaisseau.

La Poursuivante, frégate de 52 canons. — Commandant : Prudhomme de Borre, capitaine de vaisseau.

La Virginie, frégate de 52 canons. — Commandant : Séré de Rivières, capitaine de vaisseau.

La Zénobie, frégate de 52 canons. — Commandant : Hérail, capitaine de vaisseau.

L'Asmodée, frégate à vapeur de 450 chevaux. — Commandant : Lagarde-Chambonas, capitaine de vaisseau.

Le Darien, frégate à vapeur de 450 chevaux. — Commandant : baron Didelot, capitaine de vaisseau.

Le Laplace, corvette à vapeur de 400 chevaux. — Commandant : Caboureau, capitaine de frégate.

Le Phlégéton, corvette à vapeur de 400 chevaux. — Commandant : Coupvent Desbois, capitaine de frégate.

La Reine-Hortense, corvette à vapeur de 320 chevaux. — Commandant : comte Excélmans, capitaine de frégate.

Le Souffleur, corvette à vapeur de 220 chevaux. — Commandant : Moulac, capitaine de frégate.

Le Laborieux, corvette à vapeur de 220 chevaux. — Commandant : Maudet, lieutenant de vaisseau.

L'Aigle, aviso à vapeur de 200 chevaux. — Commandant : Martineau des Chenez, lieutenant de vaisseau.

Le Goëland, aviso à vapeur de 200 chevaux. — Commandant : Le Roy, lieutenant de vaisseau.

Le Lucifer, aviso à vapeur de 200 chevaux. — Commandant : Dispan, capitaine de frégate.

Le Milan, aviso à vapeur de 200 chevaux. — Commandant : Huchet de Cintré, capitaine de frégate.

Le Brandon, aviso à vapeur de 160 chevaux. — Commandant : Cloué, lieutenant de vaisseau.

Le Cocyte, aviso à vapeur de 160 chevaux. — Commandant : Dubuisson, lieutenant de vaisseau.

Le Fulton, aviso à vapeur de 160 chevaux. — Commandant : Le Bris, lieutenant de vaisseau.

Le Daim, aviso à vapeur de 120 chevaux. — Commandant : Salaun, lieutenant de vaisseau.

Le Donawert, vaisseau-transport. — Commandant : Perigot, capitaine de frégate.

Le Saint-Louis, vaisseau-transport. — Commandant : Jannin, capitaine de vaisseau.

Le Tilsitt, vaisseau-transport. — Commandant : d'Estremont de Maucroix, capitaine de vaisseau.

L'Algérie, frégate-transport. — Commandant : de Leyritz, capitaine de frégate.

La Cléopatre, frégate-transport. — Commandant : Malmanche, capitaine de frégate.

La Persévérante, frégate-transport. — Commandant, Vincent, lieutenant de vaisseau.

La Syrène, frégate-transport. — Commandant : Libaudière, lieutenant de vaisseau.

L'Infatigable, transport. — Commandant : de Portzamparc, lieutenant de vaisseau.

La Licorne, transport. — Commandant : Dauriac, lieutenant de vaisseau.

VII

Rapport de l'amiral Parseval-Deschênes au ministre de la marine sur la prise de Bomarsund.

Lumpar, 21 août 1854.

Monsieur le Ministre,

Après avoir salué de nos chaleureureuses et cordiales acclamations l'arrivée du corps expéditionnaire, et m'être fait l'interprète fidèle des sentiments de l'escadre pour ses frères de l'armée dans mon ordre du jour du 30 juillet, je m'empressai d'accompagner le général Baraguey-d'Hilliers dans sa reconnaissance de Bomarsund, dont j'avais déjà visité les approches, afin d'y conduire nos vaisseaux, d'y resserrer le blocus et d'y préparer les voies de l'armée.

A notre retour de Ledsund, lorsque le général en chef m'eut fait connaître ses projets, commença pour nos équipages le mouvement sans repos ni trêve, à grande distance et dans des conditions exceptionnelles de navigation, du remorquage, des transports, du transbordement du matériel, des vivres et enfin des troupes, mouvement indispensable pour assurer l'ordre et la rapidité au moment de l'action.

Ces sortes d'expéditions ont déjà fait trop d'honneur à la marine, monsieur le Ministre, pour que Votre Excellence n'apprécie pas aussi bien que moi tout l'entrain énergique et l'infatigable dévouement par lesquels nos marins savent s'y faire une part d'autant plus méritoire qu'elle est moins en relief.

Le 8 août, les troupes débarquèrent sous la protection toute de prévoyance des vaisseaux *le Duperré* et *l'Edimbourg*.

Cette opération accomplie sans difficulté, nous procédâmes à la mise à terre du matériel de siège, de campement et des vivres.

Une marche rapide, sans résistance, ayant promptement rapproché l'armée de la place, un nouveau débarcadère fut construit par nos soins, et des relations plus faciles et plus promptes s'établirent entre le quartier général et l'escadre.

Quatre vaisseaux français et quatre anglais, ainsi que les vapeurs les plus fortement armés des deux escadres, se disposaient à prendre part à l'attaque de la forteresse, cherchant nuit et jour, sous le feu des tirailleurs russes, la sonde à la main, dans leurs embarcations, les fonds qui en permettraient l'approche.

Les habiles travaux du génie militaire avaient marché rapidement; la tour qui couvre Bomarsund au sud-ouest s'était vue détruite par l'artillerie française; une tour semblable au nord était tombée sous les coups d'une batterie anglaise de gros calibre ; les lignes d'investissement de la place s'étaient resserrées, de nouvelles batteries allaient s'établir pour battre en brèche la forteresse ; le moment nous sembla venu, à l'amiral Napier et à moi, de faire une puissante diversion, et d'occuper l'artillerie du fort qui incommodait les travailleurs de l'armée.

Nous dirigeâmes le feu de nos plus forts calibres sur les murailles de granit de la forteresse de Bomarsund, et nous ne tardâmes pas à être agréablement surpris des effets de ce tir à grande portée. Par une heureuse coïncidence, monsieur le Ministre, nos vaisseaux, pavoisés pour la solennité du 15 août, saluaient la fête de l'Empereur d'un manière inaccoutumée.

Je me rendis successivement à bord de tous les bâtiments engagés au feu, et j'eus la satisfaction de constater partout l'adresse et le sang-froid de nos bons et braves canonniers ; ils tiraient aux embrasures à boulets pleins, sur la toiture et dans la cour intérieure à obus.

Les dégâts ne tardèrent pas à se manifester de toutes parts ; le feu de l'ennemi s'était visiblement ralenti ; et, dès ce moment, le résultat décisif d'une attaque plus rapprochée de la part des vaisseaux, ne fut plus douteux pour moi.

Il avait été convenu avec le général commandant en chef que, lorsque la batterie de brèche, qui devait être achevée le 17, ouvrirait son feu, nous commencerions le nôtre à plus courte distance. Veuillez croire, monsieur le Ministre, qu'il est plus facile de conduire à l'ennemi de bons vaisseaux et de braves gens que de les contenir et de modérer leur impatience.

Ce fut alors, dans la nuit du 15 au 16 août, que, pour achever l'investissement de la place et ôter à l'ennemi sa dernière chance de retraite, je fis occuper l'île de Prestö par un détachement de 500 hommes d'infanterie de marine, 180 soldats de marine anglais, mis à ma disposition par l'amiral Napier, et quatre compagnies de débarquement des vaisseaux, dirigées par M. le capitaine de frégate

Lantheaume, second de *la Zénobie*, sous le commandement supérieur de M. le lieutenant-colonel d'infanterie de marine de Vassoigne.

Cette occupation résolûment conduite, et l'attaque de la tour de Prestö, troisième et dernière sentinelle avancée de Bomarsund, produisirent sur la garnison plus d'effet peut-être que je ne m'en étais promis, et provoquèrent en partie, nous n'en saurions douter, les premiers symptômes de découragement qui se traduisirent, dans la journée du 16, par la reddition de la place, après quelques coups de canon de la rade.

A la vue du pavillon parlementaire, je compris que les intentions de l'Empereur étaient accomplies dans les plus heureuses conditions : peu de sang versé pour un grand résultat.

Dès que nous avions aperçu distinctement le pavillon blanc flotter du côté de la rade sur la toiture déchirée de la forteresse, mon aide de camp, M. le capitaine de frégate de Surville, et un capitaine de vaisseau anglais envoyé par l'amiral Napier, s'étaient rendus à terre pour recevoir, s'il y avait lieu, la capitulation du gouverneur. Quand ces officiers y pénétrèrent, non sans danger, il y avait encore lutte intérieure dans les rangs de la garnison, et ce ne fut qu'après quelques pourparlers mêlés de coups de fusil, que la reddition fut déclarée et acceptée sans condition.

Quelques minutes plus tard, l'amiral Napier et moi, accompagnés des officiers de notre état-major, nous nous rencontrions dans le fort, où le commandant en chef de l'armée étant survenu, nous le laissâmes procéder à la prise de possession, et nous retournâmes à nos vaisseaux.

Depuis lors, monsieur le Ministre, j'ai pu examiner avec soin les travaux exécutés, commencés ou projetés suivant un tracé très-apparent, évidemment destinés à faire de Bomarsund une place de guerre de grande importance.

La situation géographique d'Aland, son magnifique port, dont l'accès difficile augmente encore la valeur, tout permet de deviner la pensée de l'empereur de Russie de créer à Bomarsund un vaste établissement naval à cheval sur les deux golfes de Bothnie et de Finlande, menaçant la Suède et commandant la Baltique, dans des conditions bien supérieures à celles où se trouvent Cronstadt et Sweaborg.

La prise et la destruction de Bomarsund, dont les magnifiques travaux avaient déjà coûté tant de temps et de millions, acquièrent donc à mes yeux une importance bien au-dessus des sacrifices qu'elles ont demandés aux puissances alliées. Ce sera, je n'en doute pas, un rude coup porté dans la Baltique à l'influence de la Russie.

Nos canonniers ont prouvé que le granit de Finlande n'était pas complétement à l'épreuve de leurs boulets : les forteresses de Cronstadt et de Sweaborg, rendues plus accessibles, ne seront plus ni aussi sûres ni aussi inébranlables.

Qu'il me soit permis, en finissant, d'appeler sur les braves équipages que je suis si fier et si heureux de commander, la bienveillante justice de Votre Excellence.

Vous savez mieux que personne, monsieur le Ministre, ce qu'a dû faire et ce qu'a fait, depuis son armement, l'escadre de la Baltique. Je ne crois être que juste envers ces vaisseaux en assurant que l'Empereur et la France ont une belle et bonne escadre de plus.

J'ai l'honneur de transmettre à Votre Excellence les demandes et propositions en faveur des officiers, sous-officiers, et marins, que je me suis empressé de recueillir dans le très-grand embarras du choix.

Je suis, etc.

Le Vice-Amiral, commandant en chef l'escadre de la Baltique,

PARSEVAL.

VIII.

Composition de la division navale de la Baltique, sous le commandement du contre-amiral Pénaud.

DEUXIÈME CAMPAGNE DE LA BALTIQUE, 1855.

État-major général.

Commandant en chef : le contre-amiral Pénaud.
Chef d'état-major : baron Roussin, capitaine de frégate.
Commissaire de la division : Pfihl, commissaire-adjoint de la marine.
Chirurgien de la division : Fabre, chirurgien principal de la marine.
Aumônier supérieur de la division : l'abbé Caron.
Aide de camp de l'amiral : Le Tourneur, lieutenant de vaisseau.
Officier d'ordonnance de l'amiral : De Rosamel, enseigne de vaisseau.
Secrétaire de l'amiral : Portier, aide-commissaire de la marine.
Le *Tourville*, vaisseau à hélice de 90 canons. — Commandant : Le Gallic Kerisouet, capitaine de vaisseau, portant le pavillon de l'amiral commandant en chef.

L'*Austerlitz*, vaisseau à hélice de 100 canons. — Commandant : Laurencin, capitaine de vaisseau.
Le *Duquesne*, vaisseau à hélice de 90 canons. — Commandant : Taffart de Saint-Germain, capitaine de vaisseau.
Le *d'Assas*, corvette à vapeur. — Commandant : D'Aries, capitaine de frégate.

L'Aigle, aviso à vapeur.— Commandant : Millon d'Ailly de Verneuil, lieutenant de vaisseau.

Le Pélican, aviso à vapeur. — Commandant : baron Duperré, lieutenant de vaisseau.

Le Tonnerre, aviso à vapeur. — Commandant : Aune, lieutenant de vaisseau.

L'Aigrette, canonnière à hélice de première classe. — Commandant : Mer, lieutenant de vaisseau.

L'Avalanche, canonnière à hélice de première classe. — Commandant : Tresse, lieutenant de vaisseau.

La Dragonne, canonnière à hélice de première classe.— Commandant : Barry, lieutenant de vaisseau.

La Fulminante, canonnière à hélice de première classe. — Commandant : Harel, lieutenant de vaisseau.

La Tempête, canonnière à hélice de deuxième classe. — Commandant : Maudet, lieutenant de vaisseau.

La Tourmente, canonnière à hélice de deuxième classe. — Commandant : Jonnart, lieutenant de vaisseau.

La Poudre, canonnière à hélice de deuxième classe. — Commandant : Lafond, lieutenant de vaisseau.

La Redoute, canonnière à hélice de deuxième classe. — Commandant : Hocquard, lieutenant de vaisseau.

Le Tocsin, bombarde à voiles de deuxième classe. — Commandant : De Léotard de Ricard, lieutenant de vaisseau.

La Fournaise, bombarde à voiles de deuxième classe. — Commandant : Cuisinier-Delisle, lieutenant de vaisseau.

La Trombe, bombarde à voiles de deuxième classe. — Commandant : Souzy, lieutenant de vaisseau.

La Torche, bombarde à voiles de deuxième classe. — Commandant : Cottin, lieutenant de vaisseau.

La Bombe, bombarde à voiles de deuxième classe. — Commandant : Buret, lieutenant de vaisseau.

L'Isis, frégate à voiles, transport-hôpital. — Commandant : Cléret-Langavant, capitaine de frégate.

La Galatée, corvette à voiles, transport. — Commandant : Mancel, capitaine de frégate.

La Marne, transport mixte. — Commandant : De Barmon, capitaine de frégate.

. *La Saône*, transport mixte. — Commandant : Cte Poujet, capitaine de frégate.

IX

Premier rapport de l'amiral Pénaud au ministre de la marine sur le bombardement de Sweaborg.

> Vaisseau de Sa Majesté Impériale, *le Tourville*,
> devant Sweaborg, le 11 août 1855.

Monsieur le Ministre,

Ainsi que j'ai eu l'honneur d'en informer Votre Excellence, par ma lettre du 7 de ce mois, lundi dernier, M. le contre-amiral Dundas et moi nous sommes présentés devant Sweaborg, avec l'escadre combinée, dans l'intention de bombarder cette place. Le 8, à sept heures et demie du matin, 16 bombardes anglaises, portant chacune 1 mortier, 5 bombardes françaises, portant deux de ces pièces et une batterie de siége de 4 mortiers de 27 centimètres, que, pendant les six heures d'obscurité des deux nuits précédentes, j'avais fait établir sur l'îlot Abraham, à 2200 mètres de la place, ont ouvert le feu contre Sweaborg.

Je suis heureux de vous annoncer, monsieur le Ministre, que cette opération a parfaitement réussi. Ce n'est point seulement une simple canonnade que les escadres ont faite contre Sweaborg, c'est un véritable bombardement, dont les sérieux résultats ont dépassé tout ce que j'espérais.

Moins de trois heures après que nous eûmes commencé à lancer des bombes, nous pouvions constater les dégâts considérables qu'elles occasionnaient dans la forteresse. De nombreux incendies se déclarèrent rapidement sur plusieurs points à la fois, et bientôt nous vîmes les flammes s'élever au-dessus de la coupole de l'église, située dans la partie nord de l'île Est-Svartö. C'est, pour ainsi dire, le seul monument qui, sur les îles Vargon et Svartö, paraisse avoir été complétement respecté par nos projectiles. Des explosions terribles ne tardèrent pas à se faire entendre à quatre reprises différentes; le feu avait atteint les magasins remplis de poudre et de munitions de guerre. Les deux dernières explosions surtout ont été formidables; elles ont dû causer à l'ennemi des pertes énormes, tant en personnel qu'en matériel. Pendant plusieurs minutes, on entendait les détonations des bombes et des obus, qui couvraient le bord de la mer de débris de toute espèce.

Le bombardement a cessé ce matin à quatre heures et demie; il a duré, par conséquent, deux jours et deux nuits, pendant lesquels Sweaborg ne présentait qu'un vaste foyer d'incendie. Le feu, qui continue encore d'exercer ses ravages, a dévoré à peu près toute la place et consumé des ateliers, des magasins, des casernes, divers établissements appartenant au gouvernement, et une grande quantité des approvisionnements de l'arsenal.

Le tir de nos mortiers et de nos obusiers était tellement juste, que l'ennemi, dans la crainte de voir brûler entièrement le vaisseau à trois ponts, mouillé en travers de la passe, entre Sweaborg et l'île Bak-Holmen, a rentré ce bâtiment dans le port pendant la nuit.

Les Russes ont éprouvé un échec considérable et des pertes d'autant plus sensibles, que, du côté de l'escadre alliée, elles se bornent à la mort d'un seul matelot anglais et à quelques légères blessures. Les forts ennemis ont cependant répondu vigoureusement à notre attaque; leur feu ne s'est ralenti qu'au moment des explosions que j'ai mentionnées; mais la précision de nos pièces à long tir nous a valu une supériorité incontestable sur celui des Russes.

Chacun dans la division a rempli son devoir avec dévouement, ardeur et courage; les équipages ont été admirables d'élan; ils ont bien mérité de l'Empereur et de la France.

Je suis on ne peut plus satisfait des moyens d'action mis à ma disposition. Les bombardes et les canonnières ont rendu d'immenses services; elles répondent parfaitement à tout ce que l'on attendait de ces bâtiments. La batterie de siége a produit de très-beaux résultats, et on peut dire que c'est d'un îlot ennemi, sur lequel nous avons arboré le drapeau français, que sont partis nos meilleurs coups.

Dans cette circonstance, ainsi que cela a toujours eu lieu depuis que nos pavillons sont réunis, M. le contre-amiral Dundas et moi avons marché d'un commun accord.

L'exemple de l'entente parfaite qui existe entre les chefs a été du meilleur effet sur l'esprit des équipages des deux escadres, qui n'en formaient réellement plus qu'une au moment de l'action. Chacun n'avait qu'un but : rivaliser de zèle pour causer à l'ennemi le plus de mal possible, et les succès d'un bâtiment de l'une des deux nations étaient applaudis par l'autre avec les mêmes cris d'enthousiasme que s'ils avaient été remportés par son propre pavillon.

Nul doute, monsieur le Ministre, que le bombardement de Sweaborg exercera une grande influence sur les populations russes, pour lesquelles il est acquis, aujourd'hui, que leurs places et leurs arsenaux ne sont pas complétement à l'abri des atteintes des marines alliées, qui peuvent et doivent espérer désormais arriver à porter la destruction sur le littoral ennemi, sans recevoir elles-mêmes des dommages sensibles.

En vous envoyant un rapport circonstancié de cette affaire, monsieur le Ministre, j'aurai l'honneur de vous adresser une demande de récompenses pour les officiers, marins et soldats qui se sont le plus distingués dans le combat.

Je suis, etc.

Le contre-amiral commandant en chef la division navale de la Baltique,

PÉNAUD.

X

Deuxième rapport de l'amiral Pénaud au ministre de la marine sur le bombardement de Sweaborg.

Nargen, le 20 août 1855.

Monsieur le Ministre,

Le 7 août, jour où tous les bâtiments de la division ont rallié mon pavillon au mouillage devant Sweaborg, à neuf heures et demie du matin, je me suis dirigé vers l'îlot Abraham, situé à 2200 mètres des forts russes, afin d'y chercher le lieu le plus convenable pour l'établissement d'une batterie à mortiers. J'étais accompagné dans cette reconnaissance par MM. les capitaines d'artillerie de la marine Sapia et Mourette, et par M. le lieutenant de vaisseau de Verneuil, commandant l'aviso à vapeur *l'Aigle*, que j'avais expédié quelques jours à l'avance pour sonder aux environs de Sweaborg et en étudier les mouillages.

L'emplacement où devait être élevée la batterie ayant été choisi, on commença à onze heures et demie la construction de l'épaulement destiné à la protéger, au moyen de sacs de terre remplis de sable, que j'avais pris à Nargen, et dont on avait chargé les canots des bâtiments de la division. Ce travail se fit sans difficulté. A deux heures et demie, le lendemain matin, le jour commençant à poindre, l'îlot fut évacué. L'ennemi ne s'aperçut pas, sans doute, du travail que nous avions fait, car il n'y dirigea pas un seul coup de canon.

La journée du 8 fut encore employée en préparatifs ; nos bombardes, remorquées par les canonnières, allèrent se placer en ligne avec les bombardes anglaises. Ces bâtiments, au nombre de 5, *le Tocsin*, *la Fournaise*, *la Trombe*, *la Torche* et *la Bombe*, armés chacun de 2 mortiers de 32 centimètres, et commandés par MM. les lieutenants de vaisseau de Léotard de Ricard, Cuisinier-Delisle, Souzy, Cottin et Buret, mouillèrent au centre de la ligne qui s'étendait de l'île Rönskär à celle de Gröhara, à 4000 mètres du centre de la forteresse de Sweaborg, où devaient converger tous leurs feux. 8 bombardes anglaises, portant chacune 1 mortier de 13 pouces, occupaient la gauche ; 8 autres, la droite. Des amarres furent élongées pour pouvoir approcher ces navires de 600 mètres vers les batteries ennemies, au moment de l'action. Les canonnières *l'Aigrette*, *l'Avalanche*, *la Tourmente*, *la Tempête*, *la Dragonne* et *la Fulminante*, commandées par MM. les lieutenants de vaisseau Mer, Tresse, Jonnart, Maudet, Barry et Harel, mouillèrent au large des bombardes sur une ligne parallèle.

La frégate *l'Isis*, commandant Cléret-Langavant, et la corvette *la Galathée*, commandant Mancel, furent conduites dans l'est des îles Skogs-kär, pour les rapprocher de la ligne d'embossage des bâtiments de flottille, auxquels elles devaient fournir des munitions.

Des dispositions avaient été prises pour former une ambulance sur *l'Isis*, où se rendit M. l'abbé Piel, aumônier de *l'Austerlitz*.

L'aviso à vapeur *l'Aigle* et quelques frégates anglaises étaient mouillés à peu de distance, prêts à porter des secours, soit pour l'incendie, soit pour une voie d'eau, aux navires qui devaient combattre. L'ordre fut donné aux embarcations de nos vaisseaux de se réunir le lendemain matin près de *l'Aigle* dans le même but, et MM. les capitaines de vaisseau Laurencin de *l'Austerlitz*, Taffart de Saint-Germain du *Duquesne*, et Le Gallic-Kerisouët du *Tourville*, furent chargés de diriger alternativement ce service et de me suppléer au besoin.

Dès que l'obscurité de la soirée permit de cacher nos mouvements à l'ennemi, les embarcations de la division, qui avaient été chargées à l'avance, quittèrent les vaisseaux en même temps et en bon ordre, pour porter sur l'îlot Abraham de fortes corvées de marins, des sacs à terre et du matériel d'artillerie. Ils continuèrent ces transports pendant toute la nuit. Aussitôt débarqués, on se mit à l'œuvre avec ardeur, sous la direction de M. le capitaine Sapia, commandant la batterie, et le 9, avant trois heures du matin, après moins de cinq heures de travail, lorsque je me suis présenté sur l'île, un épaulement de 20 mètres de long sur 3 mètres 50 centimètres de largeur à la base et 2 mètres de hauteur, protégeait une batterie de trois mortiers de 27 centimètres chargés et prêts à faire feu. Un large approvisionnement de poudre était enfermé dans une déchirure de granit, couverte par un solide blindage à l'abri de la bombe. Enfin, la batterie que je projetais depuis si longtemps était établie, et nous avions pris un poste avancé et fixe, à une distance où les bombardes ne pouvaient être placées sans être par trop exposées.

Afin de mieux surveiller l'ensemble des opérations et d'être en situation d'agir plus promptement, suivant les éventualités, le 9 au matin, je mis mon pavillon sur l'aviso à vapeur *le Pélican*, commandé par le jeune et ardent lieutenant de vaisseau baron Duperré, qui promet de marcher sur les traces de l'amiral son père.

Tous ces préparatifs s'étaient faits sans que les Russes eussent cherché à nous inquiéter.

A 7 heures 20 minutes, tout était prêt pour l'attaque, le signal en fut donné. Le feu commença sur toute la ligne, et au même instant vingt-neuf bombes, tant anglaises que françaises tombèrent dans la place. Les forts russes, silencieux jusque-là, ripostèrent aussitôt. Le combat était engagé. A 9 heures, les canonnières s'approchèrent des bombardes et vinrent se placer dans l'espace laissé entre chacun de ces bâtiments.

Une épaisse fumée s'élevait déjà dans différents endroits à l'est de l'église située sur l'île Est-Svartö, quand tout à coup, à 10 heures 25 minutes, nous entendîmes une explosion très-forte qui venait d'éclater dans un magasin à poudre. Elle fut accueillie aux cris trois fois répétés de Vive l'Empereur! sur tous nos bâtiments, et par des hourras nombreux de la part des Anglais. La plupart des batteries qui défendent Sweaborg faisaient feu de toutes leurs pièces. Les canonnières françaises et anglaises lançaient des obus et des boulets pleins; leur grand nombre et surtout la rapidité avec laquelle elles changeaient de poste d'attaque devaient inquiéter l'ennemi et distraire son attention des bombardes, sur lesquelles il aurait pu concentrer son feu.

Au commencement de l'action, deux diversions avaient été faites aux extrémités de la ligne d'embossage; à droite par une frégate et deux vaisseaux anglais sur les forts de Bak-Holmen, et à gauche par trois frégates de la même nation sur l'île Drumsiö.

Vers 11 heures et demie, une seconde explosion beaucoup plus considérable que la première, eut lieu sur l'île Vargon, et fut suivie d'un incendie très-violent dont les flammes ne tardèrent pas à gagner dans différentes directions. Le feu faisait des progrès rapides dans un endroit formant une espèce de ravin, et notre attention était vivement excitée de ce côté, lorsqu'à midi et demi une troisième explosion enveloppa la forteresse tout entière dans un tourbillon de fumée. Pendant quelques instants, nous entendîmes des détonations successives, semblables au roulement du tonnerre. Cette dernière explosion aura surtout causé à l'ennemi des pertes énormes en matériel et en personnel. C'est la plus terrible de toutes celles dont nous avons été témoins. Elle dut jeter un grand désordre dans Sweaborg, car, à partir de ce moment, l'ennemi répondit moins vivement à notre feu. Plusieurs batteries cessèrent même complétement de tirer ; les forts de Langorn et de Bak-Holmen continuèrent seuls à inquiéter nos bâtiments. Les incendies se multiplièrent sur différents points dans des magasins situés à droite de l'église, aux deux versants du ravin.

Le tir des bombardes fut très-nourri pendant la plus grande partie de la journée, *la Trombe*, capitaine Souzy, est arrivée à une moyenne de vingt-quatre coups par heure. Dans la soirée, le feu se ralentit un peu : les flammes opérant leur œuvre de destruction, il nous suffisait d'entretenir le désordre et l'épouvante qui régnaient dans la place.

Vers 6 heures, les canonnières avaient cessé de tirer. Un peu plus tard, elles prirent à la remorque les bombardes qui avaient épuisé leurs munitions, pour les conduire près de la frégate *l'Isis*, où elles reçurent de nouveaux approvisionnements. M. le capitaine de frégate Cléret s'est acquitté de ce service de tous les instants, et de plusieurs opérations que je lui ai données à diriger, avec le zèle et la capacité que je lui connaissais depuis longtemps.

Electrisés par l'impulsion que leur donnaient MM. les capitaines Sapia et Mourette, les artilleurs de la batterie Abraham avaient tiré incessamment toute la journée et causé beaucoup de mal à l'ennemi. Craignant qu'ils ne pussent continuer un service aussi actif, je leur fis adjoindre des chefs de pièces et des chargeurs de bonne volonté, pris sur les vaisseaux. Tous se présentèrent en montrant une vive impatience d'aller au feu. Il fallut que le sort décidât quels seraient les heureux. Nos matelots furent bientôt au courant de la manœuvre des mortiers. Ils ont montré en cette circonstance cette intelligence pratique et ce joyeux entrain qui les rendent toujours utiles dans les travaux les plus étrangers à ceux de leur profession. Un des mortiers de la batterie avait éclaté dans l'après-midi ; il fut changé dans la nuit, et on en apporta trois nouveaux, ce qui mit la batterie à cinq pièces. Une partie des bombardes reprirent leur poste vers onze heures du soir; elles envoyaient de temps en temps des bombes sur la place, où le feu ne s'éteignit pas un seul instant. Trois édifices principaux étaient dévorés par les flammes, qui communiquaient de l'un à l'autre. Dans cette même nuit, des embarcations anglaises s'approchèrent de Sweaborg et lancèrent des usées à la Congrève.

La journée du 9 avait donné de brillants résultats; celle du 10 ne fut pas moins heureuse. Au point du jour, on s'aperçut que le vaisseau à trois ponts russe n'était plus à la place qu'il occupait dans la passe de Gustafs-Vard. Plusieurs projectiles l'avaient atteint la veille, et l'ennemi avait profité de l'obscurité pour se mettre à l'abri de nos coups.

Dès que les Russes reconnurent que nos bombardes avaient repris leur ligne d'embossage, ils commencèrent à tirer avec une sorte d'acharnement du fort Gustafs-Vard, de Bak-Holmen et du vaisseau mouillé près de Langorn. Ils dirigeaient leurs coups particulièrement contre Abraham, où flottait le pavillon français. Des éclats de bombes et de pierres couvraient ce rocher, et cependant nous n'eûmes pas un seul blessé.

L'artillerie de la flottille n'avait pas commencé le feu avec moins de vigueur. La bombarde *le Tocsin*, après avoir terminé son approvisionnement de munitions, avait repris son poste de combat; mais elle se trouva mouillée un peu trop dans l'est, et, par suite, à moyenne portée des canons des batteries Bak-Holmen. Toutes celles-ci dirigèrent leur feu sur cette bombarde; elle fut bientôt environnée de boulets qui tombaient à très-peu de distance et passaient dans sa mâture sans l'atteindre. La position de ce bâtiment était devenue très-dangereuse; je donnai l'ordre à la canonnière *la Tempête* d'aller la prendre à la remorque et de l'éloigner de l'ennemi. Cette opération s'est faite promptement, et m'a donné l'occasion de juger du sang-froid et de l'énergie des deux capitaines de Léotard et Maudet.

La Fournaise, capitaine Delisle, mouillée à peu près dans la même direction, se trouvait fortement engagée sous la volée de la batterie de Bak-Holmen, qui ne l'épargnait pas. M. le capitaine de frégate baron Roussin, mon chef d'état-major, officier très-distingué et qui a toute ma confiance, voyant le danger que courait cette bombarde, s'élança dans un canot et fut la remorquer plus loin des forts. D'un autre côté, *la Torche*, capitaine Cottin, qui avait été conduite à l'extrémité ouest de la ligne pour bombarder Langorn et le vaisseau embossé entre cette île et Ouest-Svartö, fut aussi exposée pendant quelque temps à un feu très-nourri de la part de l'ennemi; elle fut retirée de cette position trop avancée par *la Tempête*, qui venait de rendre le même service au *Tocsin*.

J'avais remarqué que le tir des canonnières, à boulets pleins, n'avait pas toute l'efficacité désirable, et leur approvisionnement d'obus de 19 centimètres étant épuisé, elles allèrent s'accoster aux vaisseaux pour échanger avec eux la moitié de leurs canons de 50 contre des obusiers de 22 centimètres, n° 1. Cette opération s'effectua très-rapidement, et les canonnières ne tardèrent pas à venir prendre part à l'action.

Vers midi, un nouvel incendie se déclara dans un magasin à gauche de l'église, et gagna des établissements considérables tout à fait à l'ouest de la place. Le feu avait pris de ce côté une activité effrayante; les flammes dépassaient la coupole de l'église, et, par instants, il s'élevait une telle quantité de fumée de ce foyer d'incendie, que Sweaborg tout entier disparaissait à nos yeux. L'ennemi a dû éprouver pendant cette après-midi des pertes énormes.

Quatre des six mortiers de 27 centimètres de la batterie Abraham, fatigués par un tir aussi prolongé et par les fortes charges qu'on était obligé d'employer pour arriver sur les limites les plus éloignées de Sweaborg, se trouvaient hors d'état de service. Deux canons-obusiers, fournis par les vaisseaux *le Tourville* et *le Duguesclin*, furent débarqués dans la soirée et mis en batterie, comme mortiers, dans une anfractuosité du sol. Le lendemain, ces deux pièces ont pu commencer à tirer, et leurs obus ont dépassé Langorn et le vaisseau russe mouillé près de cette île.

Le vaste incendie qui dévora Sweaborg pendant toute cette nuit du 10 au 11 nous eût probablement empêchés de réussir dans l'expédition que nous avions entreprise. Dans la soirée, il s'était élevé une petite brise d'est, qui contribua encore à augmenter l'immense brasier allumé par nos projectiles. Rien ne peut donner une idée du terrible spectacle qui se présentait à nos yeux.

Le 11, à quatre heures du matin, M. le contre-amiral Dundas m'envoya un officier pour me dire que, trouvant que nous avions atteint le but de notre attaque, il me proposait de mettre fin au bombardement. Partageant cet avis, je fis le signal de cesser le feu.

Toutefois, je donnai l'ordre à chaque bâtiment de conserver le poste qu'il occupait, et de recommencer à tirer, s'il partait un seul coup des batteries russes.

Ainsi s'est terminé le bombardement de Sweaborg, qui a duré quarante-cinq heures. Les bâtiments français et la batterie d'Abraham ont lancé dans la citadelle ou dans l'arsenal 4150 projectiles, dont 2828 bombes.

Pendant les nuits du 11 et du 12, tout le matériel transporté sur l'îlot Abraham, pour l'établissement de la batterie, a été rembarqué à bord de nos bâtiments.

Dans le cours des opérations, les mouvements des navires anglais et des nôtres ont été à peu près les mêmes; on remarquait un ensemble admirable, et on eût dit qu'un chef unique commandait à tous. Les succès des uns étaient applaudis avec enthousiasme par les autres.

Ainsi que j'ai eu l'honneur d'en informer Votre Excellence, malgré le grand nombre de projectiles qui ont dépassé nos bâtiments et qui tombaient autour d'eux, nous n'avons pas eu une seule perte à déplorer. Il semblait que la Providence veillât sur nous; elle s'est montrée bien évidemment dans les deux faits suivants :

Un boulet brise un affût de la canonnière *la Tempête*, et l'éclat qui s'en détache frappe au côté M. l'enseigne de vaisseau Lefort, qui tombe renversé par le choc. On le croit mort; mais quand on s'empresse autour de lui, il se relève sans paraître se ressentir du coup qu'il a reçu.

A bord de la canonnière *l'Aigrette*, un boulet rouge, traversant le pont, s'introduit dans la soute à poudre et va se loger entre une caisse en cuivre et la cloison, qu'il commençait à entamer, quand la pompe à incendie, dirigée dans la soute, a permis d'éteindre le feu et de refroidir le boulet.

Je ne veux pas terminer, monsieur l'amiral, sans vous répéter que j'ai eu à me louer infiniment du concours empressé de tous, officiers, marins et soldats. Je dois le dire à Votre Excellence, partout où je me suis présenté pendant le bombardement, sur les canonnières, sur les bombardes et sur la batterie d'Abraham, j'ai trouvé des hommes pleins d'ardeur et de dévouement, et exprimant par des cris d'enthousiasme le bonheur qu'ils éprouvaient d'avoir trouvé l'occasion de frapper l'ennemi. J'espère que Votre Excellence voudra bien appeler sur eux la bienveillance de l'Empereur.

Je suis, etc.

*Le contre-amiral, commandant en chef
la division navale de la Baltique,*

PÉNAUD.

TABLE DES MATIÈRES

DU DEUXIÈME ET DERNIER VOLUME.

CAMPAGNES DE LA MER NOIRE.
(Suite.)

LIVRE PREMIER.

CHAPITRE PREMIER.

L'amiral Bruat prend le commandement en chef de la flotte. — Sa biographie. — Préoccupations de l'amiral au sujet de l'hiver. — Activité de la marine. — Discours de l'Empereur au Corps législatif. — Sa mise à l'ordre du jour de l'escadre. — Des remercîments publics sont votés à l'unanimité par le Parlement anglais à la marine française. — Ordre du jour du 22 janvier 1855. — Notification du blocus des ports russes de la mer Noire. — La pensée de l'amiral est tournée vers la mer d'Azoff. — Dépêche du 24 février. — Plan de campagne dans la mer Noire. — Affaire d'Eupatoria. — Ardeur de la garnison française. — Lettre d'Omer-Pacha. — Ordre du jour du général Canrobert. — Naufrage de *la Sémillante*. — Les travaux du siége continuent avec activité. — Projet d'expédition dans la mer d'Azoff. — L'exécution en est remise. — Conjectures sur l'issue du siége. — Lettre de l'amiral Bruat au ministre de la marine. 1 à 29

CHAPITRE II.

Conseil des généraux en chef. — L'ouverture du feu est fixée au 9 avril. — Les flottes tiennent l'ennemi en haleine. — Activité dans le port de Kamiesh. — L'amiral Charner part pour Eupatoria et ramène une partie des troupes ottomanes. — Les batteries de la marine, leur nombre, leur distribution. — Journée du 9 avril. — Entente des amiraux Bruat et Lyons. — Diversion de la marine pour tenir les forts en alerte. — *Le Valorous, le Caffarelli, le Gladiator* et *le Sané*. — Le feu continue énergiquement contre la place. — Le génie pousse ses approches. — Dépêche de l'amiral au sujet de l'expédition de Kertch. —

Importance de cette expédition. — La marine continue ses diversions contre les forts de Sébastopol. — Épisode du *Montebello* et du *Royal-Albert*. — Conférence du 24 dans la prévision d'une tentative d'assaut général. — L'assaut est ajourné par suite d'une dépêche de l'Empereur. — L'amiral Bruat revient sur l'expédition de Kertch. — Le colonel Desaint reconnaît l'entrée du détroit. — Lettre de l'amiral Lyons à lord Raglan. — L'expédition de Kertch est résolue. 30 à 54

CHAPITRE III.

Expédition de Kertch. — Le général Dautemarre commande les troupes françaises et le général Brown la division anglaise. — Le 3 mai les troupes s'embarquent et sortent du port de Kamiesh. — Le lieutenant Martin rejoint la flottille porteur de nouveaux ordres du général Canrobert. — Ordre de surseoir à l'expédition et de revenir à Kamiesh. — Consternation causée par cette nouvelle. — Conseil des chefs de l'expédition. — Les escadres continuent leur route vers le cap Takli. — Dépêche de lord Raglan à l'amiral Lyons. — Le 5 mai la flottille expéditionnaire revient vers Sébastopol et arrive le 6 devant Kamiesh. — Le 7, les troupes viennent reprendre leurs campements respectifs. — L'amiral part pour le Bosphore afin d'embarquer des troupes. — Arrivée de munitions. — Proportions formidables que prend le siège. — L'amiral Charner est de retour avec 22 000 hommes. — Le général Pélissier prend le commandement en chef. — Le plan d'opérations à l'extérieur est abandonné. — Reprise de l'idée de l'expédition de Kertch. — Embarquement des troupes. — Départ de la flottille expéditionnaire. — Attaque du cimetière. — Les batteries de terre de la marine y prennent une part glorieuse.. .... 54 à 73

CHAPITRE IV.

Expédition de Kertch. — Le 23, l'escadre est en vue de Yalta. — Le 24, elle double le cap Takli. — Baie de Kamiesh. — Débarquement des troupes. — L'amiral Bruat reconnaît le cap Ak-Bournou. — Les Russes détruisent leurs batteries. — Combat devant Yéni-Kalé. — Les Russes abandonnent Yéni-Kalé. — Pertes des Russes. — Démolition du fort d'Ak-Bournou. — Dispositions arrêtées par les chefs de la marine et de l'armée. — Mesures prises pour protéger Kertch. — La flotte parcourt la mer d'Azoff. — Excursion des amiraux Bruat et Lyons. — Exploration d'Ak-Bournou, de Yéni-Kalé et de Kertch. — Croisière des commandants Béral de Sédaiges et Lyons dans la mer d'Azoff......... .... 73 à 99

CHAPITRE V.

Le commandant Béral de Sédaiges entre de nouveau dans la mer d'Azoff. — Le capitaine Lyons l'accompagne. — Reddition de Genitsché. — Taganrok. — Le gouverneur refuse de se rendre. — Bombardement de la ville. — Départ de l'escadrille alliée pour

Marioupol. — Les Russes ont abandonné la place. — Destruction des magasins du gouvernement. — Les escadres mouillent devant Geisk. — Reddition de cette ville. — La destruction continue son œuvre. — L'expédition de Kertch est terminée. — Prise du mamelon Vert. — Le 4ᵉ régiment de marine aux ouvrages blancs. — Allocution du général Bosquet. — Les Russes évacuent Anapa. — L'amiral Bruat retourne à Kamiesh et laisse le commandement du détroit et de la mer d'Azoff au commandant Bouët. — Les flottes appareillent devant Anapa. — Cette place est abandonnée par les Russes. — Retour à Kamiesh. — Les blessés sont évacués sur Constantinople. — Attaques nocturnes des vaisseaux contre les forts de Sébastopol... 100 à 120

LIVRE II.

CHAPITRE PREMIER.

17 juin, préparatifs de la flotte. — Le fils de l'amiral Lyons est blessé. — Journée du 18 juin. — A 2 heures et quart, branle-bas de combat. — Le moment de l'attaque est arrivé. — Du côté de la terre, le feu est terrible. — L'escadre restée sous vapeur tient en respect les batteries russes. — L'infanterie de marine partage les dangers de cette journée. — Mort du colonel de Cendrecourt. — Nos croisières dans la mer d'Azoff. — Arrivée à Berdiansk. — Le capitaine Lyons est rappelé à Sébastopol. — *La Mégère* et *le Fulton* sont renvoyés à Kertch. — *Le Lucifer* à Arabat. — Destruction des postes fortifiés. — Génitché. — *Le Vesuvius* pénètre dans la mer Putride. — Le pont de Tchangiar. — *Le Lucifer* retourne à Kamiesh. — Le siège de Sébastopol marche vers une solution prochaine. — Nos bâtiments harcèlent chaque nuit le port. — Mort de lord Raglan. — Ordre du jour de l'amiral Bruat. — Les escadres rendent les derniers honneurs aux dépouilles du général anglais. — *Le Napoléon* rentre en France avec le contre-amiral Charner nommé vice-amiral. — Biographie du vice-amiral Charner. — Le capitaine de vaisseau Baudin est nommé contre-amiral. — Ordre du jour de l'amiral Bruat du 4 juillet. — *Le Bayard* quitte l'escadre. — Activité de la marine. — Reconnaissance du général d'Allonville. — Exploration du *Roland*. — Échange de prisonniers. — *Le Phlégéton* à Odessa. — La marine continue à inquiéter les forts. — Bataille de la Tchernaïa. — L'amiral Bruat apprécie dans sa lettre au ministre l'importance de cette bataille. — Sébastopol à la dernière extrémité. — Les Russes se défendent pour l'honneur du drapeau. — L'assaut est décidé pour le 8 septembre.. 123 à 150

CHAPITRE II.

Instructions confidentielles de l'amiral Rigault de Genouilly. — Le 5, ouverture du feu. — Mort du capitaine Gouhot et du lieutenant Gérard. — Le capitaine d'Hornoy est frappé mortellement. — Le 6, continuation du feu. — Batteries de la marine au 8 septembre. — Nouveaux ordres de l'amiral Rigault de Genouilly dans la nuit du 6 au 7. — Dernière conférence entre les généraux et les amiraux alliés. — L'état de la mer paralyse le concours des flottes. — Journée du 8 septembre. — Les batteries de la marine. — Le capitaine Bertier commande les attaques servies par la marine du bastion du Mât. — Le capitaine de Marivault celles du bastion Central. — Concours puissant des batteries de marine dans cette mémorable journée. — Lettre de l'amiral Bruat au ministre de la marine. — Le vice-amiral Bruat est élevé à la dignité d'amiral de France.......... 150 à 167

CHAPITRE III.

Croisières dans la mer d'Azoff. — Destruction des pêcheries ; par ordre formel de l'Empereur, les propriétés privées sont respectées. — Les établissements de Fanagoria et la ville de Taman doivent être rasés. — L'expédition est organisée. — L'escadrille se compose de 2 divisions commandées par le commandant Bouët et le capitaine Hall. — Arrivée devant Fanagoria. — Débarquement. — Bombardement de Temriouk. — Le corps de troupes expéditionnaires occupe la redoute de Fanagoria évacuée par les Russes. — Reconnaissance des colonels Reddy et Osmont sur Taman. — Cette ville est aussi évacuée par les Russes. — Destruction des établissements de Fanagoria et de Taman. — Retour à Kertch. — Les canonnières sont renvoyées à Kamiesh. — L'expédition de Kinburn est arrêtée. — Le général Bazaine reçoit le commandement du corps expéditionnaire. — Sa biographie. — La brigade navale sous les ordres de l'amiral Rigault de Genouilly rejoint ses bâtiments respectifs. — Biographie de l'amiral Rigault de Genouilly. — Ordre du jour du maréchal Pélissier. — Départ pour Kinburn. — L'escadre devant Odessa. — Effroi causé par son apparition. — Arrivée devant Kinburn. — Débarquement des troupes. — Ouverture du feu. — Les Russes ripostent vigoureusement. — Le 17, attaque contre le fort de Kinburn. — Résistance courageuse de la garnison. — La place ne résiste plus que faiblement. — Conditions de reddition proposées par le général Bazaine. — Reddition de la forteresse. — Le major de tranchée Troussaint est nommé commandant intérimaire de Kinburn. — Les Russes font sauter les fortifications d'Oschakoff. — Dépêche télégraphique du maréchal Pélissier. — Son ordre du jour. — Félicitations de l'amiral Bruat à la flotte. — Reconnaissances à l'entrée du Bug et du Dniéper. — Kinburn est occupé par les alliés................... 168 à 213

CHAPITRE IV.

L'hiver. — Les opérations actives sont suspendues. — L'amiral Bruat rentre à Kamiesh. — Il reçoit l'ordre de ramener la garde impériale en France. — Le contre-amiral Pellion est chargé du commandement provisoire. — 1ᵉʳ novembre, départ de l'amiral Bruat pour Kamiesh où il arrive le 3. — L'embarquement de la garde impériale s'opère.

— Le 7, départ pour la France. — Adieux de la flotte. — L'expédition de Crimée est terminée. — La santé de l'amiral Bruat inspire des inquiétudes. — Réception du sultan. — Le 15, l'escadre quitte Constantinople. — L'amiral Bruat est atteint du choléra. — Sa mort. — Le lieutenant Bruat est chargé d'annoncer cette perte au ministre de la marine. — Le 31 novembre, arrivée des restes mortels de l'amiral Bruat à Toulon. — Derniers honneurs. — L'armistice, la paix. — Biographies des amiraux de Lugeol et Odet-Pellion.... 213 à 228

LIVRE III.

CAMPAGNES DE LA BALTIQUE.
PREMIÈRE CAMPAGNE.
1854.

CHAPITRE PREMIER.

Sur la proposition de M. Ducos, ministre de la marine, l'Empereur décide la composition d'une escadre destinée à agir dans la Baltique. — Le vice-amiral Parseval-Deschênes en reçoit le commandement. — Sa biographie. — Le 1er avril, l'amiral arbore son pavillon sur *l'Inflexible*. — Le contre-amiral Pénaud, commandant en second, arrive sur *le Duguesclin*. — Le 26, l'amiral Parseval quitte Brest en donnant rendez-vous à Kiel aux autres bâtiments. — Instructions de l'amiral. — Difficultés de navigation. — *L'Austerlitz* rejoint le premier l'escadre anglaise. — Marche de l'escadre française. — Obstacles qui la retardent. — Le 27, son arrivée dans les Dunes. — Le 3 mai, départ pour le cap Skagen. — Le 8, l'escadre mouille devant Frederisham. — Le 20 mai, sortie du grand Belt. — Le 21, arrivée à Kiel. — Le 3 juin, départ pour l'île de Gottland. — Le 11, entrée dans le golfe de Finlande. — L'escadre arrive en vue de la flotte anglaise. — Échange de pavillons. — Réunion des deux escadres. — Description des côtes. — Baie de Barosund. — Composition de la flotte anglaise. — Mouvements de l'escadre anglaise avant sa réunion avec l'escadre française. — L'amiral Napier vient à bord de *l'Inflexible* rendre visite à l'amiral Parseval. — Le 15, l'amiral français se rend à bord du *Duc de Wellington*. — Le 20, conférence des deux amiraux. — Une reconnaissance de Cronstadt est décidée. — Joie des équipages. — 22 juin, départ de l'escadre. — Arrivée devant l'île Hogland. — 24 juin, l'escadre mouille devant Seskar. — Les amiraux continuent leur marche sur Cronstadt............ 231 à 260

CHAPITRE II.

Les vigies signalent 30 bâtiments russes. — Branle-bas de combat. — Enthousiasme des équipages. — Les deux amiraux règlent les dispositions du combat. — Les vaisseaux russes sont mouillés dans le port de Sébastopol. — La flotte alliée jette l'ancre devant Cronstadt.

— Description de Cronstadt. — Reconnaissance faite par les amiraux en chef. — Les amiraux se portent sur Cronstadt dans des directions différentes. — Résultats de la reconnaissance. — Résolutions arrêtées par les deux amiraux. — Les escadres retournent au mouillage de Seskar. — L'expédition contre les îles d'Aland est décidée. — Lettre du premier lord de l'amirauté à l'amiral Napier. — Lettre de l'Empereur à lord Cowley. — Dépêche du ministre de la marine à l'amiral Parseval. — Les amiraux se rendent à Barosund. — Le choléra sévit sur les escadres. — Le 18 juillet, les flottes se dirigent vers les îles d'Aland. — Le 22, elles jettent l'ancre dans la baie de Ledsund. — Une division anglaise reste en observation dans le golfe de Finlande. — Reconnaissance des îles d'Aland. — Les troupes expéditionnaires sont embarquées à Calais. — Le général Baraguey-d'Hilliers en prend le commandement. — Le général Niel fait partie de l'expédition. — Composition de la flotte française. — Départ le 20 juillet. — Le général Baraguey-d'Hilliers à Stockholm. — Ordre du jour de l'amiral Parseval. — Arrivée du général en chef dans la baie de Ledsund. — Exploration de Bomarsund. — Le débarquement doit s'opérer le lendemain........................... 260 à 290

CHAPITRE III.

Le débarquement a lieu sous la direction du commandant Clavaud, chef d'état-major de l'amiral. — Les troupes marchent sur Tranvik. — Les généraux Baraguey-d'Hilliers et Niel viennent reconnaître la place. — La forteresse est complétement investie du côté de la terre. — Conseil chez le général Baraguey-d'Hilliers. — Établissement des tranchées sous le feu continuel des Russes. — Affaire de *la Pénélope*. — La construction des batteries de terre s'achève. — Le 13, feu de la 1re batterie. — Ravages causés par la batterie des mortiers servie par la marine. — La tour du Sud est à nous. — Le commandant est fait prisonnier. — Le 15, ouverture du feu contre la tour du Nord. — La flotte ne reste pas inactive et commence le feu. — La tour du Nord est prise. — Le lendemain, reprise du feu du côté de la terre et de la mer. — Un pavillon parlementaire flotte à une embrasure du côté de la mer. — Le signal de cesser le feu est hissé au grand mât. — Les capitaines de Surville et Hall sont envoyés à terre. — Intéressants détails. — Le fort se rend à discrétion. — Le général Bodisco demande à rendre son épée à l'amiral français. — Son épée lui est laissée. — Les deux pavillons alliés sont arborés sur la forteresse. — Le général en chef prévenu reçoit des mains du gouverneur Bodisco la capitulation de la forteresse. — Le commandant de la tour de Prestö se rend sur l'invitation du général russe. — La destruction de la forteresse de Bomarsund est proposée aux gouvernements alliés. — En attendant la réponse à cette proposition, l'amiral Parseval et le général Baraguey-d'Hilliers poussent une exploration sur Revel, Sweaborg et Hango. — La destruction de Bomarsund est ordonnée. — Elle a lieu le 2 septembre. — Les troupes se rembarquent et rentrent en France avec la flotte. — Le général Baraguey-d'Hilliers est nommé maréchal de France. — Quelques mois plus tard le vice-amiral Parseval est élevé à la dignité d'amiral. 291 à 324

LIVRE IV.

CAMPAGNES DE LA BALTIQUE.
DEUXIÈME CAMPAGNE.
1855.

CHAPITRE PREMIER.

Une nouvelle campagne dans la Baltique est décidée. — Le contre-amiral Pénaud reçoit le commandement en chef de la division navale. — Sa biographie. — Instructions du ministre de la marine. — L'amiral Pénaud quitte Brest le 1er mai. — Le 3 mai, il touche la rade des Dunes. — Le 6, il franchit le Cattégat et le Grand-Belt, et mouille à Kiel le 13. — Le 27, il arrive à Farosund, rejoint la flotte anglaise devant le phare de Tolboukin, à 13 milles de Cronstadt. — L'amiral Pénaud rend visite à l'amiral Dundas. — Reconnaissance de Cronstadt par l'amiral Pénaud. — Explosion de plusieurs machines infernales sous-marines. — Défenses terribles de Cronstadt. — Affaire du *Cossack* à Hango. — Les escadres viennent mouiller à Seskar. — Le 20, elles reparaissent devant Cronstadt. — Nouvelle reconnaissance des fortifications de Cronstadt et de la forteresse de Risbank. — Les amiraux se rendent à Nargen pour accomplir leurs projets d'études contre Sweaborg et Revel. — Le contre-amiral Boynes reste devant Cronstadt pour continuer d'en effectuer le blocus. — Reconnaissance de Sweaborg. — Formidables dispositions prises par l'ennemi. — La flottille de bombardes et de canonnières envoyée de France rallie l'amiral Pénaud. — Notification du blocus des îles d'Aland. — Le bombardement de Sweaborg est décidé... 327 à 356

CHAPITRE II.

L'Aigle et *la Tempête* vont devant Sweaborg étudier les passes et les mouillages. — Réunion des commandants sur le vaisseau amiral. — Instructions générales. — Les dernières canonnières attendues arrivent de France. — Les deux escadres se rendent devant Sweaborg. — Composition de l'escadre française. — L'amiral Pénaud reconnaît l'îlot Abraham. — Il choisit l'emplacement où doit être construite la batterie de mortiers. — La même nuit les travaux sont commencés. — Le bombardement de Sweaborg est fixé au 9. — La batterie est établie sur l'îlot Abraham. — Le 9 août, le signal est donné. — Le combat s'engage. — Les Russes ripostent avec énergie. — Des explosions se font entendre. — Le feu de nos bombardes et de nos canonnières redouble. — Le tir de l'ennemi se ralentit. — Les incendies se multiplient. — La batterie d'Abraham ne cesse de tirer. — La nuit arrive éclairée par l'incendie. — Les bombardes renouvellent leurs munitions. — Trois nouveaux mortiers sont transportés sur l'îlot

Abraham. — Des embarcations anglaises lancent sur la ville en flamme des fusées à la Congrève. — Les bombardes lancent des bombes. — Le jour reparaît. — Le combat recommence, interrompu par la nuit. — Les Russes rouvrent le feu avec une violence excessive. — La nuit vient une seconde fois arrêter cette lutte désespérée. — Le bombardement a duré 45 heures. — 4150 projectiles ont été lancés sur la citadelle ou dans l'arsenal. — Renseignements certains sur les résultats du bombardement. — Le 13, les flottes reprennent leur mouillage de Nargen. — Rien n'a pu être entrepris contre Cronstadt. — Considérations de l'amiral Pénaud sur l'hypothèse d'une attaque contre Cronstadt. — Le projet du bombardement de Revel est abandonné. — Le blocus des ports et des côtes russes se continue. — Le 11 novembre, les amiraux quittent leurs mouillages respectifs. — L'amiral Pénaud rentre en France......... 357 à 378

PIÈCES JUSTIFICATIVES.

I. Premier rapport de l'amiral Bruat au ministre de la marine sur l'expédition de Kertch, 26 mai 1855........................ 385

II. Deuxième rapport de l'amiral Bruat au ministre de la marine sur l'expédition de Kertch, 1er juin 1855....................... 387

III. Premier rapport de l'amiral Bruat au ministre de la marine sur la prise de Kinburn, 17 octobre 1855....................... 395

IV. Deuxième rapport de l'amiral Bruat au ministre de la marine sur la prise de Kinburn, 18 octobre 1855...................... 398

V. Corps de débarquement de la marine. — État des officiers de la flotte de la mer Noire, débarqués à terre, tués ou blessés depuis le commencement des opérations jusqu'à la prise de Sé astopol.. 400

VI. Composition de l'escadre française sous le commandement du vice-amiral Parseval-Deschênes. — Première campagne de la Baltique, 1854... 402

VII. Rapport de l'amiral Parseval-Deschênes au ministre de la marine sur la prise de Bomarsund, 21 août 1854.................... 405

VIII. Composition de la division navale de la Baltique sous le commandement du contre-amiral Pénaud. — Deuxième campagne de la Baltique, 1855.. 410

IX. Premier rapport de l'amiral Pénaud au ministre de la marine sur le bombardement de Sweaborg, 11 août 1855............... 412

X. Deuxième rapport de l'amiral Pénaud au ministre de la marine sur le bombardement de Sweaborg, 20 août 1855............... 415

FIN DE LA TABLE DES MATIÈRES.

Ch. Lahure et Cie., imprimeurs du Sénat et de la Cour de Cassation, rue de Vaugirard, 9, près de l'Odéon.

www.ingramcontent.com/pod-product-compliance
Lightning Source LLC
Chambersburg PA
CBHW050905230426
43666CB00010B/2031